개인투자조합 결성, 등록, 운영하는 방법

개인투자조합 결성, 등록, 운영하는 방법

제1판 1쇄 발행 2017년 8월 18일
제1판 2쇄 발행 2022년 5월 11일

지은이 조홍서
펴낸이 서정희 **펴낸곳** 매경출판㈜
기획제작 ㈜두드림미디어
책임편집 최윤경 **디자인** 디자인 뜰채 apexmino@hanmail.net
마케팅 김익겸, 이진희, 장하라

매경출판㈜
등 록 2003년 4월 24일(No. 2-3759)
주 소 (04557) 서울시 중구 충무로 2(필동 1가) 매일경제 별관 2층 매경출판㈜
홈페이지 www.mkbook.co.kr
전 화 02)333-3577
이메일 dodreamedia@naver.com(원고 투고 및 출판 관련 문의)
인쇄·제본   ㈜M-print 031)8071-0961
ISBN 979-11-5542-712-5 (03320)

책 내용에 관한 궁금증은 표지 앞날개에 있는 저자의 이메일이나
저자의 각종 SNS 연락처로 문의해주시길 바랍니다.

책값은 뒤표지에 있습니다.
파본은 구입하신 서점에서 교환해드립니다.

개인 투자 조합

결성, 등록, 운영하는 방법

조홍서 지음

매일경제신문사

머리말

'개인투자조합'은 신기술과 높은 성장성을 보유한 유망 벤처기업이 필요 자금을 마련하는 새로운 해결책으로, 벤처캐피털(VC)로부터 투자받기 전 단계에서 이루어진다. 49인 이하의 개인으로부터 투자금을 모집해 운영되는 '개인투자조합'은 일종의 사모펀드로, 중소기업청의 관리 감독을 받음으로써 투명하게 운영되는 투자클럽 제도다. 투자자들의 소득공제 혜택과 함께 성공적인 투자수익률이 나올만한 기업을 대상으로 하기 때문에 보통 다음과 같은 조건에 해당되는 기업을 대상으로 한다.

1. 벤처인증 기업: 최초 벤처인증일로부터 7년 이내의 벤처기업
2. 투자 가능 금액: 1억~15억 원
3. 투자기간: 3년
4. 투자계약 방식: 보통주(신주), 전환사채(CB), 신주인수권부사채(BW), 상환전환우선주(RCPS)

우리나라 국민의 대다수가 노후준비가 안 되었다는 불행한 현실에서 필자는 대안 투자인 유망한 벤처기업에 투자하는 '개인

투자조합'을 제안한다. 그러나 벤처기업에 투자하는 것이 쉽지만은 않다. 벤처기업 투자에 대한 지식과 경험이 부족한 일반인이 잘 모르는 상태에서 투자했다가 낭패를 보는 사례가 너무도 많기 때문이다.

 벤처기업 투자를 전문적으로 하는 벤처캐피털(VC)이라는 기관투자자도 어려워하는 것이 벤처투자다. 그래서 벤처캐피털이 기업에 투자할 때 투자의 안정성을 높이기 위해 투자계약서에 다양한 안전장치를 적고 계약한다. 이렇게 안전장치를 장착해 벤처기업에 투자할 경우, 투자위험을 줄일 수 있고 벤처기업도 계약 조건을 이행하기 위해 열심히 사업에 전념할 수 있다. 이 책은 안전장치 등 많은 투자의 조건과 내용을 공부할 수 있는 방법을 제시할 것이다.

 앞으로 대한민국의 미래를 이끌고 갈 경제의 원동력은 창업 벤처기업에 있다. 새로운 아이디어와 하이테크 기술로 장착된 벤처기업만이 우리나라의 유일한 대안이므로, 벤처기업 투자에 주저하면 안 되는 것이다. 개인투자조합이 큰 힘이 되었으면 한다.

 차세대 산업혁명인 4차 산업혁명은 정보통신기술(ICT) 기반의 새로운 산업 시대를 대표하는 용어가 되었다. 인공지능(AI), 사물인터넷, 빅데이터, 모바일 등 첨단 정보통신기술이 경제사회 전반에 융합되어 혁신적인 변화가 나타나는 차세대 산업혁명이다. 컴퓨터, 인터넷으로 대표되는 제3차 산업혁명(정보혁명)에서 한 단계 더 진화한 혁명이다. 앞으로 다가올 세상은 한마디로 사물인터넷을 통해 수집된 빅데이터를 인공지능이 분석, 처리하는 '스마트한 세상'인 것이다. 본서가 이 같은 산업을 융성하게 발전시키는 데 필요한 개인투자조합 투자에 대한 정보를 제공하는 길잡이가 되었으면 한다. 더불어 초기 기업이 힘들어하는 자금조달의 방법도 제시하니, 많은 벤처기업 등에 투자방법론의 제시가 되기를 바란다.

이 책의 주된 독자는 벤처 및 스타트업 기업의 창업자, 임직원 및 엔젤투자자, 벤처캐피털 관계자와 개인투자조합, PEF사모펀드, 크라우드펀딩, P2P 등 다양한 투자자 및 창업기업의 관계자들일 것이다. 이에 '개인투자조합' 결성, 등록, 운영에 밀접한 관계가 있는 내용으로만 구성했다. 개인투자조합 실무에 관한 자료가 부족한 현실에서 조합과 관련한 실전 자료의 필요성을 느껴 집필한 가이드북이다.

'Part 1'에서는 개인투자조합의 결성, 등록을 소개했다. 'Part 2'에서는 개인투자조합을 운영하는 데 필요한 기업 경영의 메커니즘과 실전 투자 해법을 제시했다. 일반적인 창업자와 투자자 간 분쟁에 대해서도 다루었다. 본안소송과 보전처분(가압류,

가처분), 민사집행(압류 및 재산명시 등), 부동산이 없는 초기 기업에 유용한 동산·채권 담보등기에 대한 실무에 관해 대표적인 사항만을 다루었다. 실제 투자 현장에서 사용된 동산·채권의 담보등기부등본, 등기필증, 신청서 등을 게재해 실무를 이해하는 데 한층 도움을 줄 것이다.

  신주 및 구주 거래를 통해 주식을 계약하는 과정 및 명의개서, 주주명부 등재 그리고 투자 전후 투자기업에 관한 기업 서류의 열람·등사 요청을 시간순으로 열거해 실제 소송자료를 중심으로 설명했다. 실전 판결문 및 소송서류들을 실제 사례 중심으로 펼쳐갈 것이므로 투자자 및 투자기업 간 분쟁 해결에 많은 도움이 될 것으로 기대한다.
  이 책을 출간하기까지 큰 도움을 주신 많은 분들께 진심으로 감사를 드린다.

조홍서

CONTENTS

머리말 …… 4

PART 01 개인투자조합 결성, 등록

01 개인투자조합 …… 13
1. 개인투자조합이란? …… 13
2. 개인투자조합 결성 …… 18
3. 개인투자조합 등록 …… 44

PART 02 개인투자조합 운영

01 투자 유치 후 지분구조의 변화 …… 77
1. 자본금과 주식 …… 77
2. 유상증자, 무상증자, 액면분할 …… 79
3. 기업가치 산정 …… 81
4. 투자배수(Multiple) …… 83
5. 자본금 변동 …… 84
6. 투자자의 지분 …… 85
7. 기존 주주들의 지분희석(Equity Dilution) …… 86

02 기업 경영의 메커니즘 …… 87
1. 기업분할 …… 90
2. 제3자배정 유상증자를 통한 경영권 이전 …… 92
3. 회사 설립 …… 93
4. 무상증자, 무상감자 …… 94
5. 지주회사 …… 96
6. 자본잠식 …… 99
7. 스톡옵션 …… 101
8. 유상감자 …… 102

03 투자계약서 …… 104
1. 스타트계약서 …… 105
2. START 계약서 설명 및 작성요령 …… 124

04 요청 서류 목록 …… 129
  1. 정관 …… 133
  2. 재무제표 및 그 부속명세서 …… 133
  3. 영업보고서 …… 136
  4. 감사보고서 …… 138

05 정관 등 열람·등사 청구의 소 …… 140

06 간접강제 신청 …… 173

07 이사회의사록 열람·등사 허가 신청 …… 192

08 과태료부과 신청 …… 212

09 임시로 주주의 지위를 정하는 가처분 …… 222

10 이사해임의 소 …… 236

11 회계장부 열람·등사 청구의 소 …… 244
  1. 관할 및 소가 …… 244
  2. 당사자(원고 및 피고) …… 245
  3. 청구의 요건 …… 246

PART 03 기업채권관리

01 약속어음공증 …… 259
  1. 공정증서 …… 259
  2. 사서증서의 인증 …… 260
  3. '정관 및 의사록'의 인증 …… 260

02 채권압류 및 추심명령(예금) …… 274

03 주식압류 …… 288

04 재산명시 신청 …… 299
  1. 재산명시명령의 신청 …… 300
  2. 명령의 송달 …… 302
  3. 불복 …… 302
  4. 명시기일지정 …… 303
  5. 명시기일에서의 절차 …… 303
  6. 재산목록의 기재사항 …… 304

05 재산조회 신청 …… 309

06 채무불이행자명부 등재 …… 317

07 채권자 파산신청 하기 …… 321

08 동산·채권 담보 …… 327

PART 01

개인투자조합 결성, 등록

chapter 01
개인투자조합

1. 개인투자조합이란?

'엔젤클럽(Angel Club)'은 들어보았을 것이다. 벤처기업이나 스타트업 기업에 개인들이 초기자금을 투자하는 클럽이다. 그런데 엔젤클럽과 벤처캐피털(VC)의 중간 위치에서 벤처기업에 투자하는 개인으로 구성된 조합인 '개인투자조합'은 모르는 분들이 더 많을 것이다.

개인투자조합을 간단히 설명하면, '벤처기업 육성에 관한 특별조치법(벤특법)'에 따라 일반 개인들이 공동으로 자금을 출자해 펀드를 조성한 후 성장성이 높고 유망한 기술창업기업에 투자하는 투자클럽을 말한다. 출자 총액이 1억 원 이상, 출자자 1인당

100만 원 이상, 조합원 수 49명 이하의 요건을 갖추면 누구나 조합을 설립해 벤처기업에 투자할 수 있다. 여유 자금을 가지고 있는 개인들이 돈을 모아 투자하는 사모 방식이다.

자금모집 방식에 따라서 일반대중으로부터 자금을 모집하면 '공모', 소수의 투자자로부터 자금을 모집하는 방식은 '사모'다. 조합원 49인 이하라는 요건이 사모펀드와 유사하다.
사모펀드의 유래를 보면 콜럼버스의 신대륙탐험 펀드가 최초의 근대적인 사모펀드다. 이사벨라 스페인 여왕이 통일제국을 건설한 후에 자금이 절실히 필요했는데 신대륙으로 가면 금이 많다는 소문을 듣고 여왕과 부호, 상인들의 자금을 모아서 탐험가인 콜럼버스에게 투자한 것이다.

현대 사모펀드의 형태는 미국에서 'Buyout(경영권 인수)'이나 벤처기업에 대한 투자수요로 소수의 백만장자를 대상으로 투자클럽을 만들면서 현대의 사모펀드나 벤처캐피털이 만들어졌다. '자본시장과 금융투자업에 관한 법률(자본시장법)'에서 50인 이상에게 투자를 권유하면 '공모(Public Offering)', 그렇지 않은 경우를 '사모(Private Placement)'라고 한다. 49인 이하가 중요한 규정이다. 그러므로 '사모'는 SNS, 홈페이지, 신문 등에서 투자회사 설명 및 조합원 모집에 대한 광고를 하면서 불특정 다수에게 홍보하면 안 된다.

개인투자조합의 펀드는 투자할 투자대상기업을 발굴하면 그 때 신규로 자금을 모으는 프로젝트 펀드(Project Fund)다. 프로젝트가 정해지지 않고 일단 투자자 모집과 투자금을 모아놓는 블라인드 펀드(Blind Fund)가 아니다. 개인투자조합의 조합원들(LP)은 업무집행조합원(GP)을 중심으로 주식회사의 지분에 투자하므로 주식회사 주주의 권리를 갖는다.

요약하면 개인투자조합은 사모 방식으로 조합원을 모집해 투자대상기업(Target Company)에 투자자 자금을 사모 방식으로 모아서 지분투자(Equity Investment)하는 프로젝트 펀드다.

국가에서도 벤처투자를 유도하는 각종 세제지원 혜택을 많이 만들어서 개인투자조합의 설립 규모도 점점 늘어나고 있다. 2011년 70개, 2012년 77개, 2013년 83개, 2014년 109개, 2015년 142개, 2016년 4월 말까지 182개의 조합이 결성됐다. 개인투자조합에 투자한 개인투자자가 2016년 기준으로 약 1만 1,000여 명이다.

벤처기업에 투자한 금액 중 1,500만 원 이하에 대해 소득공제율을 100%로 확대하는 등 세제혜택이 크기 때문에 개인투자조합에 대한 관심이 점점 늘고 있다. 예를 들어 과세표준 1억 5,000만 원 이상인 경우 세율이 41.8%인데 1,500만 원을 벤처기업에 투자했으면 41.8%인 627만 원을 환급받게 된다. 즉 투자금의 수익률과 상관없이 세금환급의 효과만으로 41.8%의 수익률을 볼 수 있다. 그래서 대기업 임원, 의사 등 고소득자들의 투자가 늘고 있다.

투자금의 1,500만 원 이하 구간은 소득공제율이 100%이다. 투자금의 5,000만 원까지는 50%, 5,000만 원을 초과하는 금액은 30%를 소득공제 해준다.

만약 38%의 소득세율을 적용받는 의사가 1억 원을 벤처기업에 투자할 경우, 과거에는 5,000만 원까지는 2,500만 원(50%), 5,000만 원을 초과하는 나머지 5,000만 원에는 1,500만 원(30%)까지 소득공제를 받아 총 4,000만 원의 소득공제를 받았다. 이 경우 연말정산에서 4,000만 원(2,500만+1,500만)의 38%인 1,520만 원의 세금을 돌려받았다.

그러나 현재는 1,500만 원까지는 전액(100%) 소득공제를 받고 1,500만 원부터 5,000만 원까지는 1,750만 원(3,500만 원×50%), 5,000만 원 초과분은 1,500만 원(30%)을 소득공제 받아 총 4,750만 원(1,500만 원+1,750만 원+1,500만 원)의 38%인 1,805만 원의 소득공제를 받게 된다.

이 경우 실제로 돌려받는 세금은 1,805만 원으로 과거보다 285만 원(1,805만 원-1,520만 원) 늘어난다. 또 24%의 소득세율을 적용받는 일반 직장인이 벤처기업에 1,000만 원을 투자했을 경우, 과거에는 투자금의 절반인 500만 원만 소득공제 받아 실제 120만 원을 돌려받았다면 현재는 1,000만 원 전액 소득공제 받아 돌려받는 돈은 이전 2배인 240만 원이 된다.

개인투자조합을 간단히 설명하면 '벤처기업 육성에 관한 특별조치법(벤특법)'에 따라 일반 개인들이 공동으로 자금을 출자해 펀드를 조성한 후 성장성이 높고 유망한 기술창업기업에 투자하는 투자클럽으로, 출자한 투자자는 소득공제의 세금혜택도 받는 일석이조의 투자조합이다.

개인투자조합 육성 방안의 하나로 소관 부처인 중소기업청에서는 투자자의 출자지분을 조합 만기 전 양도·양수해 유동성의 부담에서 자유롭게 하는 개인투자조합 표준규약 개정안을 마련했다. 개인투자조합은 2인 이상 49인 이하 엔젤투자자가 모여 조성한 일종의 엔젤투자업계의 사모펀드다.

과거에 개인투자조합은 만장일치로 중도해산하는 경우를 제외하면 개별 조합원의 출자지분을 중간에 회수할 수 있는 길이 없어서 개인투자조합에 참여한 투자자는 만기 전(보통 5년 이상)에 출자지분을 매도할 수 없었다. 이로 인해 최소 5년간 자금이 묶여 있어 투자자는 유동성 부담을 느껴왔다. 그러나 이제 규약이 변경되어 개인투자조합에 참여한 투자자의 전원 동의를 받을 경우 출자지분을 양도하거나 양수할 수 있도록 개정했다. 또한 외국인의 개인투자조합 투자 및 출자지분의 양도와 양수도 가능하다.

보통 창업 및 벤처기업은 외부 투자자로부터 많은 투자액을 유치하기 쉽지 않은데, '개인투자조합'은 아이디어와 기술력이 있는 창업기업을 발굴해서 정부자금과 조합의 투자자금을 1대 1로 매칭해 지원도 한다.

앞에서 설명한 '벤처기업 육성에 관한 특별조치법(벤특법)'의 13조 이하를 자세히 보면 개인투자조합의 법적인 근거를 분명히 알 수 있다.

2. 개인투자조합 결성

2015년부터 개인투자조합 투자 시 투자금의 1,500만 원까지는 소득공제가 최고 100% 적용되고 있다. 상당히 좋은 혜택인데 현장에서 잘 알려지지 않아서 장점을 살리지 못하고 있는 것이 현실이다.

정부가 세제혜택을 지원하는 개인투자조합 투자방식은 현재 같은 경제 불황기에 마땅한 투자처가 없던 개인투자자에게 가치투자의 기회를 부여하는 좋은 대안 투자가 될 것이다. 아울러 뛰어난 기술과 사업성을 갖고 있지만 자금 부족으로 어려움을 겪고 있는 벤처기업이 성장할 수 있는 좋은 원동력이 된다.

개인투자조합이라는 말을 처음 듣는 사람들은 조합이라는 말을 들으니 재개발 조합이 제일 먼저 생각이 난다고 한다. 그래서 개인투자조합이라고 말을 해도 별 관심을 갖지 않는 것 같다. 정

말 큰 보석 같은 콘텐츠를 놓치는 것이다. 진정으로 '개인투자조합'만이 갖는 이점을 안다면 아마 깜짝 놀랄 것이다.

개인투자조합은 일명 벤특법이라고 불리는 '벤처기업 육성에 관한 특별조치법'에 따라 기술력이 우수한 벤처기업에 일반투자자들이 공동의 자금을 모아서 출자, 즉 투자하고 일정 기간 후에 수익을 배분하는 국가에서 감독하는 제도이고, 일종의 사모펀드다.

담보력이 상대적으로 약한 초기 벤처기업이 직접 자금시장에서 자금조달이 원활히 이루어지도록 하는 벤처기업 투자에 대한 인센티브제도다. 설립요건은 다음과 같다.

조합원 모집
· 49인 이하의 개인으로서 사모 방식/총출자금액 1억 원 이상

조합원 자격
· 조합에 1좌(100만 원) 이상을 출자하고 최초 조합결성 시 소정의 절차를 밟은 자

조합원 구성
· 업무집행조합원(GP): 조합출자 시 5% 이상 지분 출자하고 조합원 중에서 선임된 자
· 일반조합원(LP): 업무집행조합원을 제외한 개인

조합 존속기간
· 5년 이상

중소기업청 벤처투자과 홈페이지를 보면 '개인투자조합' 결성에 관한 요건, 등록 신청 절차에 대한 간략한 소개가 있다. 개인투자조합 결성을 하기에 앞서 우선 개인투자조합을 결성, 등록하기 위한 등록 요건부터 살펴보아야 한다. 이 같은 조건에 맞춰서 투자기업 및 투자자를 선정해야 하기 때문이다.

49인 이하의 조합원 명의가 아닌 조합의 이름으로 투자한다는 것이 중요한 투자형태다. 세무서에서 고유등록증을 발급받은 후 은행에서 조합 명의의 통장이 개설되는 이 부분이 가장 중요하다. 그러므로 개인투자자도 개인조합을 통해서 기관투자자나 벤처캐피털, 사모펀드와 동등한 위치에서 투자가 가능한 것이다.

조합원 모집 후 최종 등록 승인까지는 보통 2개월 정도 소요된다고 보고 결성을 해야 한다. 그래서 각종 계획서 및 구비서류들을 정확히 알아서 준비해야 시행착오를 겪지 않는다. 개인투자조합은 개인 명의가 아닌 조합 이름으로 투자하는 것이므로 조합원 간의 상호 신뢰 및 투자의사 결정을 하는 것이 매우 중요한 요소다.

결성계획서를 작성해 신청하는 단계에서 이미 투자기업이 선정되어야 결성계획서를 중소기업청에 넣을 수가 있다. 개인투자조합 결성 및 등록 프로세스를 먼저 보자.

> 1단계: 출자신청서 접수(유망중소기업발굴)
> 2단계: 업체선정(사업성 분석 및 선정, 투자조건 협의)
> 3단계: 투자제안(투자보고서 및 IR)
> 4단계: 중소기업청 신고(결성계획서 및 규약안 작성)
> 5단계: 신고서승인(결성계획서 및 규약안 신고 수리)
> 6단계: 세무서신고(고유등록증)
> 7단계: 은행계좌 개설(조합 명의 계좌개설)
> 8단계: 투자금 납입
> 9단계: 결성총회 개최(출자금 납입 완료)
> 10단계: 투자조합등록 신청(등록신청서 제출, 출자증서 작성 및 교부)
> 11단계: 투자확인서 발급(다음 해 1월 세제혜택)

1, 2, 3단계는 보통 업무집행조합원(GP)인 조합장 주도에 자체 진행한다.

조합에서 투자업체(Target Company)를 선정할 때 기준이 되는 회사의 조건은 보통 다음과 같다.

① 3년 이내에 매출성장이 극대화될 수 있는 기업
② 자본금 1억 원 이상
③ 연매출 20억 원 이상 기업
④ 타깃 시장 규모 1조 원 이상
⑤ 생존을 위한 투자 지원이 아닌 성장을 위한 투자 지원이 필요한 기업

⑥ 조합의 투자기간인 3년 이후에도 투자금 회수에 문제가 없는 기업

이 장에서는 일단 투자기업이 선정되었다는 가정 아래 중기청에 제출할 표준 조합결성계획서 및 조합규약에 대한 기본계획서부터 알아본다.

1) 조합결성계획서
- 사업개요(명칭, 목적, 규모, 존속기간, 조합원 구성 등)
- 출자계획(출자금예정금액, 출자 1좌의 금액, 출자의 시기 및 방법)
- 조합원의 모집계획
- 투자조합 자산운용계획 및 배분계획
- 관리보수 등 지급계획
- 업무집행조합원 경력 등

[조합명   ] 결성계획서

Ⅰ. 개요
  1. 명칭
    ◦ (조합명)
  2. 목적
    ◦ 본 조합은 유망한 벤처기업, 창업기업 및 창업자에 투자하여 경쟁력 있는 기업으로 육성함으로써 국가경제발전에 기여하고, 조합의 효율적인 운영·관리를 통하여 수익을 극대화하여 조합원들에게 이익을 분배함을 목적으로 함
  3. 조합의 규모
    ◦ 금 _____ 원 (₩ ___,___,___)
  4. 존속기간
    ◦ 본 조합의 존속기간은 중소기업청장으로부터 조합설립등본을 교부받은 날로부터 (___)년
    ◦ 조합의 존속기간이 만료되는 경우에도 미처분 투자유가증권이 남아있거나 기간을 연장하는 것이 조합원 전체의 이익에 부합되는 경우에는 조합원총회의 특별결의를 통하여 (___)년 이내의 기간을 정하여 연장할 수 있음
  5. 조합원의 구성 (총__명)
    ◦ 업무집행조합원: 출자지분이 출자금 총액의 100분의 5 이상이고 조합원 중에서 선임된 개인 또는 법인 및 단체
    ◦ 일반조합원: 업무집행조합원을 제외한 개인 또는 법인 및 단체 ___명

Ⅱ. 출자계획
　1. 출자금 총액, 출자 1좌의 금액
　　◦ 출자금 총액: 금 _____ 원 (₩__,__,__)
　　◦ 출자 1좌의 금액: 금 _____ 원 (₩__,__,__)
　2. 출자의 시기 및 방법
　　◦ 조합 명의로 개설된 금융기관의 입출금계좌에 출자금을 지정된 기일까지 현금으로 납입
　　◦ 출자금을 납입하고 결성이 완료되면 출자증서를 발행 및 교부
　3. 조합원의 모집계획(유사수신행위규제에관한법률 위반 등 불법모집자금 제외)
　　◦ (사모 방식에 의한 조합원 모집계획 서술)

Ⅲ. 조합의 자산운용계획
　1. 투자방법
　　◦ 업무집행조합원은 조합의 존속기간 내에 높은 투자수익을 얻을 수 있다고 판단되는 투자업체를 심사 후 선정
　　◦ 투자기업(창업기업 또는 벤처기업)을 선정하기 위하여 일반조합원 (__)인 이상으로 구성되는 자체 운영위원회의 심사를 통해 선정
　　◦ 투자는 투자업체가 새로이 발행하는 주식, 무담보 전환사채 또는 무담보 신주인수권부사채의 인수를 통해 실시
　　◦ (이 밖의 필요한 사항을 서술)
　2. 투자 한도
　　◦ 조합 결성금액 중 운영경비를 제외한 출자금 한도 내에서 투자
　　◦ (이 밖의 필요한 사항을 서술)

3. 여유 자금의 운용방법 등
   ◦ 업무집행조합원은 본 조합의 존속기간 중 조합자산을 운용함에 있어 안정적인 투자수요에 지장이 없도록 벤처·창업기업에 투자되지 아니한 조합자산에 대하여 은행법에 의한 금융기관에 예치하거나 국·공채를 매입하는 방법으로 운용 가능
   ◦ (이 밖의 필요한 사항을 서술)
4. 연도별 투자 및 회수계획
   ◦ 연도별 투자 및 회수예정 금액

구분	1차연도	2차연도	3차연도	4차연도	5차연도	…	계
투자	a	b	c	d	e	…	a+b+c+d+e
회수				A+B	C+D+E		A+B+C+D+E

   ◦ 투자회수 방법
     - 국내외 주식시장 상장 후 장내매각을 통한 투자금 회수
     - IPO 이전에 대주주 또는 제3자에게 보유지분 매각을 통한 투자금 회수
     - 기타 투자금의 유동화가 가능한 경우 다양한 방법을 통한 투자금 회수

Ⅳ. 조합 재산배분계획
  1. 분배대상 재산
     ◦ 투자수익, 운용수익 및 출자원금에서 업무집행조합원에 대한 관리보수, 성과보수 및 조합 운영비용을 공제한 잔여재산을 각 조합원의 출자좌수에 비례하여 배분
  2. 분배방법: 분배원칙, 분배시기, 분배절차 등
     ◦ 분배원칙

- 조합자산의 배분은 조합 해산 시, 각 조합원의 출자좌수에 비례하여 현금으로 분배함을 원칙
- 조합 해산 시 현금화되지 못한 유가증권이 있을 경우에는 조합원총회의 특별결의에 따라 현물로 분배 가능
  - 분배시기
    - 조합자산의 배분시기는 조합의 해산 시를 원칙으로 하되, 조합원총회에서 달리 정할 경우 이에 따를 수 있음
  - 분배절차
    - 조합원 (__분의 __) 이상 참석한 동의 후 분배
3. 조합의 제반비용: 운영경비, 관리보수, 성과보수 등
   - 운영경비
     - 조합재산에 속하는 유가증권의 취득 및 처분에 관한 비용
     - 조합의 업무집행과 관련한 소송비용
     - 조합의 청산에 관한 비용
     - 회계감사 및 법률고문 수수료
     - 기타 조합결성 및 운영과 관련한 비용으로 조합원총회의 일반결의를 얻은 경우
     - 위 사항을 제외한 업무집행 비용은 업무집행조합원의 비용으로 처리
   - 관리보수
     - 조합의 존속기간 중 업무집행조합원에게 (아래 예시 참고)을 관리보수로 지급
     - 관리보수는 (연초, 연말, 매월, 매 분기, 매 반기 등)에 지급

(주1)
관리보수 지급기준과 지급시기는 업무집행조합원이 조합원과의 합의에 따라 정하며, 일정 부분을 선지급하도록 규정할 수 있음

(예1)
존속기간 중 총결성금액 중 투자잔액(평균잔액)의 3%와 미투자자산(평균잔액)의 0.5%를 매년 지급
* 평균잔액 산정 시점은 매 분기 말, 매 반기 말, 매년 말 등 다양하게 설정 가능
(예2)
존속기간 중 조합 총결성금액의 2.5%를 매년 지급 등
* 지급비율은 조합원 합의로 조정 가능

- 성과보수
  - 조합 존속기간 중 총수익률이 목표수익률 (__)% 이상인 경우 조합원총회 승인을 거쳐 총수익에서 조합 운영비용을 공제한 후 초과수익의 (__)%를 업무집행조합원에게 지급
  - 성과보수는 조합의 최종 결산 시에 지급

(주1)
성과보수의 지급기준 및 지급방법은 조합총회에서 다르게 정할 수 있음
(주2)
초과수익 = 총수익 - 기준수익
(주3)
기준수익: 출자금 총액에 대하여 조합의 존속기간 중 기준수익률로 복리적용한 수익의 합계

4. 목표수익률 및 산정기준
- 조합 존속기간 동안 연평균 내부수익률(IRR:Internal Rate of Return) (__)%

5. 조합해산 및 청산의 절차, 방법
- 조합의 존속기간 만료 시 해산하는 것을 원칙으로 함
- 아래 중 하나에 해당하는 경우 존속기간 만료 이전이라도 해산이 가능
  - 조합의 결성목적이 달성되었다고 조합원 전원의 동의

　　　　　가 있는 경우
　　　　- 일반조합원 전원이 탈퇴한 때
　　　　- 업무집행조합원이 탈퇴한 때(단, 업무집행조합원이 탈퇴한 경우라 하더라도 동 사유가 발생한 날로부터 30일 이내에 일반조합원 전원의 동의에 의해 새로운 업무집행조합원을 선정한 경우에는 그러하지 아니함)
　　　　- 업무집행조합원의 파산 등 기타 사유로 업무수행을 계속하기가 곤란한 경우
　　　　- 조합자산이 잠식되거나 기타의 사유가 발생하여 중소기업청장이 조합원의 보호 등을 위하여 필요하다고 인정하는 경우로서 조합원 총수 및 조합 출자지분의 각 3분의 2의 동의를 얻은 경우
　　　◦ 청산인의 산정
　　　　- 원칙적으로 청산인은 업무집행조합원
　　　　- 다만, 업무집행조합원의 정상적인 청산업무의 수행이 불가능할 경우에는 조합원총회의 특별결의에 따라 청산인을 별도로 선임할 수 있으며, 조합원총회의 일반결의를 통해 보수를 결정 또는 지급 가능
　　　◦ 청산 절차
　　　　- 청산인은 지체 없이 재산 목록 및 대차대조표를 작성하고 재산처분계획을 수립하여 조합원에게 송부해야 함
　　　　- 청산인은 조합의 채무변제 후가 아니면 조합재산을 배분할 수 없으며, 조합의 채무에 대하여 분쟁이 있는 경우에는 그 변제에 필요한 재산을 유보하고 잔여재산 배분 가능

V. 업무집행조합원 현황(개인의 경우)
　　◦ 일반사항

- 이름: (_____)
- 주소: (우편번호) _____
- 주민등록번호: (_____-_____)
- 학력: (____)고등학교
         (____)대학교(____전공)
○ 경력(일반 경력사항)
- ('90~'00) (____)기업 상무
- ('00~'10) (____)기업 대표이사
○ 주요 사업경력(주요 기업투자 및 컨설팅경력 등)
- ('10~'15) (____)투자 심사역
○ 개인정보 수집·활용 동의서 등

V. 업무집행조합원 현황(법인 및 단체의 경우)
 1. 일반사항
   - 법인명: (_____)
   - 소재지: (우편번호) _____
   - 사업자등록번호(또는 고유번호): (____-____-____)
 2. 대표자에 관한 일반사항(성명, 주소, 주민등록번호, 학력 등)
   - 이름: (_____)
   - 주소: (우편번호) _____
   - 주민등록번호: (_____-_____)
   - 학력: (____)고등학교
          (____)대학교(____전공)
   - 개인정보 수집·활용 동의서 등
 3. 투자심사를 전담하는 전문인력에 관한 일반사항 및 주요 사업경력
   - 이름: (_____)
   - 주소: (우편번호) _____

- 주민등록번호: (_____-_____)
- 학력: (____)고등학교
   (____)대학교(____전공)
- ('10~'12) (　)투자 심사역
- ('12~현재) (　)투자팀장
- 개인정보 수집·활용 동의서 등

Ⅵ. 조합규약(안): 표준규약 권고

2) 조합규약

- 출자 세부사항(출자 1좌 금액, 출자 총액, 출자 방법 등)
- 조합원과 조합원총회
- 조합의 운영
- 조합재산의 관리와 운용
- 조합재산의 배분
- 회계처리 방법
- 해산 및 청산

규 약

개인투자조합

제 1 장 총 칙

제1조 (목적)
본 조합은 유망한 벤처기업 및 창업기업에 투자하여 경쟁력 있는 기업으로 육성함으로써 국가경제발전에 기여하고, 조합의 효율적인 운영·관리를 통하여 수익을 극대화하여 조합원들에게 이익을 분배함을 목적으로 한다.

제2조 (명칭 및 소재지)
본 조합의 명칭은 「▨▨ 개인투자조합」(이하 "조합"이라 한다)이라 한다.
본 조합의 사무소는 「▨▨▨▨▨▨▨▨▨ 호(▨▨▨▨▨▨)」에 둔다.

제3조 (조합의 성립 시기)
본 조합은 중소기업청장으로부터 조합등록 등본을 받은 날로부터 성립한다.

제4조 (용어의 정의)
본 규약에서 사용하는 용어의 정의는 다음 각 호의 1과 같다.
1. "출자"라 함은 조합에 출자금을 납입하고 출자지분을 취득하는 것을 말하며, "투자"라 함은 투자업체가 새로이 발행하는 주식·무담보전환사채 또는 무담보신주인수권부사채를 인수하여 자금을 지원하는 것을 말한다.
2. "출자지분"이라 함은 조합원이 조합재산에 대하여 갖는 공동소유의 비율을 말한다.
3. "출자증서"라 함은 조합원의 출자금을 증명하고 그 권리행사를 위한 재산권을 표시하는 증서로서, 본 규약이 칭하는 바에 따라 업무집행조합원이 발행·교부하는 증서를 말한다.
4. "조합원"이라 함은 조합에 출자하고 그 출자지분에 따라 출자증서를 교부 받은 자로서 업무집행조합원과 일반조합원으로 구성한다.
5. "조합재산"이라 함은 조합원이 조합에 출자한 출자금 및 이를 운용하여 취득한 권리, 현금 및 기타 재산으로서 조합에 귀속되는 일체의 재산을 말한다.
6. "투자업체"라 함은 조합에서 투자한 벤처기업 및 창업자를 말한다.
7. "투자유가증권"이라 함은 투자업체가 발행한 주권과 사채권, 기타 유가증권으로서 조합이 투자한 대가로 취득한 것을 말한다.
8. "투자수익"이라 함은 조합재산의 운용에 의하여 발생한 수익을 말한다.
9. "운용수익"이라 함은 투자되지 아니한 조합재산을 운용하여 발생한 모든 수익을 말한다.
10. "총수익"이라 함은 투자수익과 운용수익의 합계를 말한다.
11. "회계감사인"이라 함은 조합재산의 운용상황에 대한 감사 및 결산보고 등을 실시하기 위하여 업무집행조합원이 선임한 공인회계사 등을 말한다.
12. "일반결의"라 함은 총 출자좌수의 2분의 1 이상에 해당하는 조합원이 출석하고, 출석한 조합원의 총 출자좌수의 2분의 1 이상에 해당하는 출자좌수를 가진 조합원의 찬성을 얻는 것을 말한다.
13. "특별결의"라 함은 총 출자좌수의 3분의 2 이상에 해당하는 조합원이 출석하고, 출석한 조합원의 총 출자좌수의 3분의 2 이상에 해당하는 출자좌수를 가진 조합원의 찬성을 얻는 것을 말한다.

제5조 (관계법령의 준수)
1. 조합의 결성과 운영에 관하여는 벤처기업육성에 관한 특별조치법·시행령, 개인투자조합 등록 및 투자확인서 발급규정(이하 "근거법령"이라 한다)과 기타 관계법령을 준수하여야 한다.
2. 근거법령의 개정으로 변경된 내용이 본 규약이 정한 바와 상충될 경우에는 근거법령이 우선 적용된다.

제6조 (규약의 변경)
본 규약은 총 출자좌수의 2분의 1 이상에 해당하는 조합원 또는 업무집행조합원의 발의에 따라 제20조의 규정에 의한 조합원총회의 특별결의를 얻어 변경할 수 있다.

제7조 (소송의 관할)
본 규약에 관한 분쟁 및 조합에 관한 소송이 발생하는 경우에는 제2조에서 정한 소재지를 관할하는 지방법원을 전속관할로 한다.

제 2 장 출 자

제8조 (출자)
1. 1좌의 금액은 금 일백만원(₩ 1,000,000) 정으로 한다.

2. 조합 설립시의 출자금 총액은 금 일억일천팔백만원(₩ 118,000,000) 정으로 한다.
3. 조합의 출자금 총액은 근거법령에서 정하는 바에 따라 조합원총회의 특별결의를 얻어 증액시킬 수 있다.

제9조 (출자금 구성)
출자자 별 출자금 구성은 다음 각호와 같다.
1. 업무집행조합원 : 금 육백만원(₩ 6,000,000) 정
2. 일반조합원 : 금 일억일천이백만원(₩ 112,000,000) 정

제10조 (출자방법)
1. 조합에 출자하고자 하는 자는 출자신청서를 업무집행조합원에게 제출하고, 출자금은 조합명의로 개설된 금융기관의 입금통장에 납입하여야 한다.
2. 출자는 현금으로 한다.

제11조 (출자증서의 교부)
1. 업무집행조합원은 제10조에 의하여 출자를 이행한 조합원에 대하여 제15조에 의한 결성총회일로부터 1개월 이내에 다음 각 호의 사항을 기재하고 업무집행조합원이 기명 날인한 출자증서를 발행·교부하여야 한다.
  ① 조합의 명칭 및 출자증서 번호
  ② 조합원의 성명(법인명·단체명), 주민등록번호(법인등록번호) 및 주소
  ③ 조합의 출자금 총액 및 총 출자좌수
  ④ 조합원의 출자금액 및 출자좌수
2. 출자증서는 기명식으로 하고 이를 양도 또는 매매하거나 담보로 제공하지 못한다.
3. 출자증서를 분실하거나 훼손한 경우에는 제권판결을 받지 아니하면 재 발행하지 아니한다.

제 3 장 조합원과 조합원총회

제12조 (조합원의 자격)
1. 조합에 5 좌 이상을 출자함으로써 조합원의 자격을 취득한다.
2. 외국인은 「외국인투자 촉진법」이 정하는 바에 따라 조합원이 될 수 있다.
3. 본 규약이 어떤 조합원과의 관계에서 무효로 되거나 또는 취소되는 경우에는 타 조합원과의 관계에는 영향을 끼치지 아니한다.
4. 조합결성 시 최초에 소정의 출자좌수를 출자한 자 이외에는 새로이 조합원이 될 수 없다. 다만, 제17조의 규정에 의한 조합원지위의 승계에 의한 경우는 예외로 한다.

제13조 (조합원의 구성)
조합을 구성하는 조합원은 다음 각 호와 같다.
1. 업무집행조합원 : 출자지분이 출자금 총액의 100분의 5 이상이고 조합원 중에서 선임된 자
2. 일반조합원 : 업무집행조합원을 제외한 개인 내지 법인 및 단체

제14조 (조합의 존속기간)
1. 조합의 존속기간은 중소기업청장으로부터 조합설립 등본을 교부 받은 날로부터 5년으로 한다.
2. 조합의 존속기간이 만료되는 경우에도 미 처분 투자유가증권이 남아있거나 기간을 연장하는 것이 조합원 전체의 이익에 부합되는 경우에는 조합원총회의 특별결의를 통하여 2년 이내의 기간을 정하여 연장할 수 있다.
3. 제1항 및 제2항의 규정에도 불구하고 조합의 존속기간 만료 후에도 조합은 청산의 목적범위 내에서 존속하는 것으로 한다.
4. 납입이 완료된 출자금은 조합의 존속기간 중 조합원에게 반환하지 아니한다.

제15조 (결성총회)
1. 결성총회에서는 다음 각 호의 사항을 결의한다.
  ① 본 규약의 승인
  ② 사업계획의 승인
2. 결성총회에서의 결의는 특별결의로 하며, 출자자는 대리인으로 하여금 그 의결권을 행사하게 할 수 있으며, 이 경우 대리인은 대리권이 있음을 문서로서 증명해야 한다.

제16조 (조합원의 권리와 의무)
1. 조합원은 그 출자좌수와 본 규약에 따라 다음 각 호의 권리를 가진다.

①조합원총회에 참석하여 의결권을 행사하는 권리
②조합재산을 본 규약이 정한 바에 따라 배분 받을 권리
③기타 관련법령 및 본 규약에 의한 권리
2. 조합원은 다음 각 호의 의무를 진다.
①조합원의 자격으로 지득한 내용을 조합의 운용기간 중 또는 조합의 운용종료 후 2년 이내에 조합원 이외의 제 3자에게 누설하지 않을 의무
②기타 조합재산의 권리.운용에 저해되거나 악영향을 끼치는 행위를 하지 않을 의무
3. 조합원은 출자좌수에 비례하여 조합원으로서의 권리와 의무를 가진다.

제17조 (조합원지위의 변동)
조합원이 사망한 경우에는 그 상속인이 조합원의 지위를 승계한다. 다만, 다른 조합원 전원의 동의를 얻는 경우에 한해 조합원 지위를 양도할 수 있으며 출자지분의 양도.양수의 사실을 확인하는 서류를 업무집행조합원에게 서면으로 제출하여야 한다.

제18조 (조합원의 제명)
1. 업무집행조합원은 조합원이 다음 각 호의 1에 해당하는 행위를 한 때에는 당해 조합원을 제외한 다른 조합원 전원의 동의를 얻어 당해 조합원을 제명할 수 있다.
①정당한 사유 없이 업무를 방해하거나 조합운영에 중대한 악영향을 끼치는 행위
②기타 조합의 정상적인 운영에 지장을 초래하는 중대한 의무 불이행 행위
2. 제명된 조합원에 대한 출자금 환급은 본 조합 해산 시까지 이를 유보한다.

제19조 (조합원의 변동사항에 관한 통지의무)
조합원은 주소, 연락처 등 개인신상에 관한 사항이 변동되었을 경우, 즉시 업무집행조합원에게 서면 또는 전화, 전자우편 등의 방법으로 통지하여야 한다. 통지의무를 지체함으로 인해 발생된 손해에 대해서는 조합원 본인이 책임진다.

제20조 (조합원총회)
1. 조합원총회는 정기총회와 임시총회로 구분한다.
2. 조합원총회는 조합운영에 관한 다음 각호의 사항을 의결한다.
①조합의 결산
②규약의 변경
③
④조합의 해산 및 청산
⑤조합의 존속기간의 연장
⑥출자금 총액의 증액
⑦조합의 회계감사인 선임
⑧기타 본 규약에서 정하지 아니한 중요한 사항

제21조 (조합원총회의 소집 및 운영)
1. 정기총회는 사업 년도 종료 후 90일 이내에 업무집행조합원이 소집한다.
2. 임시총회는 총 출자좌수의 3분의 1에 해당하는 조합원의 요구가 있거나 업무집행조합원이 필요하다고 인정할 경우 업무집행조합원이 소집한다.
3. 조합원총회의 소집통지는 전 조합원에게 서면으로 하되, 총회일 전 14일까지 도달하여야 한다. 다만, 필요한 경우 전화.팩스.문자메시지,전자우편 등의 방법으로 통지할 수 있다.
4. 조합원총회의 의장은 업무집행조합원(법인.단체의 경우에는 대표자) 으로 한다.
5. 조합원총회의 결의는 본 규약에서 별도로 결의방법을 정하고는 경우를 제외하고는 일반결의에 의한다.
6. 조합원총회에서의 조합원의 의결권은 출자 1좌당 1개로 하되, 의결권의 불통일 행사는 허용하지 아니한다.
7. 조합원은 대리인으로 하여금 그 의결권을 행사하게 할 수 있으며, 이 경우 대리인은 대리권이 있음을 문서로써 증명해야 한다.
8. 조합원은 업무집행조합원에게 총회의 의결권, 조합의 운영 및 해산에 대한 일체의 업무를 위임할 수 있다. 이 경우 해당 조합원은 문서로써 이를 증명해야 한다.
9. 조합원총회의 의사에 관하여는 업무집행조합원의 책임 하에 의사록을 작성하여야 하며, 의사록에는 의사의 진행내용과 그 결과를 기록하고 업무집행조합원과 총회출석 조합원의 과반수 이상이 날인한 후 조합의 청산완료 시까지 주된 사무소에 비치하여야 한다.

제22조 (조합원의 감사)
일반조합원은 제40조에서 정한 자료를 수령한 후 25일 이내에 업무집행조합원에게 서면으로 본 조합의 재산 현황 및 업무집행현황에 대하여 질문할 수 있으며, 이에 대하여 업무집행조합원은 질문을 받는 날로부터 14일 이내에 서면으로 당해 질문에 답변하여야 한다.

제 4 장 조합의 운영

제23조 (업무집행조합원의 권한과 의무)
1. 업무집행조합원은 조합원을 대리하여 조합의 명의로 다음 각 호의 업무를 수행하고, 조합에 관한 재판상 또는 재판 이외의 모든 행위에 대하여 조합을 대표한다.
   ① 조합재산의 관리·운영
   ② 투자대상 기업의 선정 및 투자
   ③ 투자업체의 육성·지원과 투자유가증권에 관한 권리의 행사
   ④ 출자증서의 발행 및 교부
   ⑤ 조합재산의 배분
   ⑥ 회계장부 및 기타 회계에 관한 기록의 작성·유지 및 보관 등 조합의 회계처리
   ⑦ 조합운영과 관련하여 발생한 비용과 보수의 지급 등 조합채무의 변제
   ⑧ 제1호 내지 제7호에 부수되는 업무로서 조합의 목적을 달성하기 위하여 필요한 사항 및 기타 본 규약에서 정하는 업무
2. 업무집행조합원은 관계법령을 준수하여야 하며, 조합의 업무집행에 있어서 조합원의 이익을 위해 선량한 관리자로서의 주의의무를 다하여야 한다.
3. 업무집행조합원은 조합에 관한 법률행위를 함에 있어서 조합인감을 사용하여야 한다.

제24조 (조합원의 책임)
1. 업무집행조합원을 제외한 조합원은 조합의 업무에 관하여 출자한 금액의 범위 내에서 책임을 진다.
2. 업무집행조합원은 고의 또는 중과실이 없는 한 조합업무의 집행으로 발생한 손해에 대하여 책임을 지지 아니한다.

제25조 (조합운영비용)
1. 다음 각 호의 비용은 조합의 비용으로서 조합재산에서 지급한다.
   ① 조합재산에 속하는 유가증권의 취득 및 처분에 관한 비용
   ② 조합의 업무집행과 관련된 공증 및 소송비용
   ③ 조합의 청산에 관한 비용
   ④ 회계감사 및 법률고문 수수료
   ⑤ 투자업체의 선정 및 수익실현에 관한 외부 기관의 자문 및 교육 수수료
   ⑥ 기타 조합결성 및 운영과 관련한 비용으로 조합원총회의 일반결의를 얻은 경우
2. 제1항을 제외한 업무집행에 관한 비용은 업무집행조합원의 비용으로 한다.
3. 업무집행조합원이 조합의 업무집행과 관련하여 조합이 부담할 비용을 지출한 경우에는 조합에 대하여 그 상환을 청구할 수 있다.

제26조 (관리보수)
1. 조합은 중소기업청에 등록이 완료된 날로부터 업무집행조합원에게 출자금 총액의 ▨에 해당하는 금액을 결성수수료로 지급한다.
2. 조합은 존속기간 중 업무집행조합원에게 출자금 총액의 연 ▨에 해당하는 금액을 관리보수로 지급한다.

제27조 (성과보수)
1. 조합은 총 수익에서 조합운영비용, 관리보수, 목표수익을 제외한 수익을 초과수익으로 보며, 초과수익이 100% 미만일 경우 초과수익의 ▨를, 초과수익이 100% 이상일 경우 초과수익의 ▨를 업무집행조합원에게 성과보수로 지급한다. 이 경우, 성과보수는 누진 계산방식으로 한다.
2. 성과보수는 조합의 최종 결산 시에 지급한다.

```
(주1) 총수익 = 투자수익 + 운용수익
(주2) 초과수익 = 총수익 - 조합운영비용 - 관리보수 - 목표수익
(주3) 목표수익 = ▨ / 연
```

제 5 장 조합재산의 관리와 운용

제28조 (조합재산의 귀속)
조합재산은 조합원의 합유로 하고 조합재산에 대한 각 조합원의 출자지분은 그 출자좌수에 의한다.

제29조 (조합재산의 관리와 운용의 원칙)
1. 업무집행조합원은 조합재산을 다른 재산과 구분하여 조합명의로 관리·운용하고, 독립회계로서 장부의 기록유지 및 시재점검 등 관리에 충실하여야 한다.
2. 업무집행조합원은 조합재산을 운용함에 있어서 그 투자수익을 극대화할 수 있도록 노력하여야 한다.
3. 조합은 조합자산을 담보·보증·차입 등의 용도로 사용할 수 없다.

제30조 (투자의 방법)
1. 투자는 투자업체가 새로이 발행하는 주식, 무담보 전환사채 또는 무담보 신주인수권부사채의 인수의 방법에 의한다.
2. 업무집행조합원은 조합의 존속기간 내에 높은 투자수익을 얻을 수 있다고 판단되는 투자업체를 심사 후 선정한다.
3. 투자업체를 선정하기 위하여 일반조합원 2인 이상으로 구성되는 자체 운영위원회의 심사를 거쳐야 한다. 단, 조합원 전원의 동의에 의하여 업무집행조합원에게 일임할 수 있다.

제31조 (미 투자자산의 운용)
업무집행조합원은 본 조합의 존속기간 중 조합자산을 운용함에 있어서 안정적 투자수요에 지장이 없도록 벤처기업에 투자되지 아니한 조합자산에 대하여는 은행법에 의한 금융기관에 예치하거나 국·공채를 매입하는 등의 방법으로 이를 운용하여야 한다.

제32조 (투자보고회)
업무집행조합원은 연 1회 이상 전체 조합원을 대상으로 투자보고회를 개최하여 투자기업 현황, 사업현황 및 기타 필요하다고 생각하는 사항을 투자보고서로 작성하여 설명하여야 한다. 단, 조합원 전원의 동의를 얻는 경우에는 정기총회로 대신할 수 있다.

제 6 장 조합자산의 배분

제33조 (배분대상 재산)
조합원에게 배분하는 재산의 원천은 조합재산에서 다음 각 호의 비용과 보수 등을 공제한 잔여재산으로 한다.
1. 제25조에서 정한 조합운용비용
2. 제26조에서 정한 업무집행조합원에 대한 관리보수
3. 제27조에서 정한 업무집행조합원에 대한 성과보수

제34조 (배분원칙)
1. 조합자산의 배분은 조합해산 시 각 조합원의 출자좌수에 비례하여 현금으로 함을 원칙으로 한다.
2. 조합 해산 시까지 현금화되지 못한 유가증권이 있을 경우에는 현물로 배분할 수 있다.

제35조 (손실금 충당)
1. 조합의 청산 시까지 제25조 및 제26조에 의하여 업무집행조합원에게 지급하였거나 지급하기로 확정된 보수를 제외하고, 청산 이전에 조합원에게 지급하였거나 지급하기로 확정된 배분금 및 제명 조합원에 대한 환급금과 청산시에 조합원에게 배분할 재산의 합계액이 조합의 출자금 총액에 미달하는 경우에는 업무집행조합원의 출자금에서 우선 충당한다.
2. 제1항의 규정에 의하여 손실금을 충당한 후에도 잔여 손실금이 있을 때에는 일반조합원 별로 출자비율에 따라 충당한다.
3. 제1항 및 제2항에서 규정한 손실금의 충당시기는 본 조합이 해산하는 때에 한한다.

제36조 (손실금 보전)
1. 업무집행조합원이 조합규약과 관계법령을 위반하여 고의 또는 중과실로 다른 조합원에게 손실을 발생시킨 경우에는 당해 손실금을 손실 발생일로부터 6개월 이내에 업무집행조합원이 보전하여야 한다.
2. 제1항의 손실금이라 함은 업무집행조합원의 부당행위로 인하여 조합재산의 실질가액이 감소한 경우 그 감소한 금액을 말한다.

제 7 장 회 계

제37조 (사업연도)
조합의 사업연도는 매년 1월 1일부터 12월 31일까지로 한다. 다만, 최초의 사업연도는 중소기업청장으로부터 조합등록원부를 교부 받은 날로부터 당해 년도 12월 31일까지로 하며, 마지막 사업연도는 1월 1일부터 조합의 존속기간이 만료되는 날까지로 한다.

제38조 (회계원칙)
조합의 회계처리는 본 규약에서 달리 정함이 있는 경우를 제외하고는 기업회계기준 및 일반 회계관습에 따른다.

제39조 (투자유가증권의 평가)
1. 조합의 투자유가증권의 장부가액은 취득가격에 부대비용을 합한 금액으로 한다.
2. 조합의 미처분 투자유가증권의 평가는 증권거래법에 의한 유가증권 분석에 관한 기준에 따라 전문평가기관 또는 회계감사인이 "유가증권 분석에 관한 기준"에 따라 평가하는 가격으로 한다.

제40조 (회계보고 등)
1. 업무집행조합원은 매 사업연도 종료 후 60일 이내에 당해 사업연도에 관한 대차대조표, 손익계산서 및 부속명세서를 작성하고, 회계감사결과에 대해 신뢰성과 공신력을 갖춘 것으로 인정되는 회계감사인의 감사보고서와 함께 정기총회에 보고하여야 한다.
2. 업무집행조합원은 총회에 참석하지 못한 조합원을 위하여 조합원총회 개최 후 30일 이내에 제1항의 회계서류를 미 참석 조합원에게 송부하여야 한다. 단, 해당 조합원의 동의를 얻는 경우에는 온라인 게시 또는 전자우편의 방법으로 대신할 수 있다.

제41조 (회계장부 등의 열람)
조합원은 업무집행조합원의 통상 업무시간 내에 한하여 회계장부 및 기록의 열람을 요구하거나 업무집행상황에 관하여 자료를 요구할 수 있으며, 업무집행조합원은 특별한 사유가 없는 이해 응하여야 한다.

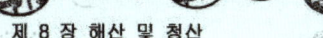

제 8 장 해산 및 청산

제42조 (해산)
조합은 본 규약에 따라 연장되지 않는 한 조합 존속기간 만료 시에 해산한다. 다만, 다음 각호의 1에 해당되는 경우에는 존속기간 만료 전에 해산할 수 있다.
1. 근거법령에 의한 조합의 결성목적이 달성되었다고 조합원 전원의 동의가 있는 경우
2. 일반조합원 전원이 탈퇴한 때
3. 업무집행조합원이 탈퇴한 때 (단, 업무집행조합원이 말퇴한 경우라 하더라도 동 사유가 발생한 날로부터 30일 이내에 일반조합원 전원의 동의에 의해 새로운 업무집행조합원을 선정한 경우에는 그러하지 아니한다.)
4. 조합원간의 불화 발생시 조합원 총수 및 조합 총 출자좌수의 각 3분의 2의 동의를 얻은 경우

제43조 (청산인)
조합이 해산하는 때에는 업무집행조합원이 청산인이 된다. 다만, 업무집행조합원의 사임, 해임, 또는 탈퇴 등으로 인하여 정상적인 청산업무의 수행이 불가능할 경우에는 조합원총회의 특별결의에 따라 청산인을 별도로 선임할 수 있다.

제44조 (청산인의 직무와 권한)
1. 청산인의 직무는 다음과 같다.
   ① 조합사무의 종결 및 투자유가증권의 처분
   ② 채권의 추심 및 채무의 변제
   ③ 잔여재산의 분배
   ④ 제1호 내지 제3호에 부대되는 일체의 업무
2. 청산인은 제1항의 직무를 이행하기 위하여 필요한 재판상 및 재판 이외의 모든 행위를 할 수 있다.

3. 청산인은 청산의 직무를 이행함에 있어 관련 법규를 준수하고 선량한 관리자의 주의의무를 다하여야 한다.

제45조 (청산인의 의무와 책임)
청산인이 제44조의 청산사무를 처리함에 있어서는 제23조제2항을 준용한다.

제46조 (청산인의 보수)
업무집행조합원이 아닌 자가 청산인이 된 경우에는 보수를 지급한다. 이 경우 지급할 보수는 조합원 총회의 일반결의로 결정한다.

제47조 (청산의 절차)
1. 청산인은 취임 후 지체 없이 재산목록 및 대차대조표를 작성하고 재산의 처분계획을 수립하여 이를 각 조합원에게 송부한다.
2. 청산인은 조합의 채무를 변제한 후가 아니면 조합재산을 배분하지 못한다. 다만, 조합의 채무에 대하여 분쟁이 있는 경우에는 그 변제에 필요한 재산을 유보하고 잔여재산을 배분할 수 있다.

제 9 장 보 칙

제48조 (규약의 일부 실효)
1. 본 규약의 일부 규정이 관계법령의 개폐 등의 사유로 효력을 잃게 된 경우에도 타 규정의 효력에는 영향을 미치지 아니한다.
2. 제1항의 규정에 의하여 규약의 일부 규정이 효력을 잃게 된 경우, 조합원총회의 결의로 규약이 변경된 것으로 본다.

제49조 (규약의 해석 및 보충)
본 규약의 해석상 이의가 있는 사항 또는 본 규약에서 정하지 아니한 사항은 관계법령과 일반적으로 확립된 관행에 따라 해석하고 보충한다.

제50조 (조합원 합의)
본 규약은 조합에 관하여 조합원들간의 최종적인 합의이며, 이 규약의 효력발생일 이전에 조합에 관하여 조합원들간에 행해진 모든 서면 또는 구두의 합의, 양해 및 보장 등은 이 규약의 발효에 의하여 효력을 상실하며 본 규약으로 대체된다.

제51조 (규약의 유효기간)
본 조합이 중소기업청장으로부터 조합등록원부를 교부 받은 날로부터 조합재산이 완전히 청산될 때까지 유효하다.

제52조 (통지)
1. 본 규약에 따른 모든 통지는 서면으로 하며, 우편, 직접 교부, 팩스 등의 방법에 의한다.
2. 제1항에 의한 통지는 우편의 경우 발송일로부터 5일 후, 직접 교부 시는 교부 일에, 전자우편 및 팩스 등의 경우는 발송시점으로부터 24시간 후에 수령된 것으로 본다.
3. 업무집행조합원에 대한 통지는 별도의 변경 통지가 없는 한, 아래의 조합의 주된 사무소로 하여야 한다.

   ➢ 주 소 :   (우편번호 :   )
   ➢ 전 화 :
   ➢ 전자우편 :

부 칙

제1조 (시행일) 이 규약은 2016년 9월 26일부터 시행한다.

3) 결성계획 및 규약(안) 검토 결과(수리 여부) 통보: 중소기업청

결성계획서 및 조합규약을 작성해 업무집행조합원이 중소기업청에 우편으로 보내면 된다. 결성계획서 및 조합규약안을 접수한 중기청 담당 사무관은 다음 3가지를 중점적으로 검토해 결과를 수리통보 한다.

① 투자대상
② 손익분배
③ 자산운용 관련 사항 등

이때 주의할 점은 결성계획 등에 대한 중소기업청의 접수결과 통보 이전에는 조합원의 공개모집 또는 일체의 출자금 받는 것을 금지하고 있다는 것이다. 이 점을 꼭 유념해야 한다. 이후 수리되면 중기청에서 업무집행조합원에게 수리통보서를 보내준다.

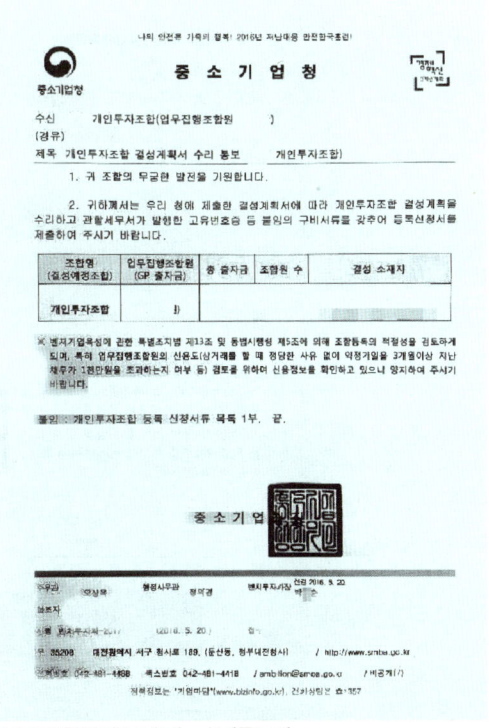

중소기업청에서 보내주는 수리통보서

4) 고유번호증 신청

수리통보서 수령 후 바로 관할 세무서로 가서 조합의 '납세고유번호증'을 신청해 고유번호증(예, 000-80-0000)을 수령 받는다. 이때 필요한 첨부 서류가 개인투자조합 결성계획 수리결과 통보 공문이다. 일반 기업의 사업자등록증에 해당하는 것이다.

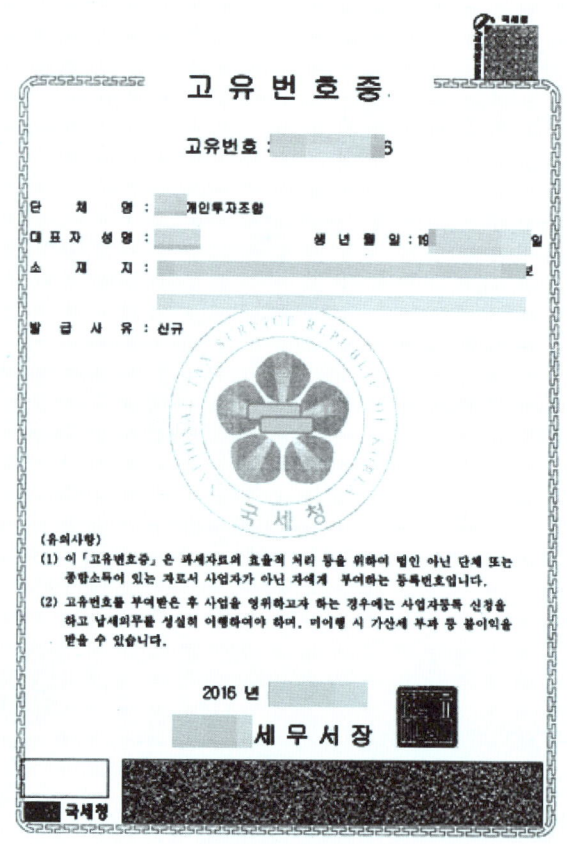

고유번호증

5) 개인투자조합 명의의 은행계좌 개설

'납세고유번호증'을 첨부 서류로 지참하고 은행에서 조합 명의 통장을 개설(조합 명의 도장 지참)한다.

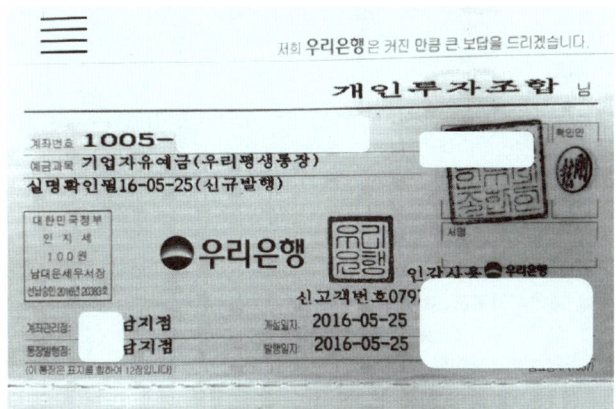

조합 명의의 통장

6) 조합원 모집
- 조합원 모집(LP): 49인 이하의 사모 방식으로 모집
- 모집대상: 개인 또는 기술지주회사, 액셀러레이터 등 창업 기업 육성을 사업목적으로 두는 법인

7) 결성총회 개최
- 결성총회 시기: 출자계획에 따른 출자금 납입(최소 1억 원) 완료 후

███ 개인투자조합 결성 총회 의사록

서기 2016년 9월 26일 조합원 총회를 개최하다.

- 조합원 총수 16인   인수 총 좌수
- 출석조합원 총수 9인   인수 총 좌수

조합원 전원은 ██ 개인투자조합의 대표 업무집행조합원으로 █ █을 만장일치로 선임하고 업무집행조합원 █ █ 은 위와 같이 법정 수에 달하는 조합원이 출석하여 본 총회가 적법하게 성립되었음을 알린다.

또한 회의 진행상 의장을 선임할 것을 구한 바, 조합원 전원은 만장일치로 업무집행조합원 김민창을 의장으로 선임한 즉, 동인은 즉석에서 취임을 승낙하고 의장석에 등단하여 개회를 선언한 후 다음 의안을 부의하고 심의를 구하다.

제 1 안   ██ 개인투자조합 결성 선포의 건

의장은 ██ 개인투자조합 결성에 대한 계획서와 추진방향 등을 낭독하고 배포한 후 조합원 전원의 이의 없이 ██ 개인투자조합의 결성을 선포한다.

제 2 안 투자업체 선정의 건

의장은 일반 조합원 2인 이상의 자체 운영위원회를 대신하여 투자 대상 업체 선정의 권한을 위임 받고, 그 승인 여부를 물은 바 전원이 이의 없이 동의 한다.

제 3 안 조합 결성계획서 및 규약 승인의 건

의장은 규약안을 낭독하고 축조설명을 가한 후 그 승인 여부를 물은 바 전원이 이의 없이 원안대로 승인 가결한다.

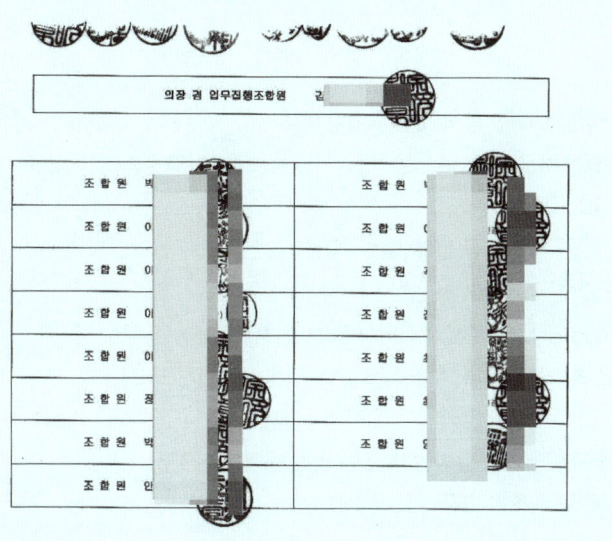

결성총회의사록

3. 개인투자조합 등록

1) 투자조합 등록 신청

조합결성총회 개최 후 5일 이내에 중기청에 다음과 같은 서류를 첨부해 등록신청서를 제출한다.

- **등록신청서 제출: 총회 개최 후 5일 이내**
  - 가) 개인투자조합 등록신청서(벤처기업 육성에 관한 특별조치법 시행규칙 별지 3호 서식)
  - 나) 개인투자조합 규약(업무집행조합원과 유한책임조합원 날인 및 간인)
  - 다) 조합원 명부 1부 ⇒ 【별지 1-1】
  - 라) 개인투자조합 결성총회의사록(조합원 등록인감 날인) 1부.
  - 마) 조합원에게 교부한 출자증표(사본) 1부 ⇒ 【별지 1-2】
  - 바) 개인투자조합 명의의 계좌 잔액증명서 1부
  - 사) 출자자 납입을 증빙할 수 있는 통장 내역 사본 1부
  - 아) 개인투자조합 고유번호증(사본) 1부
  - 자) 개인투자조합 인감 등록부 1부 ⇒ 【별지 1-3】
  - 차) 결성계획서 대비 변경 내역 ⇒ 【별지 1-4】
  - 카) 조합원별 인감증명서 및 개인(신용)정보 수집이용제공 동의서 ⇒【별지6】

- **조합등록 및 등록원부 교부: 중소기업청 등록일 이후 투자 가능**

가) 개인투자조합 등록신청서(벤처기업 육성에 관한 특별조치법 시행규칙 별지 3호)

【별지 3호】

개인투자조합	☐ 등 록 ☐ 변경등록	신청서	처리기간 14일		
신청인	조 합 명			납세고유번호	
	업무집행조합원			조 합 원 수	
	출 자 총 액	금	원	존 속 기 간	. . . ~ . . .
	주 소			(전화번호:)	

벤처기업육성에 관한 특별조치법 제13조제1항, 같은 법 시행령 제5조 제3항·제4항 및 같은 법 시행규칙 제4조의3 제1항에 따라서 개인투자조합의 ☐등록 ☐변경등록을 위와 같이 신청합니다.

년 월 일

신청인 (서명 또는 인)

중소기업청장 귀하

※ 구비서류

수수료
없 음

1. 조합규약 1부
2. 조합원 명부 1부
3. 조합원의 출자금액 및 출자이행을 증명하는 서류 1부
4. 변경사항을 증명하는 서류 1부(변경등록의 경우에 한합니다)

210mm×297mm[백상지 80g/㎡]

나) 개인투자조합 규약[업무집행조합원(GP)과 유한책임조합원(LP)] 날인

제 1 장 총 칙

제1조 (목적)
본 조합은 유망한 벤처기업 및 창업기업에 투자하여 경쟁력 있는 기업으로 육성함으로써 국가경제발전에 기여하고, 조합의 효율적인 운영·관리를 통하여 수익을 극대화하여 조합원들에게 이익을 분배함을 목적으로 한다.

제2조 (명칭 및 소재지)
본 조합의 명칭은 「   개인투자조합 」(이하 "조합" 이라 한다)이라 한다.
본 조합의 사무소는 「   」에 둔다.

제3조 (조합의 성립 시기)
본 조합은 중소기업청장으로부터 조합등록 등본을 받은 날로부터 성립한다.

제4조 (용어의 정의)
본 규약에서 사용하는 용어의 정의는 다음 각 호의 1과 같다.
1. "출자" 라 함은 조합에 출자금을 납입하고 출자지분을 취득하는 것을 말하며, "투자" 라 함은 투자업체가 새로이 발행하는 주식·무담보전환사채 또는 무담보신주인수권부사채를 인수하여 자금을 지원하는 것을 말한다.
2. "출자지분" 이라 함은 조합원이 조합재산에 대하여 갖는 공동소유의 비율을 말한다.
3. "출자증서" 라 함은 조합원의 출자금을 증명하고 그 권리행사를 위한 채권권을 표시하는 증서로서, 본 규약이 정하는 바에 따라 업무집행조합원이 발행·교부하는 증서를 말한다.
4. "조합원" 이라 함은 조합에 출자하고 그 출자지분에 따라 출자증서를 교부 받은 자로서 업무집행조합원과 일반조합원으로 구성한다.
5. "조합재산" 이라 함은 조합원이 조합에 출자한 출자금 및 이를 운용하여 취득한 권리, 현금 및 기타 재산으로서 조합에 귀속되는 일체의 재산을 말한다.
6. "투자업체" 라 함은 조합에서 투자한 벤처기업 및 창업자를 말한다.
7. "투자유가증권" 이라 함은 투자업체가 발행한 주권과 사채권, 기타 유가증권으로서 조합이 투자한 대가로 취득한 것을 말한다.
8. "   " 이라 함은   의   수익을   말한다.
9. "운용수익" 이라 함은 투자되지 아니한 조합재산을 운용하여 발생한 모든 수익을 말한다.
10. "총수익" 이라 함은 투자수익과 운용수익의 합계를 말한다.
11. "회계감사인" 이라 함은 조합재산의 운영상황에 대한 감사 및 결산보고 등을 실시하기 위하여 업무집행조합원이 선임한 공인회계사 등을 말한다.
12. "일반결의" 라 함은 총 출자좌수의 2분의 1 이상에 해당하는 조합원이 출석하고, 출석한 조합원의 총 출자좌수의 2분의 1 이상에 해당하는 출자좌수를 가진 조합원의 찬성을 얻는 것을 말한다.
13. "특별결의" 라 함은 총 출자좌수의 3분의 2 이상에 해당하는 조합원이 출석하고, 출석한 조합원의 총 출자좌수의 3분의 2 이상에 해당하는 출자좌수를 가진 조합원의 찬성을 얻는 것을 말한다.

제5조 (관계법령의 준수)
1. 조합의 결성과 운영에 관하여는 벤처기업육성에 관한 특별조치법·시행령,개인투자조합 등록 및 투자확인서 발급규정(이하 "근거법령" 이라 한다)과 기타 관계법령을 준수하여야 한다.
2. 근거법령의 개정으로 변경된 내용이 본 규약이 정한 바와 상충될 경우에는 근거법령이 우선 적용된다.

제6조 (규약의 변경)
본 규약은 총 출자좌수의 2분의 1 이상에 해당하는 조합원 또는 업무집행조합원의 발의에 따라 제20조의 규정에 의한 조합원총회의 특별결의를 얻어 변경할 수 있다.

제7조 (소송의 관할)
본 규약에 관한 분쟁 및 조합에 관한 소송이 발생하는 경우에는 제2조에서 정한 소재지를 관할하는 지방법원을 전속관할로 한다.

제 2 장 출 자

제8조 (출자)
1. 1좌의 금액은 금 일백만원(₩ 1,000,000) 정으로 한다.

규약 날인

다) 조합원 명부 1부 ⇒【별지 1-1】

【별지 1-1】

조합원 명부

연번	조합원명	주민등록번호 (사업자등록번호 또는 고유번호)	주소	연락처	출자좌수
1					
2					
3					
4					
5					
6					
7					
8					
9					
10					
11					
12					
13					
14					
계					

20   년   월   일

■개인투자조합원 명부

이름	좌수	생년월일 / 연락처	주소 / 이메일
김		07	
박		99	
이	1	91	
아	1	96	
이	1	63	
이		64	
장		39	
박		32	
안	1	95	
박	1	99	
이		34	
곽		73	
정		17	
최		09	
최	1	61	
임		72	

개인투자조합 업무집행조합원 김

조합원 명부

라) 개인투자조합 결성총회의사록(조합원 등록인감 날인) 1부

■ 개인투자조합 결성 총회 의사록

서기 2016년 9월 26일 조합원 총회를 개최하다.

- 조합원 총수 16인   인수 총 좌수
- 출석조합원 총수 9인 인수 총 좌수

조합원 전원은 ■ 개인투자조합의 대표 업무집행조합원으로 ■을 만장일치로 선임하고 업무집행조합원 ■ 를 위와 같이 법정 수에 달하는 조합원이 출석하여 본 총회가 적법하게 성립되었음을 알린다.

또한 회의 진행상 의장을 선임할 것을 구한 바, 조합원 전원은 만장일치로 업무집행조합원 김민창을 의장으로 선임한 즉, 동인은 즉석에서 취임을 승낙하고 의장석에 등단하여 개회를 선언한 후 다음 의안을 부의하고 심의를 구하다.

제 1 안 ■ 개인투자조합 결성 선포의 건

의장은 ■ 개인투자조합 결성에 대한 계획서와 추진방향 등을 낭독하고 배포한 후 조합원 전원의 이의 없이 ■ 개인투자조합의 결성을 선포한다.

제 2 안 투자업체 선정의 건

의장은 일반 조합원 2인 이상의 자체 운영위원회를 대신하여 투자 대상 업체 선정의 권한을 위임 받고, 그 승인 여부를 물은 바 전원이 이의 없이 동의 한다.

제 3 안 조합 결성계획서 및 규약 승인의 건

의장은 규약안을 낭독하고 축조설명을 가한 후 그 승인 여부를 물은 바 전원이 이의 없이 원안대로 승인 가결한다.

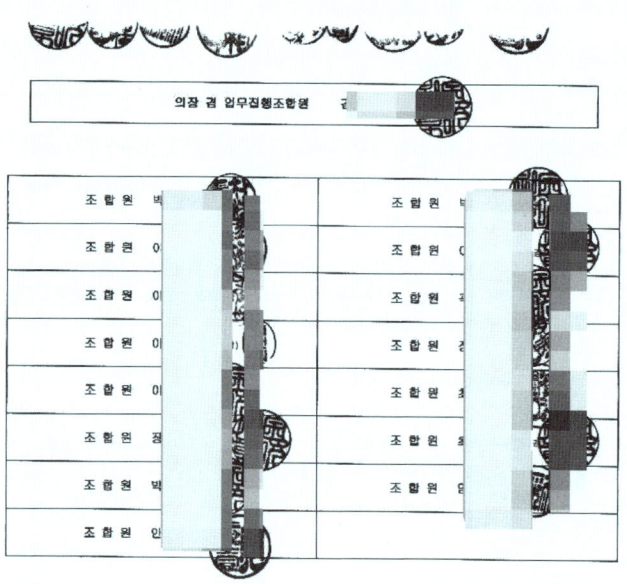

날인한 총회의사록

마) 조합원에게 교부한 출자증표(사본) 1부 ⇒【별지 1-2】

【별지 1-2】

출자증표

출자증표 번호: (   )

☐ 출자자 인적사항

출자자명		주민등록번호 (사업자등록번호 또는 고유번호)	-
주소			

☐ 출자 내역

총출자금액	금_____원 (₩ _._._)	총출자좌수	(_____)좌
해당 조합원 출자금액	금_____원 (₩ _._._)	해당 조합원 출자좌수	(_____)좌
1좌당 금액	금_____원(₩ _._._)		

※ 출자증표는 담보로 제공하거나 타인에게 양도할 수 없습니다.

_____년 ___월 ___일

(_____) 개인투자조합
업무집행조합원 (홍길동) (조합인감)

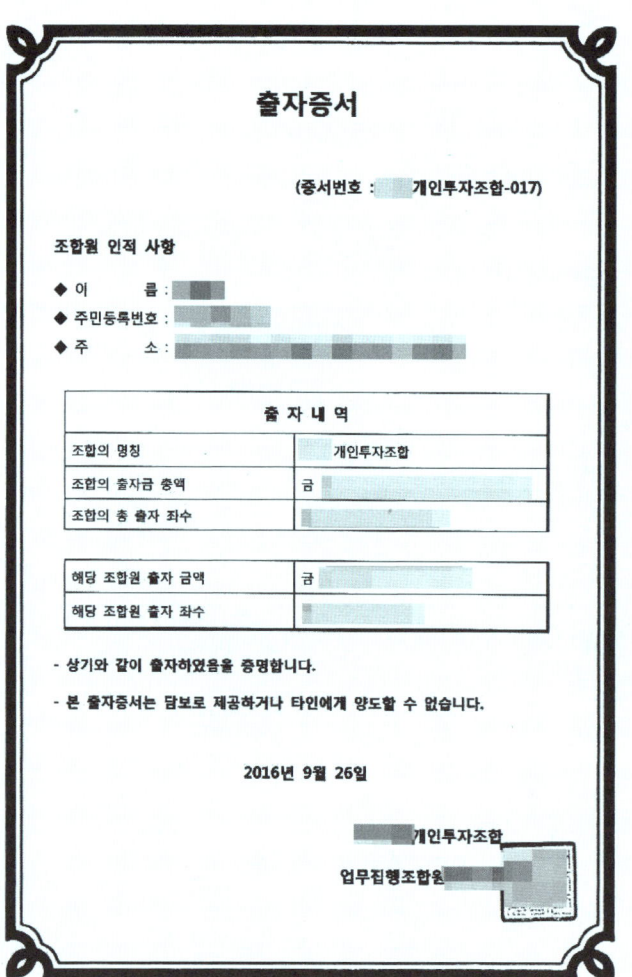

출자증서

바) 개인투자조합 명의의 계좌 잔액증명서 1부

계좌 잔액증명서

사) 출자자 납입을 증빙할 수 있는 통장 내역 사본 1부

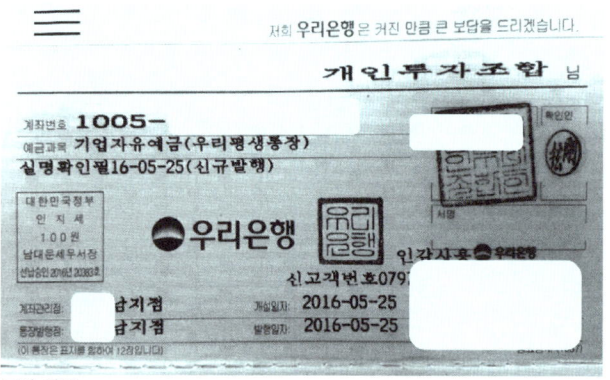

통장 사본

아) 개인투자조합 고유번호증(사본) 1부

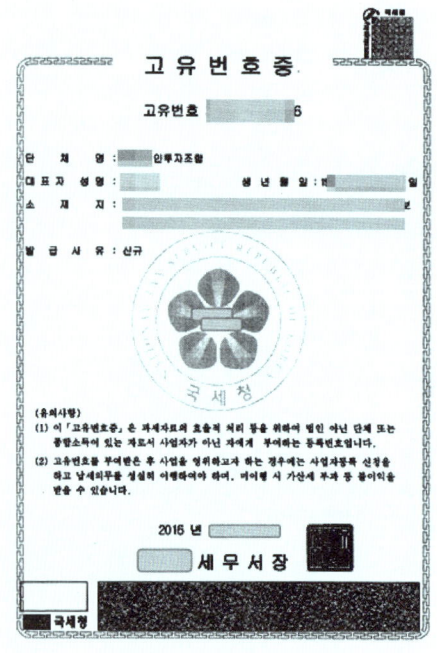

고유번호증

자) 개인투자조합 인감 등록부 1부 ⇒ 【별지 1-3】

【별지 1-3】

(　　　) 개인투자조합 인감 등록부

조합명	개인투자조합 인감
(_____) 개인투자조합	(조합인감)

_____년 ___월 ___일

(　　) 개인투자조합
업무집행조합원 (홍길동) (조합인감)

인감등록부

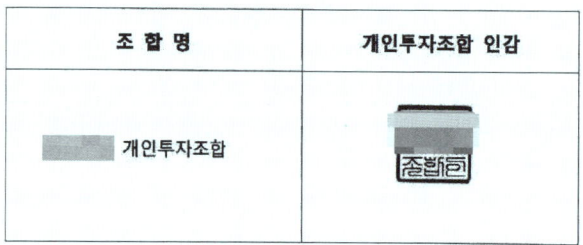

당 개인투자조합의 인감을 위와 같이 제출합니다.

2016년 9월 26일

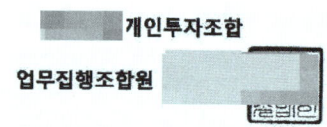

인감 등록부

차) 결성계획서 대비 변경 내역 ⇒【별지 1-4】

【별지 1-4】

결성계획서 대비 변경 내역

본 조합의 결성계획 대비 변경된 사항은 아래와 같습니다.

구분	변경 전	변경 후
조합 규약		
출자 규모	총 ( )좌 금 원 (₩ , , 원)	총 ( )좌 금 원 (₩ , , 원)
조합원	총 ( )명	총 ( )명 - 탈퇴 조합원 ( )명 · 조합원명 (좌) · 조합원명 (좌) - 신규 조합원 ( )명 · 조합원명 (좌) · 조합원명 (좌) - 신규 조합원 ( )명 · 조합원명 (좌→ 좌) · 조합원명 (좌→ 좌)
소재지		
기타	(해당 없음)	

_____년 ___월 ___일

(   ) 개인투자조합업무집행조합원 (홍길동) (조합인감)

카) 조합원별 인감증명서 및 개인(신용)정보 수집이용제공 동의서【별지 6】

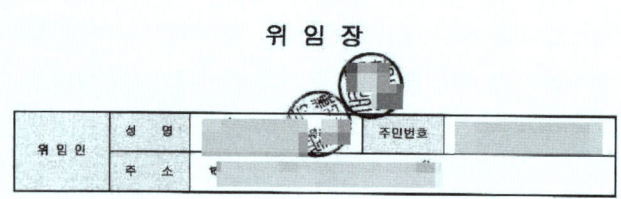

위임장

조합원동의서

【별지 6】

개인(신용)정보 수집·이용·제공 동의서

중소기업청은 벤처기업육성에 관한 특별조치법 제13조(개인투자조합의 결성등), 동법 시행령 제5조제2항 및 개인투자조합등록 및 투자확인서 발급규정 제6조제1항 및 별지3호(투자확인서 신청시 구비서류)와 관련하여 「개인정보보호법」제15조제1항제1호, 제17조제1항제1호, 제23조 제1호, 제24조제1항제1호 및 「신용정보의 이용 및 보호에 관한 법률」제32조제1항, 제33조, 제34조에 따라 아래와 같이 개인(신용)정보의 수집·이용 및 제3자 제공에 관하여 귀하의 동의를 얻고자 합니다.

1. 수집·이용에 관한 사항

☑ 수집·이용 목적
  ○ 개인투자조합의 등록요건시 업무집행조합원의 신용상태 확인
  ○ 개인투자조합 등록시 조합원명부 및 조합원에게 교부한 출자증표 및 투자자명세표 확인

☐ 수집·이용할 항목
  ○ 필수항목
    - 조합원명부 및 출자증표, 투자자 명세표 개인식별정보(성명, 주소, 전화번호),
  ○ 선택항목
    - 업무집행조합원의 경우 학력, 경력사항

☐ 보유·이용기간
  ○ 위 개인(신용)정보는 수집·이용에 관한 동의일로부터 보유목적 달성시 또는 정보주체가 개인정보 삭제를 요청할 경우 지체 없이 파기합니다.
  ○ 단, 거래 종료일 후에는 금융사고 조사, 분쟁해결, 민원처리, 법령상 의무이행 만을 위하여 보유·이용되며 기간은 10년입니다. (공공기록물 관리에 관한 법률 시행령)

☐ 동의를 거부할 권리 및 동의를 거부할 경우의 불이익
  ○ 위 개인(신용)정보 중 필수항목, 고유식별정보의 수집·이용에 관한 동의는 본 업무의 수행을 위해 필수적이므로 이에 동의하셔야 이후 절차를 진행할 수 있습니다. 선택항목의 수집·이용에 관한 동의는 거부하실 수 있으며, 다만 동의하지 않으시는 경우 벤처기업육성에 관한 특별조치법 제13조제2항(개인투자조합의 결성등), 동법 시행령 제5조제2항 및 개인투자조합등록 및 투자확인서 발급규정 제6조제1항 및 별지3호(투자확인서 신청시 구비서류)에 의해 개인투자조합의 결성 등이 제한될 수 있습니다.

☐ 위와 같이 귀하의 개인(신용)정보를 수집·이용하는 것에 동의합니까?

개인정보	필수항목 : 개인식별정보,	(☑동의함 ☐동의하지 않음)
	선택항목 : 학력, 경력사항	(☑동의함 ☐동의하지 않음)
고유식별정보	주민등록번호	(☑동의함 ☐동의하지 않음)

2. 제3자 제공에 관한 사항

☐ 제공받는 자
　○ 신용정보 집중기관 : 전국은행연합회

☐ 제공받는 자의 이용 목적
　○ 신용도 판단(업무집행조합원의 경우 정당한 사유 없이 3개월 이상 지난 채무가 1천만원 초과 여부)

☐ 제공할 개인(신용)정보의 항목
　○ 수집·이용에 동의한 정보 중 위탁업무 목적달성을 위해 필요한 정보에 한함

☐ 제공받는 자의 개인(신용) 정보 보유·이용 기간
　○ 위 개인(신용)정보는 제공된 날부터 제공된 목적을 달성할 때까지 보유·이용되며 보유목적 달성시 또는 정보주체가 개인정보 삭제를 요청할 경우 지체 없이 파기합니다.

☐ 동의를 거부할 권리 및 동의를 거부할 경우의 불이익
　○ 위 개인(신용)정보의 제공 동의를 거부할 권리가 있으며, 동의를 거부시 벤처기업육성에 관한 특별조치법 제13조제2항(개인투자조합의 결성등), 동법 시행령 제5조제2항 및 개인투자조합등록 및 투자확인서 발급규정 제6조제1항 및 별지3호(투자확인서 신청시 구비서류)에 의해 개인투자조합의 결성 등이 제한될 수 있습니다.

☐ 위와 같이 귀하의 개인(신용)정보를 제3자에게 제공하는 것에 동의합니까?

개인정보	성명, 주소	(☐동의함　☐동의하지 않음)
고유식별정보	주민등록번호	(☑동의함　☐동의하지 않음)

2016년 9월 25일

주민등록번호 :
동의자 성명 :

○ **조합등록 및 등록원부 교부**

중소기업청으로부터 다음과 같은 '조합등록승인 통보서'를 수령하고 '등록원부'를 교부받은 후 투자가 가능하다(중기청 등록일부터 효력 발생).

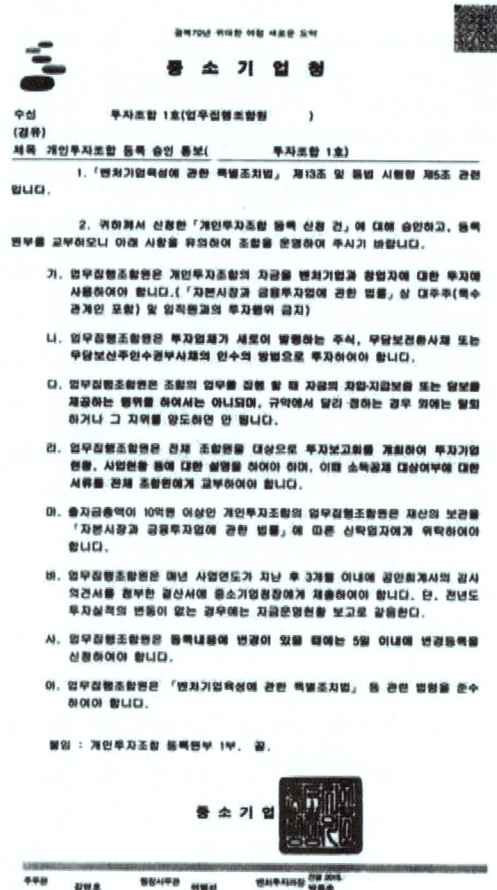

중소기업청 조합등록승인 통보서

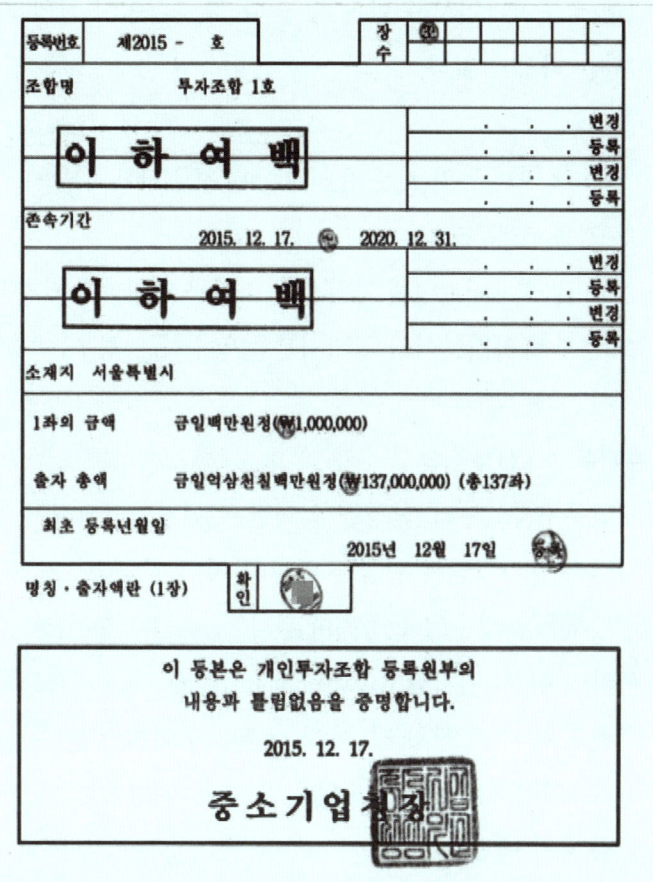

개인투자조합 등록원부

○투자확인서 신청

개인투자조합에 출자한 경우 중소기업청에서 소득공제를 받기 위해서 투자확인서를 받을 수 있다. 투자확인서 신청 시 유의 사항은 다음과 같다.

- 투자 후, 3년 동안 지분 유지(단, 3년 경과 전에 지분변동이 있는 경우 세액추징)
- 투자 당시 벤처기업이 아닌 경우 소득공제 대상이 되지 않음
- 타인의 출자지분이나 투자지분을 양수하는 경우는 제외

○투자확인서 신청 방법
- 개인투자자로부터 신청을 의뢰받은 벤처기업에서는 투자자들의 투자확인서 발급을 일괄해 지역 지방중소기업청에 구비서류를 갖추어 신청해야 한다.
- 온라인 신청: 벤처인(www.venturein.or.kr)
- 우편 또는 방문 신청 시: 아래 서류를 구비해야 한다.
  ① 투자확인서 발급요청 공문 1부(생략 가능)
  ② 투자자 명세표 1부
  ③ 출자 또는 투자확인서 1부
  ④ 투자한 벤처기업의 등기부등본(말소사항 포함) 1부
  ⑤ 금융기관 발행 주식대금 보관증 사본 1부(또는 공증된 회의록)
  ⑥ 투자자별 입금증빙서류(통장사본 등)

⑦ 벤처기업 확인서 사본 또는 이를 증빙하는 서류

벤처기업 투자에 대한 소득공제 신청은 '출자 또는 투자확인서'를 가지고 조합원 개인이 직접 하거나 개인투자조합 GP(업무집행조합원)를 통해서 도움을 받아 소득공제 혜택을 받는 것이다.

벤처기업에 대한 직접 투자를 장려하고자 만든 제도가 소득공제이다. 그러므로 벤처기업의 구주를 매입하는 경우(벤처기업에 이미 발행된 주식을 매입하는 경우)에는 적용받을 수 없다. 반드시 벤처기업 등이 발행하는 신주에 출자한 경우, 즉 유상증자에 참여한 경우에만 공제를 받을 수 있다.

보통 개인투자조합의 투자방식은 전환사채나 신주인수권부사채를 발행하는 경우가 많은데 관련 예규에 의하면 이러한 증권에 투자한 경우에도 일정 요건을 갖춘 경우 소득공제를 적용받을 수 있다.

벤처기업 투자에 대한 소득공제는 이렇게 소득공제액이 클 뿐 아니라, 출자한 날이 속하는 날부터 2년이 되는 날이 속하는 과세연도까지 소득공제 받고 싶은 연도를 선택해서 공제받을 수 있다.

대부분의 소득공제나 세액공제가 관련 지출액이 있는 연도에만 적용받을 수 있지만, 벤처기업 투자에 대한 소득공제는 소득공제를 적용할 연도를 선택할 수 있으므로 한계세율이 가장 높은 연도에 소득공제를 선택해 적용받음으로써 소득공제의 효과를 극대화할 수 있다.

다만 본인 소득금액의 50%를 공제 한도로 하고 있다는 점, 그리고 벤처기업 장기 투자를 위해 만든 소득공제이다 보니 투자한 날로부터 3년이 경과하기 전에 지분을 처분하는 경우에는 애초의 소득공제로 인해 감소한 세액을 추징하도록 하고 있다는 점은 유의해야 한다.

벤처기업 투자 소득공제를 받으려면 우선 벤처기업 투자 '소득공제신청서'와 '투자확인서'를 세무서장에게 제출해야 한다.

'소득공제신청서'는 국세청에서 배포하는 무료서식을 이용해 작성하면 되고, '투자확인서'는 투자한 벤처기업에 요청한 후 해당 기업을 통해 중소기업청으로부터 받으면 된다.

[조세특례제한법시행규칙 별지 제5호서식 부표]

출자 또는 투자 확인서

출자자(투자자)	①성 명	×××	②주민등록번호	XXXXXX - XXXXXXX
	③주 소			

제출자	☐ 원천징수의무자 ☐ 납세조합	④법인명(상호)	주식회사		
		⑤대표자(성명)		⑥사업자등록번호	120 - -XXXXX
		⑦소재지(주소)	서울시		
	세무서장	⑧주소지관할서		세무서장	
투자조합관리자등	⑨법인명(상호)			(☎ : - -)	

출자(투자)금액명세

⑩출자일(투자일)	⑪조합명(위탁회사명)	⑫출자총액	출자금액(투자금액)(단위:원)	⑬투자일	⑭투자기업명	⑮투자금액(단위:원)
				20141229	(주)	50,000,000
.	.			.	.	
.	.			.	.	
계				계		50,000,000

조세특례제한법시행령 제14조제5항의 규정에 의하여 위와 같이 출자(투자)하였음을 확인합니다.

2015년 월 20일

확인자 경기지방중소기업청장 (인)

원천징수의무자 귀하

1. 벤처기업투자신탁의 수익증권에 투자하는 경우는 '12'란은 기재하지 아니합니다.
2. '14'~'16' 란은 개인투자조합·개인이 벤처기업에 투자한 내역을 기재합니다.

주) 위 확인서를 통해 소득공제를 받은경우, * 투자일로부터 3년이 경과하기 전에 투자주식 등을 양도할 경우에는 이미 공제받은 분에 해당하는 세액을 추징합니다.

투자확인서

2) 조합자산의 운용 및 사후관리

조합 관련 서류들은 조합 사무실에 비치 및 관리하는 공시가 의무화되어 있다. 조합의 자산은 다른 재산과 구분해 조합 명의로 관리, 운용하는 독립회계 체계를 갖는 것이 원칙이다.

조합자산의 담보, 보증, 차입에 대해서 제공하는 것을 금지하고 있다. 또한, 매 분기별로 벤처기업법 시행령 제19조에 의해서 투자실적을 보고해야 한다. 매 사업연도 경과 후 3개월 이내 공인회계사 감사의견이 첨부된 결산서를 제출해야 한다. 다만 전년도 투자실적의 변동이 없는 경우에는 중기청장이 정하는 '업무운용상황보고'로 갈음해 보고가 가능하다. ⇒【별지 2】

【별지 2】

개인투자조합 자금운용현황
《조합명: 투자조합》

1. 총괄

(단위: 백만 원)

구분			전년 말까지 누계	금년도 실적	누계	비고
수익		출자액				
	투자수익	주식 양도 차익				
		배당수익				
		계				
	기타수익	금융상품				
		기타				
		계				
	합계					
지출	투자	주식				
		전환사채				
		신주인수권부사채				
		기타				
		계				
	미투자자산					
	배분					
	관리보수					
	성과보수					
	기타경비					
	투자손실					
	합계					

2. 수익현황

(단위: 백만 원)

구 분	전년 말까지 누계		금년도 실적		비 고
	금 액	내 역	금 액	내 역	
주식양도차익					
배당수익					
금융상품					
기 타					
계					

3. 미투자자산 운용 내역

(단위: 백만 원)

구 분	상품명	취득(예치) 기관	취득일	현재 잔액	비 고
일반금융상품					
기 타					
계					

※ 기재요령과 첨부 서류
1. 금융상품명은 구체적으로 기재하며, 상품 내용이 많은 경우 동일한 양식으로 별지 작성
2. 합계액은 투자재원에서 벤처기업에 투자한 금액을 차감한 금액과 일치
3. 비고란에는 수익률 등을 기재

4. 투자현황

(단위: 백만 원)

관리번호	업체명 (전화번호) 대표자 소재지	자본금 설립일 벤처기업 확인번호	투자 및 회수일자	투자 내역					합계
				주식 인수	전환 사채	신주 인수 권부 사채	계	기타 (방법 명시)	
			( )						
			( )						
			( )						
			소 계 ( )						
			( )						
			( )						
			( )						
			소 계 ( )						
			( )						
			( )						
			( )						
			소 계 ( )						
			( )						
			( )						
			( )						
			소 계 ( )						
합 계									

주) 작성요령은 뒷장에 별첨

'투자현황' 작성요령

1. 관리번호: 투자업체별로 고유번호를 부여해 자료 제출 시 동일번호로 계속 표시
2. 소재지: 본사와 공장소재지를 시·군·구까지 표기하며, 상단에는 본사를 기재하고 하단에는 공장을 기재
3. 벤처기업 확인번호: 벤처기업 확인증서에 기재된 확인번호 기재
4. 자본금: 납입자본금 기재
5. 투자 및 회수일시: 최초 투자일로부터 후속투자, 회수 등을 시차별로 해당 '투자내역' 난에 모두 기재하되 회수는 원금회수금액을 (   )로 표시하며, 소계란에는 투자 및 총액을 기재하고 하단의 (   )로 회수총액을 기재
6. 주식인수: 주식인수금액을 기재
7. 전환사채: 무담보전환사채 인수금액을 기재
8. 신주인수권부사채: 무담보신주인수권부사채 인수금액을 기재

3) 개인투자조합의 해산 및 청산

벤처기업법, 관련 고시 및 규약에서 정한 해산 사유에 의해 해산이 가능하다. 다만 조합의 규약에서 정하는 해산 사유가 법규의 범위를 초과한다고 판단되는 경우 규약의 해산 사유를 인정하지 않는 것으로 본다.

해산 사유가 발생하면 해산계획서를 다음과 같이 적어 제출한다.

- 조합해산의 사유
- 조합자산의 현황 및 배분계획

- 청산인 선임 시, 청산인의 명칭, 주소 및 업무
- 기타 조합해산에 관한 사항 등

○ **청산인 선임**

업무집행조합원 또는 조합원이 선임하는 자로 청산인을 선임할 수 있다.

- 재산목록 및 재무제표의 작성, 교부
- 재산 처분계획의 수립
- 조합사무의 종결 및 투자유가증권 등의 처분
- 채권의 추심 및 채무의 변제
- 잔여재산의 분배
- 기타의 청산사무

○ **청산결과보고서 제출**

PART 02

개인투자조합 운영

투자 유치 후 지분구조의 변화

chapter 01

1. 자본금과 주식

벤처 및 스타트업 기업이 법인인 경우 보통 초기 자본금을 5,000만~1억 원 정도는 만들어야 엔젤투자자나 VC투자자들이 투자하기 편하다. 이 자본금이 주식 액면가의 합이 된다. 자본금이 5,000만 원인 회사에는 액면가가 500원인 경우 발행된 주식의 수가 10만 주가 되는 것이다. 보통 액면가는 5,000원이나 500원으로 하는 경우가 많은데 500원인 경우가 더 많다. 심지어 100원인 경우도 있다. 그 이유는 발행 주식 수가 더 많게 보이므로 투자자에게 더 많은 수의 주식이 간 것처럼 보이는 착시 현상이 있어 피투자기업 입장에서는 더 유리한 경우가 된다.

> **용어해설**
> · 벤처기업육성에 관한 특별조치법(벤특법)상 요건을 갖춘 중소기업을 **벤처기업**이라 한다. 벤처(Venture)라는 용어는 위험성이 크나 성공할 경우 높은 기대수익이 예상되는 신기술 또는 아이디어를 독립기반 위에서 영위하는 신생기업이라고 한다.
> · **스타트업(Startup)**이란 닷컴 버블이 무르익었던 1990년대 후반 실리콘밸리에서부터 사용된 신조어고 설립한 지 오래되지 않은 신생 벤처기업을 의미한다.

* 회사가 발행할 주식의 총수(수권자본)를 변경하기 위해서는 주주총회의 특별결의에 의해 정관을 변경해야 한다.

· **정관 정비의 필요**

정관은 회사를 운영함에 있어서 필수적인 요소가 집약된 가장 중요한 규범이며, 정관에 근거 규정이 있는 것이 필수적이다. 회사의 안정적 경영 및 경영 관련 분쟁예방을 위해서 정관 정비가 반드시 필요하다.

· **절차**

주주총회 → 등기 신청

· **준비서류**

주주 인감도장, 인감증명서 1부(총주식 수의 3분의 1 이상이 될 때까지), 이사 일반도장, 법인인감 도장, 법인인감증명서 1부, 법

인등기부등본 1부

* 이사회 결의로 회사가 신주를 발행한 경우에는 그 납입기일의 익일로부터 본점 소재지에서만 2주간 내에 회사를 대표하는 이사가 신주발행으로 인한 변경등기를 신청해야 한다.(상 317조3, 4항)

자산 = (자본) + 부채
(자본) = 자본금 + 자본잉여금 + 이익잉여금

자본잉여금은 주가를 액면가 이상으로 투자할 때 발생한다. 그러니까 투자자가 1주당 액면가 500원인 주식을 2,000원에 투자한다면 자본잉여금이 1,500원 발생한 것이다. 이 금액을 '주식발행초과금(주발초)'이라고 부른다. 그리고 이익잉여금은 당기순이익에서 주주에게 배당금을 지불하고 난 후의 금액을 말한다.

2. 유상증자, 무상증자, 액면분할

유상증자는 회사가 자본금을 늘리기 위해서 신주를 발행하는 것이다. 스타트업 기업이나 벤처기업에 투자하는 대부분의 투자자들이 투자금을 회사에 넣으면서 받는 신주의 발행 방법이다. 자금조달의 기본적인 방법으로 기존 주주에게 배정하는 방법과 제3자배정 방식이 있다. 회사의 재산이 실질적으로 증가하는 것이고 자기자본을 늘리면서 회사를 키우는 방법이다.

무상증자는 기존 주주에게 무상으로 주식을 할당하는 것으로 주주총회의 결의로 자본잉여금을 자본에 전입시키고 자본금에 해당하는 만큼의 신주를 발행해 구주주에게 소유 주식 수에 비례해 무상으로 배정하는 방법이다. 자산의 변동은 없으며 자본금의 조정 수단이다. 주식 발행을 하면서 얻은 이익(주발초)을 자본잉여금계정에 넣어두는데 이를 자본 계정으로 옮기면서 해당 금액만큼 주주에게 무상으로 나누어주는 것이다.

액면분할은 주식을 나누는 것이다. 1주의 주식을 여러 개로 나누는 것이다. 액면가 5,000원인 주식을 액면가 500원인 주식으로 낮추면 주식 수가 10배로 늘어나서 주식을 사고팔기가 수월하고, 주가도 낮아지므로 소액 투자자가 접근하기 수월해진다. 예를 들어, 1주에 10만 원인 주식이 1주에 1만 원인 주식으로 변했다고 생각하면 된다. 액면분할은 주식 수가 늘어서 사고파는 데 있어서 저렴해 보이니 주식을 많이 보유한 것 같고 유동성이 좋아진다는 장점이 있다.

3. 기업가치 산정

1) 기업가치 산정 방법
① 동종업계 비교방식: 상대가치

② EPS(Earning per share: 주당순이익) = 당기순이익÷주식 수
  예) 당기순이익: 10억 원, 자본금: 1억 원(액면가: 500원, 주식 수: 20만 주), EPS = 10억 원÷20만 주 = 5,000원

③ PER(Price Earning Ratio: 주가수익률) = 현재 주가÷EPS
  예) 현재 주가: 5만 원, EPS: 5,000원,
  PER=5만 원÷5,000원=10

④ 회사가치 = 주식 수×주가 = 당기순이익×PER
  예) 20만 주×5만 원 = 100억 원
    = 10억 원(당기순이익)×10(PER)

⑤ Pre Money Valuation/Post Money Valuation

2) 투자 전 기업가치와 투자 후 기업가치의 개념
투자자(VC, 엔젤, 개인투자조합 등)나 투자기업 간 투자협상을 할 때 투자금액이 프리밸류인지 포스트밸류인지를 서로 알아

야 한다. 계산하기 좋게 20억 원의 투자가치로 5억 원을 투자할 때 일반적으로는 투자 후 가치로 20억 원을 투자한다는 것이다. 그러므로 '5억 원÷20억 원×100% = 25%'의 지분을 투자자가 가지게 된다.

그런데 이 20억 원을 투자 전 가치로 알게 된다면 어떻게 지분이 변하는지 보자. 그러면 20억 원을 투자 전 가치로 생각하게 되므로 투자금인 5억 원을 더해서 25억 원이 투자 후 기업가치가 되는 것이다.

5억 원÷25억 원×100% = 20%

좀 복잡한 개념 같지만, 다시 한 번 잘 생각해보자. 투자자는 투자 전 가치와 투자 후 가치를 잘못 아는 순간 지분이 25%에서 20%로 5% 감소가 일어난다. 투자가치를 잘못 알고 피투자회사와 투자자 간 협상을 하게 되면 협상이 잘못될 것은 뻔한 사실이다.

스타트업 기업 입장에서는 프리밸류(투자 전 가치)로 투자협상 하는 것이 유리하다. 통상적으로 벤처캐피털은 투자검토 초기에 밸류 협상 시 프리 밸류(Pre-Money Value, 투자 전 기업가치)인지 포스트 밸류(Post-Money Value, 투자 후 기업가치)인지 정확히 밝히지 않는 경향이 있다. 그렇게 투자검토를 2, 3개월가량 진행한 다음 최종 투자심의위원회(투심위)를 앞두고 포스트 밸류로 하자고 우기기도(?) 한다. 이렇게 벤처캐피털이 우기면 스타트업 입장에선 그걸 뒤집기가 쉽지 않다. 왜냐면 새로 벤처캐피털을 만나서 다시 투자협상을 진행하기에 스타트업 창업자는 이미 지쳐있고, 그렇다고 돈 없이 버틸 체력도 바닥났기 때문이다.

4. 투자배수(Multiple)

예) 자본금: 1억 원
　　액면가: 500원
　　현재 주식 수: 20만 주

　　대표이사 지분: 70%(14만 주)
　　이사들 지분: 30%(6만 주)

　　투자유치금액: 10억 원
　　Pre Value: 40억 원
　　Post Value: 50억 원

　* 투자배수 = Pre Value ÷ 자본금 = 40억 원 ÷ 1억 원
　　　　　　 = 40배수(투자주가)

액면가 '500원×40배수 = 2만 원' 주가로 투자했다. 즉 액면가가 500원인 주식을 2만 원에 투자자가 투자한 것이다.

5. 자본금 변동

예) 자본금: 1억 원
　　액면가: 500원
　　현재 주식 수: 20만 주

　　대표이사 지분: 70%(14만 주)
　　이사들 지분: 30%(6만 주)

　　투자유치금액: 10억 원
　　Pre Value: 40억 원
　　투자주가 = 40배수= 2만 원(액면가 500원의 40배수)

* 투자유치금÷투자주가 = 10억 원÷2만 원 = 5만 주
　즉 10억 원을 투자해서 5만 주를 신주로 투자자가 받음.

5만 주×500원(액면가) = 2,500만 원

그러므로 10억 원을 투자해서 자본금으로 2,500만 원 입금되고, 나머지 9억 7,500만 원은 주식발행초과금(주발초)으로 전입된다. 결론적으로 자본금은 10억 원을 투자받아서 기존의 '1억 원(자본금)+2,500만 원(투자금) = 1억 2,500만 원'이 되는 것이다. 이 자본금 변동이 법인등기부등본에 자본금으로 표시된다.

자산 = 자기자본 + 부채(대차대조표의 차변과 대변)
자기자본 = 자본금 + 잉여금

---

6. 투자자의 지분

예) 자본금: 1억 원
액면가: 500원
현재 주식 수: 20만 주

대표이사 지분: 70%(14만 주)
이사들 지분: 30%(6만 주)

투자유치금액: 10억 원
Pre Value: 40억 원

투자 주가 = 40배수= 2만 원(액면가 500원의 40배수)

* 투자금액/Post Value = 10억 원/50억 원×100
   = 20%(투자자의 지분)

7. 기존 주주들의 지분희석(Equity Dilution)

예) 자본금: 1억 원
   액면가: 500원
   현재 주식 수: 2만 주

   대표이사 지분: 70%(14만 주)
   이사들 지분: 30%(6만 주)

   투자유치금액: 10억 원
   Pre Value: 40억 원

   대표이사 지분: 70%(14만 주) = 70%의 20% 희석(14% 감소)으로 56%
   이사들 지분: 30%(6만 주) = 30%의 20% 희석(6%감소)으로 24%
   투자자의 지분 20%이므로 100%가 된다.
   56%(대표이사)+24%(이사들)+20%(투자자) = 100%

chapter 02
기업 경영의 메커니즘

 본 장에서는 우선 개인투자조합을 운용하면서 투자한 기업의 기업가치 상승의 메커니즘을 이해하는 데 필요한 기업의 분할, 유상증자, 유상감자, 무상증자, 무상감자와 인수, 합병(M&A), 지주회사전환 등 많은 회사의 경영 사안들을 소개한다. 벤처기업에 투자하면서 일어난 업무 현장에서의 체험을 담아 투자자 및 피투자회사의 임직원들이 개인투자조합에 대해서 깊게 이해할 수 있도록 했다.

 '대체투자(Alternative Investment)'는 전통적인 투자인 주식 및 채권 이외의 모든 투자를 말한다. 벤처기업의 비상장주식에 투자하는 방식도 '대체투자'에 속한다. 이 같은 대체투자방식의 벤처기업 투자는 소수의 투자자가 모여서 투자하게 되므로 사적인 계약에 옵션을 걸어 투자금 회수의 가능성을 높이는 것이 투자자 및 피투자회사 입장에서의 투자기술이다.

투자의 옵션 형태는 많은 것들이 존재하지만 간단히 풋옵션(Put option), 동반매도참여권(Tag-along right), 동반매각요청권(Drag-along right) 등을 살펴보자.

① 풋옵션
투자자가 투자계약을 할 때 예를 들어 계약서에 만약 3년 내로 매출이 100억이 되지 않으면 연복리 6%로, 투자자가 매입한 주식을 다시 매입해 줄 것을 미리 투자계약서에 명시해서 투자금 회수의 방안을 제시하는 계약방식이다.

② Tag-along right(동반매도참여권, TAR)
대주주가 지분을 매도할 때 투자자의 지분도 같은 조건으로 매도할 수 있는 권리다. 'Tag'이라는 영어 단어가 상품에 달린, 보통 '택'이라고 부르는 용어이니 이를 상상하면 이해가 빠를 것이다.

③ Drag-along right(동반매각요청권, DAR)
지분 매도를 원하지 않지만 강제적으로 다른 투자자들이 원하는 조건으로 매입을 요청할 때 쓰는 권리다. 'Drag'라는 영어 단어가 '끌고 온다'는 의미다.

기업투자에서 기업의 재무상태표를 보면 자산, 부채, 자본으로 구성되어 있다. 부채는 빌린 돈을 말하는 것이고 자본은 주주의 돈이다. 이것을 쉽게 풀어 보면, 자산은 빌린 돈과 주주의 돈을 합쳐서 기계 및 건물 등을 구입한 것을 말한다.

자산 = 자본 + 부채

기업에 투자하는 형태로 론투자(부채), 메자닌투자(부채+자본), 지분투자(자본)의 3가지 방식이 있다.

① 론투자(Loan): 부채
기업의 자산을 담보로 대출하는 선순위담보부대출.

② 메자닌투자(Mezzanine): 부채 + 자본
메자닌은 1층과 2층 사이의 중간층을 말하는 것으로 론과 지분의 중간적인 성격을 갖는 투자방식으로 CB, BW 등 투자를 말한다. 전환사채, 신주인수권부사채는 확정된 금리로 이자를 받다가 원금을 상환받을 수도 있고 주식의 가치가 올랐다면 주식으로 전환을 받아서 차익을 얻을 수 있는 투자방법이다.

③ 지분투자(Equity): 자본
우선주 및 보통주에 투자하는 방식이다.

* 경영권 인수(Buy-out)
기업가치향상 및 의사결정을 원만하게 하려면 투자기업의 지분을 과반수 이상을 인수해야 하는데 이같이 지분의 과반수 이상 확보해서 투자하는 방식을 바이아웃이라고 한다.

1. 기업분할

1개로 경영되는 기업을 쪼개서 2개 이상의 기업으로 만드는 것인데 분할은 주주총회 특별결의 사항이다.

'발삼일 출삼이!'
'발행 주식의 3분의 1, 출석주주의 3분의 2'의 약자다. 평생 잊지 않게 만들어 봤다. 외우자, 발삼일 출삼이!

가상의 기업 '갑을기업'이 있다. 갑을기업은 마스크팩과 치약 부문 사업이 있다. 이 중 치약 부문을 따로 떼어내 갑을치약 회사를 신설한다. 갑을치약은 분할 신설회사가 되고, 갑을기업은 분할존속회사라 부른다. 갑을은 분할 후 마스크팩사업만 남는다. 그래서 갑을마스크팩으로 사명을 바꿨다. 분할 전 갑을의 자본금은 10억 원이었고, 분할 후 갑을마스크팩은 4억 원, 갑을치약은 6억 원으로 나누기로 했다(순자산인 자산 마이너스 부채를 따져서 분할비율 결정). 즉 분할비율이 0.4대 0.6이다. 예를 들어 주주 필립이 갑을 주식 100주를 가졌을 때 분할 후 갑을마스크팩 40주, 갑을치약 60주를 갖게 된다.

이런 식의 분할은 분할 전후 주주들의 지분율에 변화가 없다. 이 방식을 소위 '인적분할(Spin-off)'이라고 한다. 이 같은 인적분할은 지주회사체제로 바꾸려는 기업이 많이 사용하는 방법이다. 물적분할(Split-Off)은 분할로 떨어져 나가는 신설법인이 발행하는 주식 전부를 존속법인이 100% 갖는 방식이다. 모회사 자회사의 구조로 된다.

가상의 기업 '갑을기업'이 있다. 마스크팩과 치약을 생산하는 기업이다. 그런데 물적분할을 하기 위해서 갑을기업을 마스크팩과 치약 부문 사업으로 떼어내서 새로운 기업 '갑을치약'을 만든다. '갑을치약'에서 발행하는 주식 100%를 '갑을마스크팩'이 가지는 방식이 물적분할 방식이다. 그래서 갑을마스크팩은 갑을치약을 100% 지배하게 된다. 만약 갑을마스크팩 지분 100%를 주주 필립이 모두 가지고 있다면, 갑을마스크팩 지분만을 갖고 있다면 당연히 갑을치약의 경영권도 100% 지배하게 되는 것이다. 이 같은 방식의 기업분할이 물적분할이다.

그러므로 물적분할은 회사의 재산 분할만 생기고 주주 입장에서는 주식의 분할은 없는 것이다. 인적분할은 회사재산의 분할이 생기고 주주의 주식도 분할되는 방식이다. 보통 기업분할은 물적분할을 인적분할보다는 많이 한다. 사업부문을 독립적으로 분할하는 독립 경영 형태의 회사로 운영하려면 물적분할을 많이 한다.

2. 제3자배정 유상증자를 통한 경영권 이전

증자는 자본금을 늘린다는 의미다. 유상증자는 크게 3가지 방법이 있다.

① 기존 주주들에게 증자하는 주주배정
② 일반투자자 대상 일반공모 및 사모
③ 특정인 대상 제3자배정

여기서 제3자배정 유상증자는 사전에 투자자를 물색해서 특정인 등 소수를 대상으로 하는 증자방식이다. 이 증자를 경영권 이전할 때 잘 사용한다. 갑을기업이 총발행 주식 1,000주가 있고 그중 지분 30%를 가진 최대주주 필립이 경영권을 (주)고구려에게 넘기고 싶을 때 어떻게 하는지 보자. 700주를 제3자배정 유상증자해서 경영권을 넘길 것이다.

700주를 (주)고구려에게 배정처리 하면. 갑을기업 최대주주 필립의 지분율은 '300주÷1,700주=17.6%'로 희석되어 30%에서 17.6%로 낮아진다. 그리고 (주)고구려는 '700주÷1,700주=41%'가 되어 최대주주가 (주)고구려로 변경되는 것이다.

3. 회사 설립

필립과 홍길동은 갑을기업을 동업으로 창업한다. 필립이 4억 원, 홍길동이 2억 원의 자본금을 댔다. 그래서 자본금 6억 원짜리 회사를 만들었다.

자본금 = 액면가×총발행 주식 수
6억 원 = 5,000원(액면가)×12만 주

필립 8만 주(67%), 홍길동이 4만 주(33%)의 주식을 보유한 주주가 되었다. 사업을 위해 은행에서 2억 원을 빌려서 사업자금에 보태면 자본금 '6억 원+차입금 2억 원'으로 '자산=자본금+부채', 즉 '8억 원=6억 원+2억 원'이 된다. 여기서 반드시 기억할 공식이 있다.

자산 = 자본금 + 부채

이제 잉여금이 무엇인지 알아보자. 회사가 장사해서 벌어들인 돈을 '이익잉여금'이라 한다. 여기서 정신을 바짝 차리고 회사의 재무구조가 회사에 잉여금이 생기면서 어떻게 변하는지 보자.

자본 = 자본금 + 잉여금

이런 공식이 나온다. 그래서 '자산=자본(자본금+잉여금)+부채'가 되는 것이다. 갑을기업이 1년 사업을 해서 4억 원의 이익을 냈다고 하자. 그럼 자산은 12억 원이 되는 것이다.

자산(12억 원) = 자본(자본금 6억 원+이익잉여금 4억 원)+부채(2억 원)

4. 무상증자, 무상감자

앞에서 살펴본 유상증자는 주로 신규사업이나 운영자금 등이 필요할 때 한다. 그럼 무상증자는 무엇인가? 신주대금을 받지 않고 기존 주주들에게 주식을 무료로 나눠 주는 것이다. 무상증자는 주발초(주식발행초과금), 즉 자본잉여금이 있을 때 할 수 있다. 대개 자금력이 우량한 기업이 무상증자한다. 무상증자 결과 자본금은 늘어나지만, 회사의 자본은 그대로이다. 자본잉여금이 자본금으로 이전하는 것이기 때문이다.

```
자산 = (자본) + 부채
(자본) = 자본금 + 자본잉여금 + 이익잉여금
```

자본잉여금은 주가를 액면가 이상으로 투자할 때 발생한다. 그러니까 투자자가 1주당 액면가 5,000원인 주식을 만 원에 투자한다면 자본잉여금이 1만 5,000원 발생한 것이다. 이 금액을 '주식발행초과금(주발초)'이라고 부른다. 여기서 이익잉여금은 당기순이익에서 주주에게 배당금을 지불하고 난 후의 금액을 말한다.

1) 무상감자

감자는 주주총회 특별결의 사항이다. 적자가 많이 생겨 자본이 부분적으로나 완전히 잠식된 기업의 재무구조를 개선하기 위해 무상감자를 한다. 갑을기업이 아래 상황이다.

자본(6억 원) = 자본금(8억 원)+잉여금(4억 원)+결손금(-6억 원)
= 자본금(8억 원)+결손금(-2억 원)

정상적인 계속기업은 자본금에 이익잉여금 등을 계속 플러스해 나가기 때문에 자본이 항상 자본금보다 크다. 그런데 갑을기업은 자본이 자본금보다 2억 원 더 적다. 자본잠식 상태인 것이다. 즉 25% 자본잠식 상태다.

잠식된 자본 2억 원÷자본금 8억 원×100% =25%

무상감자를 하는 이유가 결손금 해소로 재무구조 개선을 하기 위함이다. 여기서 자본금이 2억 원이고, 미처리 결손금 -1억 원일 때 무상감자를 하면 자본금 1억 원을 감자해서 결손금을 제로로 만들고, 자본금 2억에서 1억 원인 회사가 되어 결손금을 제로로 하는 재무구조를 개선시키는 것이다. 감자비율이 커지면 자본금은 더 적어지고 감자차익이 점점 더 커져서 자본잠식 상태가 자본잉여 상태가 된다.

5. 지주회사

지주회사체제로 만들면,

· 대주주의 지분율이 증가한다.
· 경영권 강화가 된다.

그래서 경영의 투명성 증가와 기업가치가 향상된다. 지주회사 체제는 계열사 간 경영 리스크를 차단할 수 있다는 장점이 있다.

1) 지주회사 전환을 위한 2가지 과정
① 인적분할(스핀오프)
② 현물출자유상증자(주식스왑)

갑을기업 그룹의 주력회사는 갑을마스크팩이다. 이 갑을마스크팩은 계열사로 갑을치약(55%), 갑을향수(45%), 갑을샴프(55%) 3개의 계열사를 거느리고 있다. 오너인 필립 회장 측의 갑을마스크팩 지분율은 20%이다. 갑을마스크팩은 자사주를 12% 보유하고 있다. 그룹 주력사이자 계열사 3개 지분을 보유한 갑을마스크팩의 지분율이 20%밖에 안 되어 필립 회장은 항상 고민하던 중 지주회사로 전환하면 지분율이 증가하고 경영권이 강화된다고 하는 소리를 들어 지주회사로 전환하기로 한다.

그래서 제일 먼저 갑을마스크팩의 마스크팩만을 떼어내는 인적분할을 해 존속회사는 자회사 경영 관리를 주력으로 하는 지주회사로 하고 사명을 갑을홀딩스로 정했다. 신설법인은 마스크팩과 관련한 자산과 부채를 모두 이전을 받아 사업회사 역할을 하므로 분할 전의 사명인 갑을마스크팩으로 하기로 했다. 그래서 분할 전 갑을마스크팩이 보유하고 있던 자회사들 지분은 분할단계에서 모두 갑을홀딩스로 넘어갔다.

모든 주주는 분할 전 지분율 그대로 분할 후 존속회사와 신설회사 각각에 대한 지분율을 유지한다. 따라서 필립 회장은 분할 후 갑을홀딩스에 대해 20%, 갑을마스크팩에 대해서 20%의 지분을 가진다(잘 이해가 안 되면 앞부분을 다시 자세히 한 번 더 읽어보면 된다).

그리고 분할 전 갑을마스크팩의 자사주 12%는 분할단계에서 갑을홀딩스 소유 자산으로 넘어간다. 이 주식 역시 존속법인 주식과 신설법인의 주식으로 분할되어 분할 후 갑을홀딩스 12%, 갑을마스크팩 12%를 보유한다. 이렇게 분할을 마치면 공정거래법(독점규제 및 공정거래에 관한 법률)에 의해서 상장회사는 20%, 비상장회사는 40% 이상 지분을 확보해야 하는 '지주회사행위 제한 요건'의 규정을 준수해야 한다.

갑을홀딩스가 법적으로 완전한 홀딩스가 되기 위해서는 갑을마스크팩 지분(상장사)을 8% 이상을 더 취득해야 한다(12%+8%=20%). 그래서 갑을홀딩스는 지분을 더 확보하기 위해서 유상증자를 시행한다. 갑을홀딩스는 갑을마스크팩 주주로부터 갑을마스크팩 주식을 받고, 그 대가로 갑을홀딩스 신주를 발행해 주는 '현물출자 유상증자'를 한다. 주식을 서로 맞바꾸는 일종의 '주식스왑'이다.

여기서 갑을홀딩스는 갑을마스크팩으로 그대로 이전된 필립 회장 지분 20%만 받아도 '기존 자사주 12%+필립 회장 지분 20%=32%'가 되어, 지주회사 요건이 충족되는 것이다.

정리를 해보자!
일단 갑을마스크팩을 인적분할(Spin-off)한다. 그리고 갑을홀딩스는 갑을마스크팩에 대해서 현물출자공개매수 유상증자를 하는 2단계 과정을 거친다. 이 과정에서 갑을마스크팩에 대한 갑을홀딩스 지분율이 크게 늘어난다. 기존보유한 자사주 12%와 필립 회장이 내놓은 지분 20%가 추가되고 주식스왑에 참여한 소액주주들이 내놓은 지분만큼 또 늘어나는 것이다.

결과적으로 갑을홀딩스에 대한 필립 회장의 지배력은 처음 20%에서 33.3% 이상으로 확대되는 것이다.

40%(20%+20%)÷120%(100%+20%) = 33.3%

원래 갑을홀딩스 필립 회장 지분은 20%다. 그리고 갑을마스크팩 필립 회장 지분 20%를 갑을홀딩스에 준다. 그 대가로 갑을홀딩스는 필립 회장에게 갑을홀딩스 주식 20%를 현물인 갑을홀딩스 주식으로 준다(필립 회장 지분 40%). 총주식은 100에서 120으로 증가, 그래서 '40%÷120%×100=33.3%' 공식이 나온 것이다.

결론적으로 필립 회장은 이 홀딩스를 만들어서 20%인 지분율을 2단계인 인적분할과 유상증자를 통해서 33.3%로 지분율을 올린 것이다.

6. 자본잠식

(주)갑을기업의 영업이 부진해 6,000만 원의 당기순손실이 났다고 하자. 이익잉여금이 많은 회사는 당기순이익이 누적되어

가는 회사다. 그런데 많은 적자가 났거나 계속 적자가 누적되면 바로 이 이익잉여금이 마이너스가 된다. 이 상태를 결손금이 났다고 부른다. 만약 (주)갑을기업의 이익잉여금계정 잔액이 1,000만 원인 상태에서 6,000만 원의 당기순손실을 기록하면 결손금은 5,000만 원이 된다.

(주)갑을의 자본구성을 보자.

자본총계(6,000만 원) = 자본금(1억 원)+자본잉여금(1,000만 원)
　　　　　　　　　　+이익잉여금(결손금)(-5,000만 원)

자본총계(6,000만 원)가 자본금(1억 원)보다 4,000만 원이 적다. 회사가 정상적인 영업활동을 하면 자본금총계보다는 자본총계가 더 커야 정상이다. 이렇게 자본총계보다도 자본금총계가 더 큰 상태를 '자본잠식'이라고 부른다. 자본잠식률 계산법은 '자본금에서 자본총계의 차액÷자본금'이다.

1억 원-6,000만 원 = 4,000만 원÷1억 원(자본금) = 40%

그래서 자본잠식률이 40%다. '부분자본잠식'이다. 기업의 적자누적으로 인해 잉여금이 마이너스가 되면서 자본총계가 납입자본금보다 적은 상태다. 납입자본금과 잉여금을 더한 자본총계마저 마이너스가 될 경우 '완전자본잠식', 자본전액잠식이라고 부른다.

7. 스톡옵션

　기업이 임직원들에게 일정 수량의 자기회사 주식을 일정한 가격으로 매수할 수 있는 권리를 부여하는 제도다. 주식매수선택권이라고 부른다. 벤처 및 스타트업 등 새로 창업한 기업에서 자금 부족에도 불구하고 유능한 인재를 확보하기 위한 수단으로 이 제도를 도입하면서 널리 알려졌다. 이 제도는 자사의 주식을 일정 한도 내에서 액면가 또는 시세보다 훨씬 낮은 가격으로 매입할 수 있는 권리를 해당 상대에게 부여한 뒤, 일정 기간이 지나면 임의대로 처분할 수 있는 권한까지 부여한다.

　해당 기업의 경영상태가 양호해져 주가가 상승하면 자사 주식을 소유한 임직원은 자신의 주식을 매각함으로써 상당한 차익금을 남길 수 있기 때문에 사업 전망이 밝은 기업일수록 스톡옵션의 매력은 높아지기 마련이다.

　그러므로 벤처기업이나 새로 창업하는 기업들뿐 아니라 기존 기업들도 임직원의 근로의욕을 진작시킬 수 있는 수단으로 활용하기도 한다.

　(주)갑을기업의 현재 주가가 2만 원이라고 하자. 갑을기업은 임직원들을 대상으로 '3년 근무' 조건을 내걸고, 3년 근무가 충족되는 시점에 자사주식 10만 주를 주당 2만 5,000원에 나눠주기로 했다. 3년 뒤 회사주식가치가 3만 5,000원이라고 하면 대

상 임직원들은 회사에 주식매입권리를 행사할 수 있다. 주식을 받은 임직원이 만약 그때 제삼자인 주식 매수인에게 매도한다면 총 10억 원(주당 1만 원의 차익)의 차익을 얻을 수가 있다.

물론 행사 시점에 주식을 주지 않고 차액인 1만 원을 지급할 수도 있다. 임직원들은 주식매입 또는 차액지급 중 한 가지를 선택하게 할 수도 있다. 주식을 주면 '주식결제형', 차액을 지급하면 '현금결제형', 둘 중 하나를 선택하면 '선택형'이라고 부른다. '주식계결제형'은 신주를 발행해 주거나 자사주를 줄 수도 있다.

참고로, '3년 근무' 조건을 '가득조건'이라고 부른다. 가득조건을 충족해야 하는 기간을 '가득기간'이라고도 부른다.

8. 유상감자

유상감자는 자본금을 줄이는 것이다. 회사가 주주에게 돈을 주면서(유상) 주식을 회수해 가는 것인데 무상감자와는 다른 점이 대가를 지불한다는 것이다. 유상감자를 하는 목적이 투자자가 대주주인 경우 투자자금을 회수하는 방법으로 잘 사용하게 된다. 특히 상장주식보다는 비상장주식인 경우 엑시트 방법 중 하나로 투자자의 지분 중 일부를 현금화하는 것이다.

1) 차입매수(LBO)

기업을 인수하면서 인수할 기업의 자산이나 향후 현금흐름을 담보로 해서 외부차입금을 가지고 기업을 인수하는 방법 중 하나다. 자기자본이 없고 능력은 있는 사람이 자본이 많은 사람으로부터 인수할 기업의 자산을 담보로 투자금을 유치해, 이 자본을 바탕으로 기업을 잘 경영해서 투자금을 갚고 투자수익을 올리는 투자방식이다. 따라서 적은 자기자본으로 큰 기업매수가 가능하다.

2) 차입형유상감자(일명 Recap) – 자본재구성(Recapitalization)

투자금을 회수하는 엑시트 방법은 지분을 직접 매각해야만 한다. 그런데 지분을 매각하지 않고 배당 및 유상감자를 통해서 엑시트하는 방법도 있다. 위의 LBO 방식처럼 외부의 차입금을 자원으로 해서 부채가 생기면 그 부채를 자본으로 유상감자해 배당금을 받는 차입형유상감자를 일명 리캡이라고 부른다. 외부의 차입금으로 투자자금을 대체하는 방식이다.

chapter 03
투자계약서

  투자자나 투자기업 간에 투자하기에 앞서 검토해야 하는 가장 중요한 서류는 '투자계약서'다. 그중에서 현재 스타트업 기업 등 투자에 가장 많이 사용되는 '보통주' 및 '우선주'에 관한 투자계약서의 내용을 살펴보자. '엔젤투자지원센터'의 자료실을 보면 약 30페이지에 달하는 '투자계약서'가 있어 누구나 다운로드해서 사용할 수 있다.

  스타트업 기업이나 벤처기업 등 초기 창업기업이 사용하기에는 다소 무거운 계약서이므로, 스타트업 전문 로펌인 '세움'과 '500 Kimchi(500스타트업스 한국펀드)'에서 제공하는 스타트계약서로 투자계약서를 공부해본다.

> **용어해설**
> - **보통주**는 상환의무가 없고, 이자도 없어 피투자회사에 가장 유리한 주식이다.
> - **우선주**(RCPS: 상환전환우선주) 투자자는 이익배당 등에서 우선권이 있으며, 상환권과 전환권을 가지나, 배당가능이익이 없으면 상환권을 행사할 수 없다. 투자자와 피투자회사 모두 받아들일 수 있는 주식투자방식이고, 현재 많이 사용된다.
> - **전환사채**(CB), **신주인수권부사채**(BW)는 원금과 이자를 보장받고 회사 상황이 좋아지면 전환권 또는 신주인수권을 행사할 수 있으므로 일반적으로 투자자에 유리하다.

1. 스타트계약서

[출처: 스타트업 전문 로펌 '세움'과 '500 kimchi(500스타트업스 한국펀드)]

START(Standardized Term Agreement for Raise Transactions) 계약서는 스타트업이 엔젤(Angel), 씨드(Seed), 프리 시리즈 에이(Pre-Series A)의 초기 단계 투자를 유치할 때 사용할 수 있는 한국 최초의 초기 투자용 표준계약서다. 스타트업이 초기 투자를 유치하는 과정에서 겪는 법률상의 어려움과 비용 문제를 해결하고, 투자자와 창업자 간에 안정적이고 빠른 투자를 할 수 있도록 작성되었다. 주요 항목인 기업가치(pre-money valuation), 회사정보, 투자금액 등을 간략히 기입한 후 계약할 수 있다. START 계약서는 다수의 벤처캐피털 회사들로부터 긍정적인 검토를 받았기에 더욱 안심하고 사용할 수 있다.

보통주 투자계약서

당사자들은 [____]년 [__]월 [__]일 다음과 같이 본 투자계약(이하 '본계약'이라 한다)을 체결한다.

회사 [회사 이름 기재](이하 '회사')
   [회사 주소 기재]
   [대표이사 또는 사내이사의 직책, 이름 기재]

투자자 [투자자 이름 또는 회사명 기재](이하 '투자자')
   [투자자 주소 기재]
   [투자자가 회사일 경우 투자회사 대표의 직책 이름 기재]

이해관계인 [이해관계인 이름 기재](생년월일: [이해관계인 생년월일 기재], 이하 '이해관계인')
   [이해관계인 주소 기재]

다음

제1조 (신주의 발행 및 인수)

1. 투자자는 다음 표에 기재된 내용에 따라 투자금을 납입하고, 회사는 투자자에게 보통주식(이하 '본건 보통주식')을 발행한다.

	항목	내용
A	투자금 납입 전 회사 가치	금 [pre-money valuation 기재]원
B	투자금액	금 [투자금액 기재]원
C	회사의 총발행 주식 수(이미 발행되었거나 투자금 납입일 기준 스톡옵션 기타 전환증권의 행사로 인하여 발행될 수 있는 주식을 포함)	총 [회사가 이미 발행한 주식 수 + 스톡옵션(D에서 정함) 또는 다른 전환증권(과거에 발행된 전환우선주식을 포함)의 행사를 통하여 발행될 수 있는 주식 수 - 본건 투자에서 다른 투자자들에게 발행된 주식의 수 기재] 주
D	부여 가능한 스톡옵션(주식매수선택권)의 수	[투자금 납입일 기준 회사가 발행한 주식 총수의 10%로 계산한 숫자 기재]
E	투자자에 대한 발행 주식 수	[B/(A/C)로 계산한 숫자 기재, 단 정수이어야 함]주
F	투자금 납입일	[closing date 기재]
G	신주식 발행일	[closing date 다음 날 기재]
H	발행가격	금 [A/C로 계산한 숫자 기재]원

2. 회사는 투자자의 권리를 침해하지 아니하는 범위 내에서 아래 표에 기재된 내용에 따라 추가로 주식을 발행할 수 있다.

	항목	내용
A	기한	[추가 투자 유치 기한 기재]
B	총투자 한도	금 [추가 투자 가능 금액 기재]원까지
C	1주당 발행금액	금 [제1항 기재 표의 A/C로 산정된 금액 기재]원

3. 회사는 제1항 기재 신주식 발행일에 자본증가의 상업등기를 신청하고 다음 각 호의 서류를 투자자에게 교부해야 한다.
    가. 본 계약에 의한 주주권을 표창하는 주권, 만약 주권이 발행되지 않은 경우에는 주권미발행확인서
    나. 변경된 주주명부

제2조 (선행 조건)

본 계약에 의한 투자자의 의무는 제1조제1항 기재 투자금 납입일까지 아래 각 호의 조건이 모두 충족되거나, 일부의 조건이 충족되지 않더라도 투자자가 서면으로 그 충족을 면제하는 것을 선행 조건으로 한다.

가. 회사 및 이해관계인이 본 계약에서 행한 진술 및 보증이 투자금 납입일 현재 진실하고 정확할 것

나. 회사 및 이해관계인이 본 계약에 따라 투자금 납입일 이전에 이행하였거나 준수해야 할 모든 약정사항, 합의 및 조건을 이행하고 준수하였을 것

다. 회사가 본 계약의 이행을 위하여 필요한 이사회, 주주총회 등 관련 내부 절차를 이행하고, 이를 입증하는 서류를 투자자에게 제출하였을 것

라. 회사가 발행 주식 총수의 10%의 범위 내에서 주식매수선택권을 부여할 수 있도록 그에 필요한 정관변경, 변경등기 등 절차를 이행하고, 이를 입증하는 서류로서 변경된 법인등기부등본을 투자자에게 제출하였을 것

마. [기타 투자금 납입 전에 이행해야 할 의무 기재]

제3조 (진술 및 보증)

1. 회사 및 이해관계인은 투자자에게 다음 각 호의 사항이 진실하고 정확함을 진술 및 보증한다.

    가. 본 계약체결일 및 투자금 납입일 기준 회사의 지분 현황은 [별첨 1. 지분증권 현황]의 기재와 같다.

    나. 회사의 발행 주식, 회사가 투자자에게 제공한 재무제표 및 회계서류는 회사의 자산, 부채, 손익, 현금흐름, 영업결과 및 기타 재무상태를 중요성의 관점에서 정확하고 공정하게 반영하고 있다.

다. 회사는 본 계약체결 전에 사업을 영위하기 위하여 필요한 지적재산권을 유효하고 부담 등이 없는 상태로 단독 보유하고 있으며, 이러한 지적재산권은 제3자의 권리를 침해하지 않는다.
2. 투자자는 회사에 대하여 다음 각 호의 사항이 진실하고 정확함을 진술 및 보증한다.
　가. 투자자는 본 계약을 체결하고 이행하는 데 필요한 모든 법적 권한을 가지고 있다.
　나. 본 계약에 의한 투자자의 인수대금 지급의무는 적법, 유효한 것으로서 집행 가능성 있는 법적 의무이다.

제4조 (이해관계인의 주식 처분)

이해관계인은 투자자의 서면 동의를 얻어 보유하고 있는 회사 주식을 제3자에게 처분할 수 있다. 투자자의 서면 동의가 없을 경우 제5조 내지 제6조의 범위 내에서 보유하고 있는 회사 주식을 제3자에게 처분할 수 있다.

제5조 (우선매수권)

1. 이해관계인은 보유하고 있는 회사 주식을 제3자에게 양도하고자 하는 경우, 그와 관련한 주요 양도 조건을 투자자에게 서면으로 통지해야 한다.
2. 투자자는 제1항의 통지를 받은 날로부터 일십(10)일 이내에 이해관계인에 대한 우선매수권 행사 통지를 통하여 대상 주식을 통지된 것과 동일한 조건으로 제3자에 우선하여 매수할 수 있다.
3. 투자자가 제1항의 통지를 수령한 후 일십(10)일 이내에 우선매수권 또는 제6조의 동반매도권을 행사하지 아니하는 경우 이해관계인은 제3자에게 보유하고 있는 회사 주식을 양도할

수 있다. 다만, 이 경우 양도 조건은 투자자에게 통지된 조건보다 제3자인 양수인에게 유리하여서는 아니 된다.

제6조 (동반매도권)
1. 투자자는 제5조제1항의 서면 통지를 받은 날로부터 일십(10)일 이내에 이해관계인에 대한 동반매도권 행사 통지를 통하여 이해관계인과 동일한 조건으로 제3자에 대한 회사 주식 양도에 함께 참여할 수 있다.
2. 투자자가 동반매도권을 행사하는 경우, 주식양수예정자가 지분 비율에 비례하여 투자자의 동반매도권 행사 대상 주식을 양수하지 아니하는 이상 이해관계인은 보유 주식을 처분할 수 없다.

제7조 (투자금의 용도 및 제한)
회사는 투자자의 별도 사전 서면 동의 없이는 투자자가 신주 인수대금으로 납입한 자금을 회사 운영자금의 용도로만 사용해야 한다.

제8조 (투자자의 동의권)
회사는 다음 각 호의 사항을 결의하고자 하는 경우 그 결의일 이전까지 투자자로부터 그에 대한 사전 서면 동의를 얻어야 한다.
가. 회사 사업의 전부 또는 일부의 중단 또는 포기, 영업양수도, 합병 또는 분할 기타 회사조직의 근본적인 변경
나. 회사의 주요 유형 또는 무형 자산(지적재산권 등)의 매각, 임대 등 처분행위
다. 회사의 주주, 이사, 감사 또는 주요 경영진 및 이들의 특수관계인과의 거래 또는 계약체결(단, 용역계약, 고용계약 또는 회사의 임직원이 통상적인 영업과정에서 체결 및 이행하는 그와 유

사한 계약 또는 거래는 제외함)
라. 기타 회사의 운영에 중대한 영향을 미치는 사항

제9조 (보고 및 자료 제출)
회사는 다음 각 호에 따라 투자자에게 회사와 관련한 자료를 제출해야 한다.
가. 재무제표(대차대조표, 손익계산서) 및 합계잔액시산표: 매 회계연도 종료일로부터 사십오(45)일 이내에 제출
나. 반기보고서: 매 반기 종료일로부터 삼십(30)일 이내에 제출
다. 분기보고서: 매 분기 종료일로부터 삼십(30)일 이내에 제출

제10조 (신주인수권)
투자자는 회사가 주주배정 방식 또는 제3자배정 방식으로 주식을 발행할 경우 지분 비율에 따라 신주를 인수할 권리를 가진다.

제11조 (주식매수선택권의 부여)
회사는 이미 부여되었거나 발행된 것을 포함하여 그 행사로 인하여 발행될 수 있는 주식 지분율 총계가 제1조제1항 기재 투자금 납입일 직전 기준 발행 주식 총수의 10% 범위 내에서, 회사 경영 및 기술개발 등 사업 전반에 기여하였거나, 기여할 능력을 갖춘 임직원에 대하여 신주발행교부의 방식으로 주식매수선택권을 부여할 수 있다. 본 계약상의 수량을 초과하여 주식매수선택권을 부여하고자 하는 경우 회사는 투자자로부터 사전 서면 동의를 받아야 한다.

제12조 (퇴사 금지 및 경업금지 의무)
1. 이해관계인은 본 계약체결 후 [1]년간 회사에서 상근으로 근무하지 아니하거나 퇴사하여서는 아니 된다.

2. 이해관계인은 본 계약체결 후 [3]년간 회사의 영업과 경쟁 관계에 있는 회사의 임직원으로 근무하거나 지분을 취득하여서는 아니 된다.

제13조 (회사 및 이해관계인의 책임)
회사 및 이해관계인은 본 계약과 관련하여 회사 및/또는 이해관계인이 행한 진술 및 보증이 사실과 다르거나 본 계약상의 의무를 위반함으로 인하여 투자자가 입은 손해를 연대하여 배상해야 한다.

[이하 서명날인을 위한 여백]

본 계약의 성립을 증명하기 위하여 당사자들은 본 계약서를 3부 작성하고, 체결일에 서명 또는 기명 날인한 후 당사자들이 각 1부를 보관하기로 한다.

[___]. [__]. [__].

회사   [회사명 기재]
        [회사 주소 기재]
        [대표이사 또는 사내이사의 직책, 이름 기재] (인)

투자자   [투자자 이름 기재]
        [투자자 주소 기재]
        [투자자 회사의 대표의 이름 및 직책 기재] (인)

이해관계인 [이해관계인 이름 기재]
        [이해관계인 주소 기재]
        _____ (인)

[별첨 1]

지분증권 현황

전환우선주 투자계약서

당사자들은 [   ]년 [   ]월 [   ]일 다음과 같이 본 투자계약(이하 '본계약'이라 한다)을 체결한다.

회사　　[회사 이름 기재](이하 '회사')
　　　　[회사 주소 기재]
　　　　[대표이사 또는 사내이사의 직책, 이름 기재]

투자자　[투자자 이름 또는 회사명 기재](이하 '투자자')
　　　　[투자자 주소 기재]
　　　　[투자자가 회사일 경우 투자회사 대표의 직책 이름 기재]

이해관계인　[이해관계인 이름 기재](생년월일: [이해관계인 생년월일 기재], 이하 '이해관계인')
　　　　　　[이해관계인 주소 기재]

다음

제1조 (신주의 발행 및 인수)

1. 투자자는 다음 표에 기재된 내용에 따라 투자금을 납입하고, 회사는 투자자에게 주식(이하 '본건 우선주식')을 발행한다.

	항목	내용
A	투자금 납입 전 회사 가치	금 [pre-money valuation 기재]원
B	투자금액	금 [투자금액 기재]원
C	회사의 총발행 주식 수(이미 발행되었거나 투자금 납입일 기준 스톡옵션 기타 전환증권의 행사로 인하여 발행될 수 있는 주식을 포함)	총 [회사가 이미 발행한 주식 수 + 스톡옵션(D에서 정함) 또는 다른 전환증권(과거에 발행된 전환우선주식을 포함)의 행사를 통하여 발행될 수 있는 주식 수 - 본건 투자에서 다른 투자자들에게 발행된 주식의 수 기재]주
D	부여 가능한 스톡옵션(주식매수선택권)의 수	[투자금 납입일 기준 회사가 발행한 주식 총수의 10%로 계산한 숫자 기재]
E	투자자에 대한 발행 주식 수	[B/(A/C)로 계산한 숫자 기재, 단 정수이어야 함]주
F	투자금 납입일	[closing date 기재]
G	신주식 발행일	[closing date 다음 날 기재]
H	발행가격	금 [A/C로 계산한 숫자 기재]원

2. 회사는 투자자의 권리를 침해하지 아니하는 범위 내에서 아래 표에 기재된 내용에 따라 추가로 주식을 발행할 수 있다.

	항목	내용
A	기한	[추가 투자 유치 기한 기재]
B	총투자 한도	금 [추가 투자가능 금액 기재]원까지
C	1주당 발행금액	금 [제1항 기재 표의 A/C로 산정된 금액 기재]원

3. 회사는 제1항 기재 신주식 발행일에 자본증가의 상업등기를 신청하고 다음 각 호의 서류를 투자자에게 교부해야 한다.
   가. 본 계약에 의한 주주권을 표창하는 주권, 만약 주권이 발행되지 않은 경우에는 주권미발행확인서
   나. 변경된 주주명부

제2조 (본건 우선주식의 내용)

1. 본건 우선주식의 주주는 주식 일(1) 주당 일(1) 개의 의결권을 갖는다. 보통주로 전환되는 경우 전환 후의 보통주식은 일(1) 주당 일(1) 개의 의결권을 갖는다.
2. 회사에 청산 사유 또는 (i)회사가 일방 당사자가 되거나 기타의 방식으로 관련되는 합병, 분할, 주식의 포괄적 교환 또는 이전 또는 이와 유사한 거래로서, 그 거래의 결과 그 직전 발행되어 있던 회사의 의결권 있는 주식 총수가 존속법인의 의결권 있는 주식 또는 지분 총수의 50% 이상이 되지 못하거나 또는 그 비율 이상으로 전환 또는 교환되지 아니하는 경우, (ii)그 영업 또는 자산의 전부 또는 중요한 일부를 매각, 교환, 현물출자, 양도 기타 처분하는 행위, 또는 주요한 지적재산권을 양도 기타 처분하는 거래가 있는 경우, (iii)신주(주식연계증권을 포함)의 발행 또는 기존 구주의 양수도에 의하여 해당 주식의 인수인이 그 거래를 통해 회사 발행 주식 총수의 50%의 이상을 직간접적으로 취득·보유하는 결과가 발생하는 경우(이하 '청산유사사유'), 본건 우선주식의 주주는 다음 각 호에서 정한 내용에 따라 회사의 잔여재산을 분배받을 권리를 가진다.
   가. 본건 우선주식에 대하여 (i)투자금액 및 (ii)미지급 배당액을 합산한 금액을 보통주식에 우선하여 분배한다.
   나. 그 후 남는 재산은 보통주식과 함께 지분 비율에 따라 분배하며, 이 경우 투자자는 보통주로 전환하였을 경우 전환되는 보통주식을 보유하는 것으로 간주한다.
3. 본건 우선주식의 주주는 다음 각 호에서 정한 비율에 따라 본건 우선주식의 발행일로부터 10년이 경과하는 날까지 본건 우선주식을 보통주로 전환할 수 있는 권리를 갖는다.
   가. 본건 우선주식의 보통주로의 전환비율은 우선주식의 주

당 발행가액을 전환 당시 유효한 전환가격으로 나누어 결정된 수이다.
　나. 최초의 전환가격은 본건 우선주식의 주당 발행가액으로 하여 전환비율은 1로서 우선주 1주당 보통주 1주로 전환한다.
　다. 회사가 본건 우선주식의 전환 전에 그 당시의 본건 우선주식의 전환가격을 하회하는 발행가액으로 주식 또는 주식전환사채를 발행한 경우에는 전환가격은 그 하회하는 발행가액으로 조정한다.
　라. 회사가 타사와의 합병 시 교환비율 산정을 위한 평가가액이 그 당시의 본건 우선주식의 전환가격을 하회하는 경우, 본건 우선주식의 전환가격은 평가가액으로 조정한다.
　마. 회사의 주식을 분할 또는 병합하는 경우 전환비율은 그 분할 또는 병합의 비율에 따라 조정된다.
4. 본건 우선주식의 발행 이후 주식배당, 무상증자로 인하여 발행 주식 수가 증가하는 경우, 본건 우선주식의 주주는 본건 우선주식과 동일한 조건 및 종류의 우선주식을 그 비율에 따라 무상지급 받는다.

제3조 (선행 조건)
본 계약에 의한 투자자의 의무는 제1조제1항 기재 투자금 납입일까지 아래 각 호의 조건이 모두 충족되거나, 일부의 조건이 충족되지 않더라도 투자자가 서면으로 그 충족을 면제하는 것을 선행 조건으로 한다.
　가. 회사 및 이해관계인이 본 계약에서 행한 진술 및 보증이 투자금 납입일 현재 진실하고 정확할 것
　나. 회사 및 이해관계인이 본 계약에 따라 투자금 납입일 이전

에 이행하였거나 준수해야 할 모든 약정사항, 합의 및 조건을 이행하고 준수하였을 것
다. 회사가 본 계약의 이행을 위하여 필요한 이사회, 주주총회 등 관련 내부 절차를 이행하고, 이를 입증하는 서류를 투자자에게 제출하였을 것
라. 회사가 발행 주식 총수의 10%의 범위 내에서 주식매수선택권을 부여할 수 있도록 그에 필요한 정관변경, 변경등기 등 절차를 이행하고, 이를 입증하는 서류로서 변경된 법인등기부등본을 투자자에게 제출하였을 것
마. [기타 투자금 납입 전에 이행해야 할 의무 기재]

제4조 (진술 및 보증)

1. 회사 및 이해관계인은 투자자에게 다음 각 호의 사항이 진실하고 정확함을 진술 및 보증한다.
   가. 본 계약체결일 및 투자금 납입일 기준 회사의 지분 현황은 [별첨 1. 지분증권 현황]의 기재와 같다.
   나. 회사의 발행 주식, 회사가 투자자에게 제공한 재무제표 및 회계서류는 회사의 자산, 부채, 손익, 현금흐름, 영업결과 및 기타 재무상태를 중요성의 관점에서 정확하고 공정하게 반영하고 있다.
   다. 회사는 본 계약체결 전에 회사는 사업을 영위하기 위하여 필요한 지적재산권을 유효하고 부담 등이 없는 상태로 단독 보유하고 있으며, 이러한 지적재산권은 제3자의 권리를 침해하지 않는다.
2. 투자자는 회사에 대하여 다음 각 호의 사항이 진실하고 정확함을 진술 및 보증한다.
   가. 투자자는 본 계약을 체결하고 이행하는 데 필요한 모든 법적 권한을 가지고 있다.

나. 본 계약에 의한 투자자의 인수대금 지급의무는 적법, 유효한 것으로서 집행 가능성 있는 법적 의무이다.

제5조 (이해관계인의 주식 처분)
이해관계인은 투자자의 서면 동의를 얻어 보유하고 있는 회사 주식을 제3자에게 처분할 수 있다. 투자자의 서면 동의가 없을 경우 제6조 내지 제7조의 범위 내에서 보유하고 있는 회사 주식을 제3자에게 처분할 수 있다.

제6조 (우선매수권)
1. 이해관계인은 보유하고 있는 회사 주식을 제3자에게 양도하고자 하는 경우, 그와 관련한 주요 양도 조건을 투자자에게 서면으로 통지해야 한다.
2. 투자자는 제1항의 통지를 받은 날로부터 일십(10)일 이내에 이해관계인에 대한 우선매수권 행사 통지를 통하여 대상 주식을 통지된 것과 동일한 조건으로 제3자에 우선하여 매수할 수 있다.
3. 투자자가 제1항의 통지를 수령한 후 일십(10)일 이내에 우선매수권 또는 제7조의 동반매도권을 행사하지 아니하는 경우 이해관계인은 제3자에게 보유하고 있는 회사 주식을 양도할 수 있다. 다만, 이 경우 양도 조건은 투자자에게 통지된 조건보다 제3자인 양수인에게 유리하여서는 아니 된다.

제7조 (동반매도권)
1. 투자자는 제6조제1항의 서면 통지를 받은 날로부터 일십(10)일 이내에 이해관계인에 대한 동반매도권 행사 통지를 통하여 이해관계인과 동일한 조건으로 제3자에 대한 회사 주식 양도에 함께 참여할 수 있다.

2. 투자자가 동반매도권을 행사하는 경우, 주식양수예정자가 지분 비율에 비례하여 투자자의 동반매도권 행사 대상 주식을 양수하지 아니하는 이상 이해관계인은 보유 주식을 처분할 수 없다.

제8조 (투자금의 용도 및 제한)
회사는 투자자의 별도 사전 서면 동의 없이는 투자자가 신주인수대금으로 납입한 자금을 회사 운영자금의 용도로만 사용해야 한다.

제9조 (투자자의 동의권)
회사는 다음 각 호의 사항을 결의하고자 하는 경우 그 결의일 이전까지 투자자로부터 그에 대한 사전 서면 동의를 얻어야 한다.
가. 회사 사업의 전부 또는 일부의 중단 또는 포기, 영업양수도, 합병 또는 분할 기타 회사조직의 근본적인 변경
나. 회사의 주요 유형 또는 무형 자산(지적재산권 등)의 매각, 임대 등 처분행위
다. 회사의 주주, 이사, 감사 또는 주요 경영진 및 이들의 특수관계인과의 거래 또는 계약체결(단, 용역계약, 고용계약 또는 회사의 임직원이 통상적인 영업과정에서 체결 및 이행하는 그와 유사한 계약 또는 거래는 제외함)
라. 기타 회사의 운영에 중대한 영향을 미치는 사항

제10조 (보고 및 자료 제출)
회사는 다음 각 호에 따라 투자자에게 회사와 관련한 자료를 제출해야 한다.
가. 재무제표(대차대조표, 손익계산서) 및 합계잔액시산표: 매 회

계연도 종료일로부터 사십오(45)일 이내에 제출
나. 반기보고서: 매 반기 종료일로부터 삼십(30)일 이내에 제출
다. 분기보고서: 매 분기 종료일로부터 삼십(30)일 이내에 제출

제11조 (신주인수권)
투자자는 회사가 주주배정 방식 또는 제3자배정 방식으로 주식을 발행할 경우 지분 비율에 따라 신주를 인수할 권리를 가진다.

제12조 (주식매수선택권의 부여)
회사는 이미 부여되었거나 발행된 것을 포함하여 그 행사로 인하여 발행될 수 있는 주식 지분율 총계가 제1조제1항 기재 투자금 납입일 직전 기준 발행 주식 총수의 10% 범위 내에서, 회사 경영 및 기술개발 등 사업 전반에 기여하였거나, 기여할 능력을 갖춘 임직원에 대하여 신주발행교부의 방식으로 주식매수선택권을 부여할 수 있다. 본 계약상의 수량을 초과하여 주식매수선택권을 부여하고자 하는 경우 회사는 투자자로부터 사전 서면 동의를 받아야 한다.

제13조 (퇴사 금지 및 경업금지 의무)
1. 이해관계인은 본 계약체결 후 [1]년간 회사에서 상근으로 근무하지 아니하거나 퇴사하여서는 아니 된다.
2. 이해관계인은 본 계약체결 후 [3]년간 회사의 영업과 경쟁관계에 있는 회사의 임직원으로 근무하거나 지분을 취득하여서는 아니 된다.

제14조 (회사 및 이해관계인의 책임)
1. 회사 및 이해관계인은 본 계약과 관련하여 회사 및/또는 이해관계인이 행한 진술 및 보증이 사실과 다르거나 본 계약상

의 의무를 위반함으로 인하여 투자자가 입은 손해를 연대하여 배상해야 한다.
2. 청산유사 사유(제2조제2항에 정함)가 발생하였을 때에 투자자가 위 사유와 관련하여 본건 우선주식의 처분을 통하여 취득한 재산상 이익의 가액이 당시 시점에서 회사에 대한 청산 절차가 진행되었다면 투자자가 제2조제2항의 규정에 따라 지급 받았을 처분 주식에 대한 잔여재산분배액보다 적을 경우, 이해관계인은 자신이 위 사유와 관련하여 회사 주식의 처분 등으로 취득한 재산상 이익의 범위 내에서 투자자에게 그 차액 상당의 금원을 지급해야 한다.

[이하 서명날인을 위한 여백]

본 계약의 성립을 증명하기 위하여 당사자들은 본 계약서를 3부 작성하고, 체결일에 서명 또는 기명 날인한 후 당사자들이 각 1부를 보관하기로 한다.

[_____]. [___]. [___].

회사　　［회사명 기재］
　　　　［회사 주소 기재］
　　　　［대표이사 또는 사내이사의 직책, 이름 기재］(인)

투자자　［투자자 이름 기재］
　　　　［투자자 주소 기재］
　　　　［투자자 회사의 대표의 이름 및 직책 기재］(인)

이해관계인　［이해관계인 이름 기재］
　　　　　　［이해관계인 주소 기재］
　　　　　　＿＿＿＿＿＿＿ (인)

[별첨 1]

지분증권 현황

2. START 계약서 설명 및 작성요령

[1] 기본 계약 내용

계약체결일 (전문 기재 내용)		• 이날 이후부터 계약체결의 효력이 발생해, 당사자들은 그에 따른 권리 및 의무를 가집니다. • 당사자 사이의 합의에 따라 정할 수 있습니다.
당사자 (전문 기재 내용)	법인의 대표자	대표이사가 있는 경우에는 대표이사가, 대표이사 없이 사내이사만 있는 경우에는 그 사내이사가 대표자입니다. 사내이사가 2인인 경우에는 정관 및 내부규정상 대표권이 어느 이사에게 있는지를 확인하시기 바랍니다.
	이해 관계인	• 회사의 주요 경영 사항을 결정할 수 있고, 지분을 보유하고 있는 사람을 의미합니다(경우에 따라 2인 이상이 될 수 있습니다). • 이해관계인은 회사의 핵심역량을 보유하고 있으며, 투자 결정 및 회사의 투자 계약 이행에 중대한 영향을 미친다는 점에서, 본 계약의 당사자에 포함될 필요가 있습니다. • 다만, 그에 따라 이해관계인은 투자자에 대해 계약상의 의무 및 책임을 부담하게 되므로, 이러한 책임 부담을 받아들일 것인지를 확인하시기 바랍니다.
Commercial Term (제1조 제1항, 제2항)		회사의 valuation 등 투자 계약의 핵심 조건으로서, 하이라이트 부분에 기재된 안내에 따라 해당 내용을 기재하시면 됩니다.
	회사의 총발행 주식 수	• 이를 정하는 방법에는 (i)현재까지 실제로 발행된 주식 수에 따라 정하는 방법과 (ii)본건 투자 직전을 기준으로 해 완전희석화 기준(fully diluted basis)에 따라 이미 발행된 주식 및 주식 발행 가능성이 잠재되어 있는 전환주식, 스톡옵션 등이 모두 행사되었을 경우 발행되는 주식의 총수량을 계산해 정하는 방법의 2가지가 있습니다. • 본 계약은 그중 (ii)방식에 따라 작성되었으며, 곧 발행될 주식으로 인한 지분의 희석화까지 고려해 투자 지분율을 정하는 것이므로 주식 발행 이후 실제 지분율과는 차이가 있을 수 있습니다.
	부여 가능한 스톡 옵션의 수	• 회사가 임직원에게 부여할 수 있는 주식매수선택권(스톡옵션)의 수량으로서, 상법 규정에 따라 투자금 납입일(Closing date) 직전 기준 회사 발행 주식 총수의 최대 10%의 범위 내에서 정할 수 있습니다.
	발행 주식 수 및 1주당 발행금액	• 주식 수량은 정수로 결정되어야 하고, 가격도 가급적 정수로 정하는 것이 바람직합니다. • 따라서 계산한 결과에 소수점 이하 부분이 발생하는 경우 수량 및 가격이 정수가 되도록 조정되어야 하고, 이에 따라 투자금액이 미세하게 변경될 수 있는 점 참조하시기 바랍니다.
	Closing date	• 투자금 납입(예정)일을 의미합니다.

		신주 발행일	• 상법 규정에 따라, 투자금 납입일(Closing date) 다음날을 기재해 주시기 바랍니다(위 다음날이 휴일이어도 무방합니다).
		추가 주식 발행 (제1조 제2항 관련)	• 투자자를 포함한 수인이 동일 라운드에 회사에 투자하는 경우(또는 일부 투자자가 시차를 두어 투자금을 분할하여 투자하고자 하는 경우), (i)회사는 일부 투자자와의 협상 지연 등으로 인해 다른 투자자들이 투자에서 이탈하는 것을 우려하고, (ii)투자자는 회사 발행 주식 수가 지나치게 많아지는 경우 의도하였던 지분율 확보에 실패하는 것을 우려할 수 있습니다. • 이러한 문제를 해결하기 위해 제1조제2항은 (i)회사가 제3자와의 계약 협상과 무관하게 투자자와 확정적 계약을 체결할 수 있도록 하면서, (ii)회사가 제3자로부터 투자를 유치할 수 있는 기간 및 투자금액을 제한함으로써 투자자의 지분율의 최소한도를 유지할 수 있습니다. • 당사자 사이에 합의된 사항이 있으면 하이라이트 부분에 기재된 안내에 따라 해당 내용을 기재하시면 되며, 그러한 합의가 없다면 해당 표를 공란으로 두시면 됩니다.
투자 완료 후 회사 발급 서류 (제1조제3항)		자본 증가의 상업등기	투자금이 납입된 이후 14일 이내에 자본증가의 상업등기 신청을 해야 합니다. 회사 내부적으로 준비할 여건이 되지 않으면 변호사 또는 법무사의 안내를 받아 진행하시면 됩니다.
		주권(또는 주권미발행 확인서) 및 주주명부	상법상 요구되는 항목을 기재하면 충분하며 법정양식이 따로 있지 않으므로, 회사 내부적으로 적절한 양식을 준비해 사용하시면 됩니다.

[2] 발행 주식의 내용(보통주 유형 계약에는 적용되지 않으며, 우선주 1, 2 유형 계약에 대해만 적용됩니다)

의결권 (제2조제1항)		• 상법은 종류주식에 대해 의결권을 제한하거나 없도록 정할 수 있음을 규정하나, 본 계약에 따라 발행되는 우선주식은 보통주식과 마찬가지로 의결권을 가집니다. • 그에 따라, 투자자는 회사의 주주총회에서 주주로서의 의결권을 행사할 수 있습니다.
우선권 (제2조제2항)	잔여 재산분배 우선권	• 회사에 청산 또는 청산유사 사유(경영권 이전에 따른 주식 처분 등)가 발생해 주주들에게 잔여재산을 분배하는 경우 투자자가 1차적으로 일정한 금액을 우선적으로 배분받고, 나머지 재산을 각 우선주 계약 유형에 따라 ①투자자와 보통주주가 지분비율에 따라 나누어 가지거나(우선주 1 유형 계약의 경우), ②보통주주가 1주당 투자자가 우선배분 받은 것과 동일한 금액을 배분받고 난 이후 최종적으로 투자자와 보통주주가 지분비율에 따라 나누어 가지게 됩니다(우선주 2 유형 계약의 경우). • 투자자로 해금 청산 또는 청산유사 사유 발생 시에 적어도 투자금액 상당을 회수해 갈 수 있도록 보장하는 취지의 조항입니다.

		• 다만, 회사의 잔여재산 가액이 본건 투자 당시의 valuation보다 낮은 경우 투자자는 지분율에 따른 분배액보다 많은 금액을 분배받게 되는 반면 founder를 비롯한 기존 보통주주들은 지분율에 따른 것보다 적은 금액을 분배받게 됩니다. 또한 우선주 1 유형 계약의 경우 가액이 valuation보다 높더라도 충분히 높지 않은 이상 투자자가 우선분배를 받고 나서 보통주주와 동등한 자격으로 다시 잔여재산분배에 참여함으로써 보통주주에 비해 지분율에 따른 것보다 많은 금액을 분배받게 된다는 점에 대해 충분히 이해하시기 바랍니다.
전환권 (제2조제3항)		• 전환권 행사 시에 본건 우선주식은 보통주로 전환되며, 그에 따라 배당 등 우선권이 소멸합니다.
	전환가격 (비율)의 조정	• 저가발행 등으로 인해 회사의 valuation이 본건 투자 당시보다 낮아지는 경우에도 투자자가 기존의 높은 valuation으로 전환권을 행사하는 것은 투자자 입장에서 불합리하다고 생각할 수 있습니다. 이에 본 계약은 회사의 valuation 변동이 발생하는 경우, 그 valuation 변동 비율에 따라 본건 주식의 전환비율도 변하도록 규정함으로써 투자자의 이익을 보호하는 규정입니다. • 주식의 저가발행에 따른 전환비율의 조정과 관련해, 통상 (i)저가발행 수량에 관계없이 전환가격을 해당 저가발행 가격으로 조정하는 Full Ratchet 방식과 (ii)저가발행이 이루어진 주식 수량에 따라 전환가격을 일정한 비율로 조정하는 Weighted Average 방식이 이용되는데, 본 계약에서는 (i)방식을 채택하였습니다. 이 경우, 회사가 추후 본건 투자에서의 valuation보다 불리한 조건(예컨대 낮은 주당 인수가액)으로 주식을 발행하는 경우 투자자의 전환권 행사로 인해 전환 전보다 기존 보통주주들의 지분율이 낮아질 수 있습니다.

[3] 계약의 전제 사항

선행 조건 (제3조)	• 투자자로서는 투자 이후에 문제가 발생하는 것을 막기 위해 회사가 특정한 의무를 이행할 것을 투자의 선행 조건으로 정하는 경우가 있습니다. • 당사자 간에 합의된 선행 조건이 있으면 그 내용을 본 조에 구체적으로 기재해주시고, 선행 조건이 없다면 공란으로 두시면 됩니다. • 위 선행 조건이 충족되지 않는 이상, 투자자가 투자금을 납입하지 않더라도 회사 또는 이해관계인은 투자자에 대해 계약 위반 등 책임을 주장할 수 없습니다.
진술 및 보증 (제4조)	• 당사자들은 서로 상대방에 대해 본 조에 기재된 내용이 진실함을 확인하고 이를 보증한다는 취지의 조항입니다. • 따라서, 회사 및 이해관계인은 기재된 내용 중 사실과 다른 부분이 있다면 계약체결 이전에 해당 내용을 지체 없이 투자자에게 고지해야 합니다. • 본 계약체결 이후에 진술 및 보증 사항이 사실과 다른 것으로 드러나는 경우, 이를 보증한 당사자는 상대방에 대해 계약 위반에 따른 손해배상 책임을 부담합니다. • 진술 및 보증 사항은 본 항목에 그 내용을 추가하면 됩니다.

[4] 이해관계인의 보유 주식 처분 관련 절차 및 의무

주식처분 제한 (제5조)	• 이해관계인이 임의로 자신의 주식만을 처분하고 exit하는 경우, 회사와 이해관계가 일치하는 이해관계인이 회사 발전에 적극적으로 기여할 것을 신뢰하고 회사에 자금을 투자한 투자자는 막대한 손해를 입게 되므로 일정 범위 아래에서 이러한 주식 처분을 제한할 필요가 있습니다. • 이해관계인은 투자자의 동의가 없더라도 투자자의 우선매수권 및 동반매도권을 침해하지 않는 범위 내에서 보유 주식을 처분할 수 있으며, 그 밖에 투자자의 동의를 받으면 본 계약상의 제한규정의 적용 없이 회사 주식을 처분할 수 있습니다.
우선매수권 및 동반 매도권 (제6조, 제7조)	• 투자자는 우선매수권 및 동반매도권을 선택적으로 행사할 수 있습니다. • 투자자가 이해관계인이 통지한 거래조건에 기초해 위 권리행사 여부를 판단하므로, 위 통지조건과 다르게 제3자에게 유리한 내용으로 거래조건을 변경해 주식을 처분하는 행위는 허용되지 않습니다.

[5] 투자자의 경영 감시권

투자금의 용도 및 제한 (제8조)	• 회사 및 이해관계인이 투자금을 남용하는 것을 막기 위한 취지의 조항입니다. • 필요한 경우 회사는 투자자의 동의를 얻어 투자금을 그 밖의 목적에 사용할 수 있습니다.
투자자의 동의권 (제9조)	• 회사가 경영에 중대한 영향을 미치는 사안을 임의로 결의하는 경우 투자자는 불측의 손해를 입게 되는바, 이러한 손해를 막고자 일부 중요 사안에 한해 투자자로부터 동의를 받도록 하는 취지의 조항입니다. • 그밖에 규정되지 않은 사항에 대해, 회사는 상법 또는 정관에 규정된 바에 따라 주주총회 또는 이사회 기타 절차를 거쳐 결의하면 되며, 이때 투자자는 주주로서 주주총회에서 해당 사안에 대한 의결권을 행사할 수 있습니다.
보고 및 자료 제출 (제10조)	• 투자자가 회사의 경영 현황 등에 관한 최소한의 정보를 파악할 수 있게 하기 위함입니다. • 회사는 투자자의 구체적인 요구가 없더라도 본 조의 자료를 정해진 기한 이내에 투자자에게 제출해야 합니다.

[6] 기타 계약상 권리 및 의무

신주인수권 (제11조)	• 투자자는 자신의 판단에 따라 다음 funding round에 참여해 투자자의 지분율 희석이 발생하는 것을 막기 위한 취지의 조항입니다. 조건은 다음 funding round의 조건과 동일합니다.
스톡옵션의 부여 (제12조)	• 회사는 상법상 최대 발행 주식 총수의 10%(벤처기업육성에 관한 특별조치법상 벤처기업의 경우 최대 발행 주식 총수의 50%)까지 스톡옵션을 부여할 수 있습니다. • 스톡옵션을 부여받기 위해서는 회사에 기여한 소속 임직원 등 법률이 정한 일정 자격을 갖추고 있어야 합니다. • 회사가 스톡옵션을 부여하기 위해서는 정관에 근거 규정이 마련되어 있어야 하며, 주주총회의 결의를 거쳐 주식매수선택권부여계약을 체결하는 등 법률에 정한 절차를 이행해야 한다는 점 참조하시기 바랍니다.

퇴사 및 경업 금지 의무 (제13조)		• 이해관계인은 회사의 핵심 인력으로서 투자자가 투자를 결정하는 데 주된 고려대상이 되었을 것입니다. 투자자는 위 이해관계인이 일정 기간 동안 회사의 발전에 적극적으로 기여할 것을 신뢰하고 투자를 결정하였으므로 이러한 투자자의 신뢰를 보호하기 위한 취지의 조항입니다.
회사 및 이해관계인의 책임 (제14조)	손해배상에 대한 연대 책임	• 본 계약상 손해배상의무는 회사 또는 이해관계인이 본 계약상 의무를 위반한 경우(진술 및 보증 위반 포함)에 발생해, 진술 및 보증에 명시되어 있지 않는 이상 단순한 경영 부진에 대해는 손해배상의무가 발생하지 않습니다. • 이러한 손해배상 책임 규정은 실제로 위 조항에 근거해 투자자가 손해배상을 청구할 수 있는 근거로서의 기능도 하지만, 그에 앞서 회사 및 이해관계인이 본 계약을 위반하지 않도록 유의하겠다는 경계의 의사를 표명하는 의미도 있습니다. • 다만, 실제로 손해의 발생 또는 책임 있는 사유가 없음에도 회사 또는 이해관계인이 투자자에게 손해배상책임을 부담하지는 않습니다.
	청산유사 사유 발생 시 투자금 보전의무 (보통주 유형 계약에는 적용되지 않으며, 우선주 1 및 2 유형 계약에 대해만 적용 됩니다)	• 잔여재산분배에 대한 우선권은 회사가 해산 등의 사유로 상법상 청산절차를 진행하는 경우를 전제로 한 것이어서, 실제로 청산절차보다 자주 발생하는 경영권 이전에 따른 주식 처분 등 청산유사 사유의 발생 시에 회사가 분배할 잔여재산이 존재하지 않아 투자자가 위 우선권을 통해 보호되지 않는 등의 문제가 발생할 수 있습니다. • 이러한 문제를 보완해, 청산유사 사유가 발생해 투자자가 보유주식을 처분해 취득한 금액이 청산 시에 투자자에게 보장되는 금액에 미달하는 경우, 그 차액을 이해관계인이 투자자에게 보전 지급하도록 함으로써, 청산유사 사유가 발생하는 경우에도 투자자에게 청산 시와 같은 금액의 투자금 회수를 보장하는 취지의 조항입니다.

chapter 04

요청 서류 목록

지분투자를 한 투자자와 투자기업 간에 투자계약서에 서명한 내용과 일치하지 않은 방향으로 경영상태가 움직이면 분쟁이 생긴다. 회사의 경영이 대표이사의 독단으로 인해 방만하게 경영된다면 분쟁이 일어나고 급기야는 대화로 풀 수 없는 지경에 이르게 된다. 이때 구두나 유선상으로 대화가 원만하게 되지 않으면 회사를 직접 방문해 대표이사나 이사 등 임원들에게 다음과 같은 서류의 열람·등사를 요청할 수가 있다. 그럼에도 원만하게 해결되지 않으면 법에 호소하기 위해 어쩔 수 없이 '내용증명' 우편을 보내게 되는 것이고, 이 같은 방법으로도 해결되지 않으면 소송에 임하게 되는 것이다.

요청 서류 목록

▇▇▇▇ 주식회사 귀중

주주 조■서입니다.
귀사의 주주가 되었음을 알려드리며, 모든 임,직원님들께 서면으로 인사 말씀 드립니다.
더욱 무궁한 발전을 기원 드리겠습니다.
아울러 귀사(▇▇▇▇ 주식회사)의 다음서류들을 열람,등사하고자 하오니 협조를 부탁드립니다.

---

1. 회사정관
2. 2009회계년 부터 2013회계년 까지의 정기및 임시주주총회 의사록
3. 2009회계년 부터 2013회계년 까지의 주주명부
4. 2009회계년 부터 2013회계년 까지의 이사회의사록, 비정기이사회의사록, 자금관련(은행차입금 포함) 이사회의사록
5. 2009회계년 부터 2013회계년 까지의 재무제표및 그 부속명세서, 영업보고서, 감사보고서 끝.

2014. 02. 11.

▇▇▇▇ 주식회사   주주 조 ■ 서

요청 서류 목록

요청 서류 목록은 주주라면 누구나 회사에 신청해 열람·등사를 할 수 있도록 법률로 보장하는 서류다. 주주는 이러한 권리를 적절히 행사해 회사의 경영상태에 대한 자료를 수집할 수가 있다. 특히 내부적으로 이루어지는 의사결정에 관한 자료로는 '이사회의사록'이 있다. 이사회의 안건, 경과요령, 결과, 반대한 이사와 반대이유 및 출석 이사 및 감사의 기명날인 또는 서명한 서류다. 의사결정에 참여한 임원들의 책임 소재를 밝힐 수 있는 서류이다.

주주의 이사회의사록 열람·등사 청구에 대해 회사는 이유를 붙여서 거절할 수가 있다. 그러나 이 경우에도 주주는 법원의 허가를 얻어 이사회의사록을 열람·등사할 수가 있다. 주주총회의사록은 총회의 의사에 대해 대표이사가 작성해 본점 및 지점에 비치해야 한다. 의사 과정의 요령 및 그 결과를 기재해 의장 및 출석한 이사 전원이 서명한 문서다. 주주와 채권자는 영업시간 내에 언제든지 의사록의 열람·등사를 청구할 수가 있다.

정기 주주총회 의사록

2012년 3월 30일 오전 10시00분 ▇▇▇▇ ▇▇▇ 당사 회의실에서 다음 의안을 심의하기 위하여 정기 주주총회를 개최하다

발행주식의 총수　70,000 주　　주주의 총수　5　명
출석주주수　　　 5 명　　　　 참석주주 주식수　70,000주

대표이사 ▇▇▇ 는 정관규정에 따라 의장석에 등단하여 위와 같이 법정수에 달하는 주주가 출석하였음으로 본 주주총회는 적법하게 성립되었음을 고하고 개회를 선언하다
이어 다음 의안을 부의하고 심의를 구하다

제1호 의안 : 제 19기(2011.1.1~2011.12.31)대차대조표, 손익계산서 승인의 건

의장은 제19기 대차대조표와 손익계산서를 법령 및 정관에 따라 적법하게 표시하였음을 알리고 출석 주주 전원의 찬성으로 승인을 하다.

제2호 의안 : 제19기 이익 잉여금 처분 계산서 승인의 건

의장은 제19기 이익잉여금 처분계산서 승인의 건에 대하여 현재 회사 자금 사정을 설명하고 차기로 이월할 것을 제안 한 바 다음과 같이 의결하다
　　　　 찬성의사　4명
　　　　 반대의사　1명(▇▇▇ ▇▇ 의 대리인 ▇▇▇▇▇▇)
의장은 위 의결에 의하여 이익잉여금 처분은 차기로 이월하기로 가결 되다.

제2호 의안 : 임원보수한도 승인의 건

의장은 이사 보수 한도를 6억원으로 하고 감사 보수 한도는 무보수로 할 것을 제안하고 출석주주 전원 찬성으로 가결되다

의장은 이상으로 의안 전부를 심의 종료하였으므로 폐회를 선언하다.
(회의종료시간 10 시 30 분)
위 의사의 경과요령과 결과를 명백히 하기 위하여 이 의사록을 작성하고 의장과 출석이사는 아래와 같이 기명날인하다

2012년 3 월 30 일

▇▇▇▇ 주식회사
　 의장　대 표 이 사　▇▇▇　(인)
　　　　이　　　사　　▇▇▇　(인)
　　　　이　　　사　　▇▇▇　(인)

주주총회의사록

1. 정관

회사의 조직 및 운영을 위해서 만드는 내부규칙이다.

절대적 기재사항으로 목적/상호/회사가 발행할 주식의 총수/액면주식을 발행하는 경우 1주의 금액/회사 설립 시 발행하는 주식의 총수/본점의 소재지/회사가 공고하는 방법/발기인의 성명, 주민등록번호 및 주소를 기재한다.

2. 재무제표 및 그 부속명세서

상법 제447조 재무제표의 작성을 보면 이사는 다음 서류와 그 부속명세서를 작성해 이사회의 승인을 얻어야 한다.

재무제표의 부속명세서는 재무제표의 내용을 보충하는 부속서류이며 회사가 가지고 있는 자산, 부채, 자본과 준비금 및 거래에 관한 변화를 기재한 명세서다. 기업회계 기준에서는 반드시 작성해야 하는 18개의 필요적 부속명세서(기업기준 88조1)와 필요에 따라서 임의로 작성하는 9개의 임의적 부속명세서(기업기준 88조2)로 구분한다.

기업회계기준에는 18개의 필수적 부속명세서 및 9개의 임의적인 부속명세서가 있다.

18개의 필수적 부속명세서
1. 유가증권명세서
2. 투자유가증권명세서
3. 특수관계자 간의 채권 채무명세서
4. 재고자산명세서
5. 투자부동산명세서
6. 유형자산명세서
7. 무형자산명세서
8. 단기차입금명세서
9. 장기차입금명세서
10. 사채명세서
11. 채무보증명세서
12. 충당금명세서 및 퇴직급여충당금명세서
13. 제조원가명세서
14. 매출액명세서
15. 매출원가명세서
16. 판매비 및 판매관리비명세서
17. 감가상각비명세서
18. 잉여금명세서

* 9개의 임의적 부속명세서
1. 현금 및 현금등가물명세서
2. 매출채권명세서
3. 대여금명세서
4. 기타의 당좌자산명세서

5. 투자자산명세서
6. 투자자산처분명세서
7. 유형자산처분명세서
8. 매입채무명세서
9. 수선비명세서

재무제표는 대차대조표, 손익계산서, 이익잉여금처분계산서 3가지 서류다. 대표이사는 매 결산기에 재무제표(제447조) 및 영업보고서(상법 제447조의2)를 작성해 이사회의 승인을 얻어야 한다.

유형고정자산명세서

부속명세서 (단위 : 원)

계정과목	기초가액	기중증가	기중감소	기말잔액	감가상각충당금	차인잔액
토 지	1,134,217,046			1,134,217,046		1,134,217,046
건 물	6,725,354,560	70,000,000		6,795,354,560	2,116,170,279	4,679,184,281
구 축 물	112,060,001			112,060,001	44,118,591	67,941,410
기계장치	2,168,110,328	8,877,400		2,176,987,728	1,984,009,423	192,978,305
차량운반구	465,489,275	62,400,978	27,461,471	500,428,782	427,920,362	72,508,420
공구와기구	701,232,575	2,900,000		704,132,575	696,716,325	7,416,250
비 품	209,503,381	10,400,000		219,903,381	203,432,244	16,471,137
합 계	11,515,967,166	154,578,378	27,461,471	11,643,084,075	5,472,367,224	6,170,716,849

주식회사

부속명세서 중 유형자산명세서

3. 영업보고서

영업보고서는 회사의 목적, 사업의 내용, 영업소 등 사업의 개요와 당해 영업연도 및 과거 3년간의 영업 실적 기타 영업에 관련된 주요 사항을 기재하는 서류다.

> **제447조의2(영업보고서의 작성)**
> ① 이사는 매 결산기에 영업보고서를 작성해 이사회의 승인을 얻어야 한다.
> ② 영업보고서에는 대통령령이 정하는 바에 의해 영업에 관한 중요한 사항을 기재해야 한다.[본조신설 1984.4.10.]

재무제표와는 달리 영업의 상황을 문장의 형식으로 기재해 보고하는 서류를 말한다. 이사는 이사회의 승인을 얻은 영업보고서를 주주총회에 보고해야 하며, 정기주주총회의 1주간 전부터 재무제표와 마찬가지로 비치해야 한다. 주주총회의 각각 안건 승인 전에 개회 후 통상 감사보고, 영업보고를 진행한다.

영업보고서 기재사항은 대통령령이 정하는 바에 의해 작성해야 한다.
① 회사의 목적 및 중요한 사업 내용, 영업소·공장 및 종업원의 상황과 주식·사채의 상황
② 해당 영업연도의 영업 경과 및 성과(자금조달 및 설비투자의 상황을 포함한다)

③ 모회사와의 관계, 자회사의 상황, 그 밖에 중요한 기업결합의 상황
④ 과거 3년간의 영업성적 및 재산상태의 변동상황
⑤ 회사가 대처할 과제
⑥ 해당 영업연도의 이사·감사의 성명, 회사에서의 지위 및 담당 업무 또는 주된 직업과 회사와의 거래관계
⑦ 상위 5인 이상의 대주주(주주가 회사인 경우에는 그 회사의 자회사가 보유하는 주식을 합산한다), 그 보유주식 수 및 회사와의 거래관계, 해당 대주주에 대한 회사의 출자 상황
⑧ 회사, 회사와 그 자회사 또는 회사의 자회사가 다른 회사의 발행 주식 총수의 10분의 1을 초과하는 주식을 가지고 있는 경우에는 그 주식 수, 그 다른 회사의 명칭 및 그 다른 회사가 가지고 있는 회사의 주식 수
⑨ 중요한 채권자 및 채권액, 해당 채권자가 가지고 있는 회사의 주식 수
⑩ 결산기 후에 생긴 중요한 사실
⑪ 그 밖에 영업에 관한 사항으로서 중요하다고 인정되는 사항

상법 제447조의2(영업보고서의 작성)에 의거해 이사는 매 결산기에 영업보고서를 작성해 이사회의 승인을 얻어야 한다. 또한, 상법 제447조의3에 의거해 이사는 재무제표 및 영업보고서를 정기주주총회 6주 전에 감사에게 제출하도록 되어 있다.

감사는 이 서류를 받은 날로부터 4주간 내에 감사보고서를 작성해 대표이사에게 제출해야 한다.(상법 447조4항1)

4. 감사보고서

감사보고서는 감사방법의 개요 등 10개 사항을 반드시 기재해야 한다.(상법 447의4 감사보고서)

제447조의4(감사보고서)

① 감사는 제447조의3의 서류를 받은 날부터 4주 내에 감사보고서를 이사에게 제출해야 한다.

② 제1항의 감사보고서에는 다음 각 호의 사항을 적어야 한다.

  1. 감사방법의 개요
  2. 회계장부에 기재될 사항이 기재되지 아니하거나 부실기재된 경우 또는 대차대조표나 손익계산서의 기재 내용이 회계장부와 맞지 아니하는 경우에는 그 뜻
  3. 대차대조표 및 손익계산서가 법령과 정관에 따라 회사의 재무상태와 경영성과를 적정하게 표시하고 있는 경우에는 그 뜻
  4. 대차대조표 또는 손익계산서가 법령이나 정관을 위반해 회사의 재무상태와 경영성과를 적정하게 표시하지 아니하는 경우에는 그 뜻과 이유
  5. 대차대조표 또는 손익계산서의 작성에 관한 회계방침의 변경이 타당한지 여부와 그 이유
  6. 영업보고서가 법령과 정관에 따라 회사의 상황을 적정하게 표시하고 있는지 여부
  7. 이익잉여금의 처분 또는 결손금의 처리가 법령 또는 정관에 맞는지 여부

> 8. 이익잉여금의 처분 또는 결손금의 처리가 회사의 재무상태나 그 밖의 사정에 비추어 현저하게 부당한 경우에는 그 뜻
> 9. 제447조의 부속명세서에 기재할 사항이 기재되지 아니하거나 부실기재된 경우 또는 회계장부·대차대조표·손익계산서나 영업보고서의 기재 내용과 맞지 아니하게 기재된 경우에는 그 뜻
> 10. 이사의 직무수행에 관해 부정한 행위 또는 법령이나 정관의 규정을 위반하는 중대한 사실이 있는 경우에는 그 사실
>
> ③ 감사가 감사를 하기 위해 필요한 조사를 할 수 없었던 경우에는 감사보고서에 그 뜻과 이유를 적어야 한다.

- 대표이사는 정기총회 회일 1주간 전부터 재무제표와 영업보고서 및 감사보고서를 본점에 5년간, 지점에 3년간 비치해야 한다.(상법 448조1항)
- 주주와 회사 채권자는 영업시간 내에 언제든지 이들 서류를 열람할 수가 있으며 회사가 정한 비용을 지급하고 그 서류의 등본이나 초본의 교부를 청구할 수가 있다.(상법 제448조2항)
- 대표이사는 재무제표에 대한 주주총회의 승인을 얻은 때에는 지체 없이 대차대조표, 영업보고서, 감사보고서를 공시해야 한다.(상법 제449조3항)
- 정기주주총회에서 재무제표의 승인을 한 후 2년 내에 다른 결의가 없으면 회사는 이사와 감사의 책임을 해제한 것으로 본다. 그러나 이사 또는 감사의 부정행위에 대하여는 그러하지 아니하다.(상법 제450조)

chapter 05
정관 등 열람·등사 청구의 소

    정관, 주주총회의사록, 영업보고서, 감사보고서, 재무제표 등의 서류를 주주 누구에게나 열람·등사를 허용하는 것은 주주의 정보접근권을 보장하기 위함이다. 그러나 이러한 법률 규정에도 불구하고 실무에서는 열람·등사 목적의 정당성이 요구된다. 소가는 1억 원이고 인지대 455,000원이다. 송달료는 3,700원으로 15회를 지불해야 한다. 보통 1심 판결까지는 4~6개월 정도 걸린다.

정관 등 열람·등사 청구의 소

원고: 조○○

피고: ○○○○ (주)대표이사 권○○

정관 등 열람·등사 청구의 소

* 목적물의 가액: 100,000,000원
* 인지대: 455,000원
* 송달료: 3,700원×2인×15회 = 111,000원
* 부본 1부

○○지방법원 귀중

정관 등 열람·등사 청구의 소

원고: 조○○ ☎ 010-○○○○-○○○○
　　　○○시

피고: ○○○○(주) 대표이사 권○○ ☎ 010-○○○○-○○○○

*목적물의 가액: 100,000,000원

정관 등 열람·등사 청구의 소

청구 취지

1. 피고회사는 정관, 2009회계년부터 2013회계년까지의 정기주주총회의사록 및 임시주주총회의사록, 재무제표 및 그 부속명세서, 영업보고서, 감사보고서를 피고회사의 영업시간 내에 한하여 원고 또는 원고가 지정하는 대리인에게 열람·등사(영상촬영 및 컴퓨터 USB 등사 포함) 등을 하도록 허용해야 한다.
2. 청구비용은 피고의 부담으로 한다.

라는 재판을 구합니다.

청구 이유

1. 원고 및 피고에 대한 설명

(1) 원고가 피고로 적시한 ○○○○(주)는 현재 ○○시에 소재하고 있습니다.

(2) 그리고 원고는 주식 투자계약에 의해서 ○○○○(주)의 발행 주식 7,400주(총발행 주식의 7.4%) 투자하고 2013.12.05. 명의개서를 통하여 ○○○○(주)의 주주가 되었습니다.

(3) ○○○○(주)는 2001.08.23. 정보통신공사업, 전기공사업, 정보통신공사 및 시설설계시공감리업 등을 사업목적으로 설립하여 경영하는 비상장회사입니다.(갑제1호증)

2. 피고의 '재무제표에 대한 부속명세서, 영업보고서, 감사보고서' 등 열람·등사 거부 사실

가) 원고는 투자계약에 의해서 ○○○○(주)의 발행 주식7,400주(지분율 7.4%)를 투자하여 2013년 12월 5일 명의개서를 통하여서 ○○○○(주)의 합법적인 주주가 되었습니다.

나) 원고는 명의개서 당시 본사에서 ○○○부사장(011-508-○○○○)에게 회사의 경영 파악을 위하여 '1차 요청 서류'를 제출하였습니다.(갑제2호증) 그 이후 대표이사는 요청 서류 중 몇 가지를 2014.01.09. 우편으로 주주에게 보내 주었습니다.

다) 그러나 주주가 요청한 서류 중 감사보고서 및 영업보고서는 전혀 보내주지도 않았습니다. 또한 부속명세서도 일부만 자신이 필요한 부분만을 골라내서 유리한 부분만을 보내주었습니다. 정식 부속명세서라면 다음에 열거하는 부속명세서를 보내주어야 합니다. 그러나 피고는 거의 모

두를 생략하고 몇 가지만 간략하게 적힌 부속명세서만을 보내주었습니다.

라) 주주가 2009회계년부터 2013회계년까지의 재무제표 및 그 부속명세서, 영업보고서, 감사보고서 등을 열람·등사를 요청하는 것은 앞으로 회사의 발전을 위하여 회계의 투명성을 검토하려고 합니다. 특히 재무제표의 '부속명세서'인 유가증권명세서, 투자유가증권명세서, 특수관계자 간의 채권·채무명세서, 재고자산명세서, 투자부동산명세서, 유형자산명세서, 무형자산명세서, 단기차입금명세서, 장기차입금명세서, 사채명세서, 채무보증명세서, 충당금명세서, 제조원가명세서, 매출액명세서, 매출원가명세서, 판매비와관리비명세서, 감가상각비명세서, 잉여금명세서, 매출채권명세서, 대여금명세서, 기타의 당좌자산명세서, 투자자산명세서, 투자자산처분명세서, 유형자산처분명세서, 매입채무명세서, 수선비명세서를 열람·등사 할 수 있도록 요청하는 것입니다.

마) 그러나 원고는 보내준 메모 형식의 부속명세서를 살펴본 결과 '공사미수금 명세서', 즉 매출채권은 2009년, 2010년도 것만을 등사하여 보내주는 등 선택적으로 피고회사에서 유리하게 만들어낸 부속명세서를 보낸 것을 발견하였습니다. 특히 2010년도 매출채권은 420,725,442원이며 2011년도 매출채권은 무려 741,923,593원입니다. 이러한 중요사항들을 일부러 누락시키고 자신이 유리한 부분만을 복사하여 보내었던 것입니다.

바) 그래서 주주는 '1차 통지서'(갑제3호증) 및 '2차 통지서'(갑제4호증)를 보내고 수차례 방문 및 전화통화로 피고회사에 요청하였으나 회사로부터 별다른 성의 있는 답변이 없어서 본 청구를 제기하기에 이른 것입니다.

3. 부속명세서 등 열람·등사 이유

가) 피고로부터 받은 '부속명세서'로는 대차대조표의 내용을 정확하게 파악할 수가 없습니다. 재정상태 및 경영의 투명성에 대해 심각한 상태이기에 서류들의 열람·등사를 구하는 것입니다.

나) 투자계약서에 의해서 ○○○○(주)의 주식에 투자하면서 주주는 어떠한 회사의 회계 관련 서류 및 경영에 관하여 언급된 서류(주주총회의사록포함)들의 수령 사실이 없고, 다만 주식을 매수하여 투자하기에 적합한 회사라는 최소한의 사실만을 알고 매수하기에 이르렀습니다.

다) 회사와 주주는 서로 회사의 이익을 위하여 협력해야 하는 관계입니다. 그러나 이러함에도 불구하고 이처럼 주주가 되어 처음으로 대표이사에게 부속명세서 등의 열람·등사를 요청하여도 거부만 하고 있습니다. 비상장회사는 그 특성상 회사에서 주주에게 관계 서류를 열람·등사하여 주고 상세히 주주에게 회사의 사정 등을 알려주지 않으면 경영의 약자인 소수 주주로서는 어떠한 방법을 취하여도 회사에 관한 정보를 얻을 길이 막혀있습니다.

라) 재산을 ○○○○(주)에 투자하고도 경영에 관하여 폐쇄적이고, 비밀에 부치고 있어 아무런 정보도 얻지 못하여 지금 주주는 매우 불안한 심정입니다. 그래서 법에서 소수 주주를 보호하여 주지 않으면 더 이상 호소할 곳이 없어 어떻게 해야 할지 난감한 상황입니다. 그리고 최소한의 서류를 요청하여도 주주를 완전히 무시하는 대표이사의 행동은 잘못된 것이라 생각합니다.

마) 피고가 열람·등사를 거부한 부속명세서 등은 동 회사의 재무제표의 투명성의 문제점들을 검증하기 위하여 반드시 필요한 것입니다. 그럼에도 불구하고 동 회사가 원고

의 정당한 권리행사를 거부함으로써 원고는 앞으로 주주로서의 권한을 행사하는 데 있어서 상당한 애로를 겪게 되었습니다.

4. 관련 규정의 검토

가) 재무제표의 부속명세서 등의 요청은 아래와 같이 상법에 의해서 당연히 주주에게 부여된 권리입니다.

* **제396조 (정관 등의 비치, 공시의무)** ① 이사는 회사의 정관, 주주총회의 의사록을 본점과 지점에, 주주명부, 사채원부를 본점에 비치해야 한다. 이 경우 명의개서대리인을 둔 때에는 주주명부나 사채원부 또는 그 복본을 명의개서대리인의 영업소에 비치할 수 있다.
② 주주와 회사 채권자는 영업시간 내에 언제든지 제1항의 서류의 열람 또는 등사를 청구할 수 있다.
* 재무제표 및 그 부속명세서, 영업보고서, 감사보고서 비치·공시(상법 제448조의1) ➡ 정기총회회일의 1주간 전부터 본점에 5년간, 그 등본을 지점에 3년간 비치·공시

나) 이처럼 상법이 주주에게 이러한 권리를 인정한 것은 부속명세서 등의 서류는 주주로서의 권리를 행사하는 데 필수적인 자료가 되기 때문입니다. 그에 따라 상법은 아무런 제한 없이 주주가 부속명세서 등의 열람·등사를 청구할 수 있도록 보장해 놓았습니다. 그런데 위 ○○○○(주)는 아무런 정당한 이유도 없이 원고의 권리를 무시함으로써 상법을 위반하였습니다. 폐쇄적인 경영을 하며 아무런 정당한 이유도 없이 경영의 약자이며 소수 주주인 원고의 권리를 무시함으로써 주주의 정당한 권리를 침해한 것이므로 본 청구를 합니다.

5. 결론

이상에서 살펴본 것처럼, 위 ○○○○(주)는 원고에게 부속명세서 등에 대한 열람·등사를 거절하고 있습니다. 그래서 적법한 기업운영과 건실한 기업문화 형성을 위해 사법권의 엄정한 행사를 하여 주실 것을 요청 드리면서 이 사건의 청구에 이르렀습니다. 원고는 주주의 정당한 권리로서 영업시간 내에 피고 회사의 2009회계년부터 2013회계년까지의 재무제표에 대한 부속명세서, 영업보고서, 감사보고서를 주주의 권리로서 상법 제396조 규정에 의하여 청구합니다.

입증 방법

1. 갑제1호증 ○○○○(주) 법인등기부등본 1부
2. 갑제2호증 1차 요청 서류 1부
3. 갑제3호증 1차 통지서 1부
4. 갑제4호증 2차 통지서 1부
5. 갑제5호증 투자계약서 1부
6. 갑제6호증 실물주권(앞, 뒤)

첨부 서류

1. 위 입증방법 각 1통

20○○. ○○. ○○
위 원고   조○○ ㊞

○○지방법원 귀중

답 변 서

사 건   2014가합10■■ 정관등 열람·등사 청구
원 고   조■서
피 고   한국■■■ 주식회사
        대표이사 이■■

위 사건에 관하여 피고의 소송대리인은 다음과 같이 답변합니다.

청구취지에 대한 답변

1. 원고의 청구를 기각한다.
2. 신청비용은 원고가 부담한다.

라는 판결을 구합니다.

'정관 등 열람·등사 청구의 소' 답변서

이 같은 소송은 보통은 합의부 사건으로 보통 약 4~6개월 정도 시간이 걸린다. 투자자가 원고가 되고 회사가 피고가 되는데 보통 투자자인 원고가 거의 승소한다.

소송 진행 사항은 대법원의 '나의 사건 검색'을 보면 알 수 있다. 네이버 포털 사이트에 '나의 사건 검색'이라고 넣으면 아래와 같이 바로 검색된다.

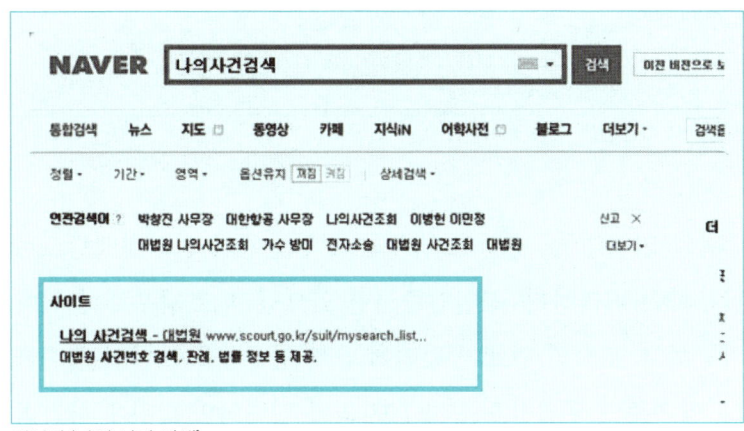
네이버 '나의 사건 검색'

사건번호를 알면 법원명을 찾고 원고의 이름을 넣으면 바로 검색이 된다. '사건검색결과저장' 난에 클릭하면 찾을 때마다 입력하지 않아도 바로 검색할 수 있게 내 사건이 저장된다. 물론 핸드폰으로도 검색된다.

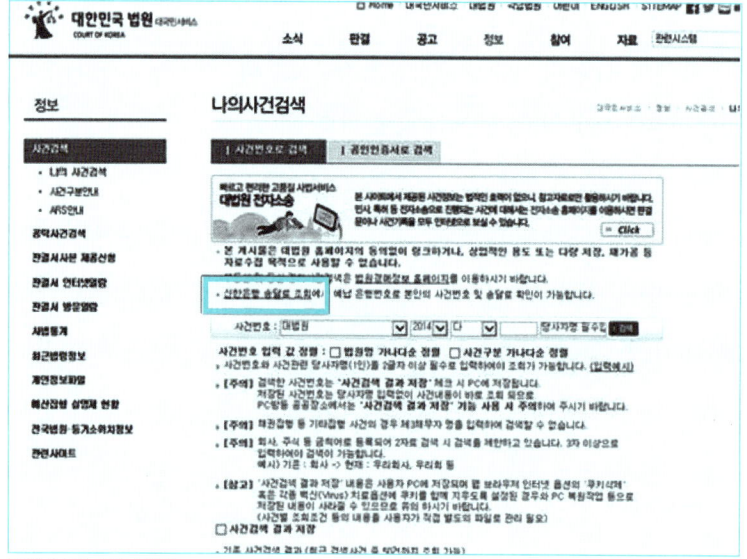

법원 '나의 사건 검색'

    법원 인지대 및 송달료 납부는 신한은행의 인터넷뱅킹으로 납부하면 편리하다. 공인인증서만 있으면 바로 납부해 출력이 가능하고, 소장의 겉표지 뒷면에 납부 영수증을 붙여서 제출한다. 영수증의 은행번호 숫자 10자리를 입력하면 법원에 사건번호를 전화로 묻지 않아도 컴퓨터에서 바로 사건번호를 알 수가 있다.

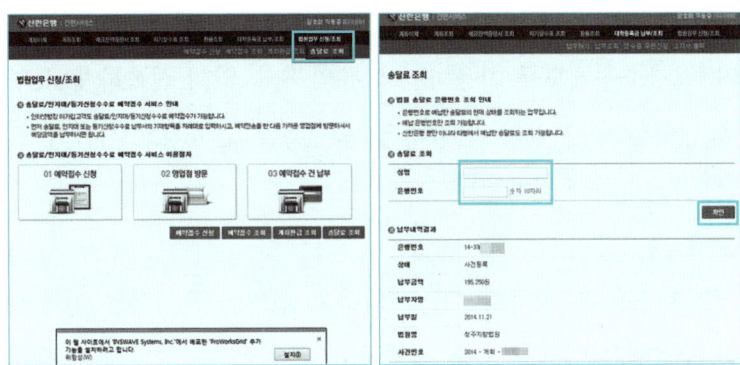

송달료 조회 화면

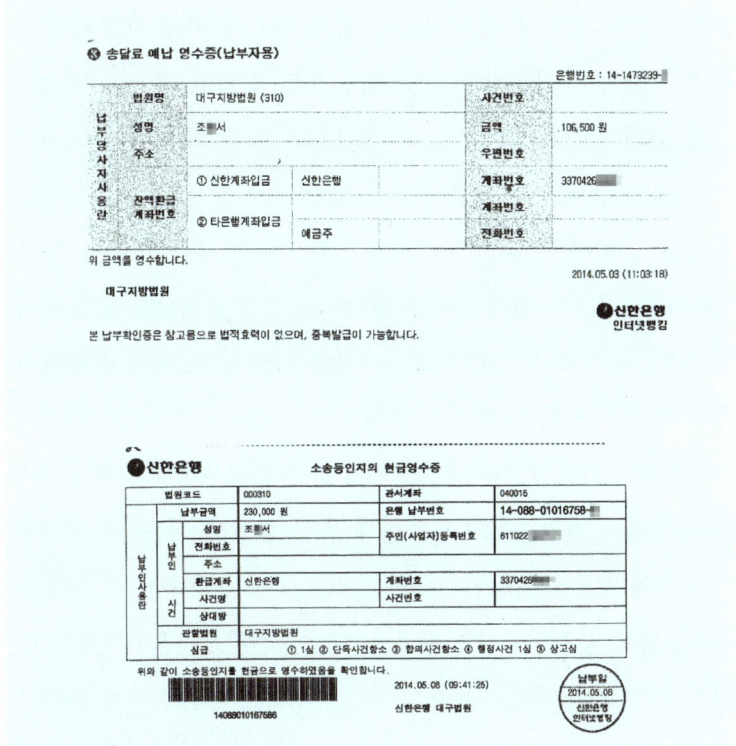

법원 인지대 및 송달료 납부 영수증

PART 02 개인투자조합 운영   151

사건의 접수는 법원을 직접 방문하지 않아도 우편으로 가능하며, 전자소송제도를 이용하면 서류의 제출 없이 신속하게 소송을 진행할 수가 있다. 인지대 및 송달료도 절약되고 재판이 조금 더 신속하게 진행된다.

'전자소송'은 형사사건을 제외하고 법원이 운영하는 전자소송 시스템을 이용해 소를 제기하고 소송절차를 진행하는 재판방식을 말하는데, 전자소송에 의한 소송의 경우 소송절차는 기본적으로 기존의 일반 민사소송 절차 방식에 의해 진행된다. 일반 민사소송 사건은 전부 전자소송으로 진행할 수 있으며 전자소송 홈페이지에서 '전자소송 사건등록'을 통해 이용 가능하다.

이 제도를 이용하면 온라인을 통한 신속한 재판이 가능하고 법원을 방문하지 않고도 인터넷으로 소송서류를 제출할 수 있으며 개인정보와 전자문서가 첨단기술로 보호되므로 안심할 수도 있다. 종이 대신 인터넷으로 하는 소송이므로 사회경제적 비용도 절감하는 등의 장점이 있다.

사용자의 실명확인과 법원에 제출하는 전자문서에 대한 전자서명을 위해, 공인인증서가 필요한데 은행, 증권사, 신용카드사 등에서 기존에 발급받은 공인인증서를 그대로 사용할 수 있다. 그 밖에 전자소송용 공인인증서를 발급받아 법원 전자소송을 이용할 수도 있다. 다만 인증서에는 유효기간이 존재하므로 유효기간 만료 전에 반드시 인증서를 갱신해 이용에 제한이 없도록 유의해야 한다.

가정과 사무실에서 인터넷을 이용해 직접 소장과 증거 등 소송서류를 제출할 수 있고 상대방이 소송서류를 제출한 경우 전자우편과 문자메시지를 통해 서류가 제출된 사실을 통지받고 즉시 법원 전자소송홈페이지에 접속해 확인할 수 있다. 내 사건이 어떻게 진행되고 있는지 실시간으로 확인하고 자신의 컴퓨터로 기록 열람, 발급할 수 있다.

전자소송제도의 장점
- 전자문서에 의한 사건처리와 온라인 송달로 인해 신속한 재판을 받을 수 있다.
- 법원을 방문할 필요가 없어 편리하다.
- 소송 정보를 인터넷으로 공유할 수 있어 신뢰성이 보장된다.
- 첨단기술을 통해 개인정보 유출을 방지해 안전하다.
- 종이 없는 소송이기 때문에 친환경적이다.

전자소송의 준비 절차
- 공인인증서 발급
- 대법원 인터넷상에서의 회원가입
- 전자소송에 동의
- 전자문서 준비
- 전자소송이용(소장제출)

다음 자료들이 소송 후 원고가 승소한 판결문이다.

사건번호	2014가합▨	사건명	정관등 열람,등사 청구
원고	조▨	피고	▨ 주식회사
재판부	제11민사부(나)		
접수일	2014.05.09	종국결과	2014.08.21 원고승

진행내용

일자	내용	결과	공시문
2014.05.09	소장접수		
2014.05.16	피고 ▨ 주식회사에게 소장부본/소송안내서/답변서요약표 송달	2014.05.21 도달	
2014.05.23	원고 조▨에게 변론기일통지서 송달	2014.05.29 도달	
2014.05.23	피고 ▨ 주식회사에게 변론기일통지서 송달	2014.05.28 도달	
2014.06.10	피고 ▨ 주식회사 소송위임장 제출		
2014.06.10	피고대리인 ▨ 연기신청서 제출		
2014.06.12	피고대리인 박▨ 도▨ 손▨ 답변서 제출		
2014.06.17	변론기일(법정동 24호 10:20)	속행	
2014.07.16	피고대리인 박▨ 도▨ 준비서면 제출		
2014.07.18	원고 조▨ 준비서면 제출		
2014.07.22	변론기일(법정동 24호 14:00)	변론종결	
2014.08.04	원고 조▨ 준비서면 제출		
2014.08.05	피고 소송대리인 법무법인 ▨ 담당변호사 박▨ 도▨에게 준비서면부본(14.08.04.자) 송달	2014.08.07 도달	
2014.08.21	판결선고기일(법정동 24호 14:00)	판결선고	
2014.08.21	종국 : 원고승		
2014.08.25	원고 조▨에게 판결정본 송달	2014.08.27 도달	
2014.08.25	피고 소송대리인 법무법인 ▨ 담당변호사 박▨에게 판결정본 송달	2014.08.27 도달	
2014.09.05	피고 ▨ 주식회사 항소		
2014.09.05	피고대리인 박▨ 도▨ 항소장 제출		
2014.09.11	보정명령(항소장)		
2014.09.12	피고 소송대리인 법무법인 ▨ 담당변호사 박▨ 도▨에게 보정명령(항소장) 등본 송달	2014.09.16 도달	
2014.09.22	피고 ▨ 주식회사 보정서 제출		

■■지방법원

제11민사부

판결

사　건	2014가합40■■ 정관등 열람, 등사 청구
원　고	조■서
	서울 ■■■■■■■■■■■■■■
피　고	한국■■■ 주식회사
	■■■■■■■■■■■■■■
	대표이사 ■■■
	소송대리인 법무법인 ■■
	담당변호사 ■■■ ■■
변론종결	2014. 7. 22.
판결선고	2014. 8. 21.

주　문

1. 피고는 원고 또는 원고가 지정하는 대리인에게 피고의 ① 정관, ② 2009 회계년부터 2013 회계년까지의 정기주주총회의 의사록 및 임시주주총회의 의사록, ③ 감사보고서, ④ 영업보고서, ⑤ 재무제표의 부속명세서를, 피고의 영업시간 내에 각 열람 및 등사(영사촬영 및 컴퓨터 USB 등사 포함)를 하게 하라.

2. 소송비용은 피고가 부담한다.

청 구 취 지

주문과 같다.

이 유

1. 기초사실

가. 피고는 ███████ 판매 및 제조업, 수출입업 등을 목적으로 하는 주식회사이고, 원고는 피고 발행주식의 총수의 3.0003%에 해당하는 2,100주를 보유하고 있는 주주이다.

나. 원고는 2014. 2. 11.부터 2014. 4. 14.까지 수회에 걸쳐 피고에게 피고의 ① 정관, ② 2009 회계년부터 2013 회계년까지의 정기주주총회의 의사록 및 임시주주총회의 의사록, ③ 감사보고서, ④ 영업보고서, ⑤ 재무제표의 부속명세서 등의 열람·등사를 요청하였으나, 피고는 현재까지 이에 응하지 아니하고 있다.

다. 관련 상법 규정

> **상법**
> **제396조(정관 등의 비치, 공시의무)**
> ① 이사는 회사의 정관, 주주총회의 의사록을 본점과 지점에, 주주명부, 사채원부를 본점에 비치하여야 한다. 이 경우 명의개서대리인을 둔 때에는 주주명부나 사채원부 또는 그 복본을 명의개서대리인의 영업소에 비치할 수 있다. <개정 1984.4.10, 1999.12.31>
> ② 주주와 회사채권자는 영업시간 내에 언제든지 제1항의 서류의 열람 또는 등사를 청구할 수 있다.

> **제448조(재무제표 등의 비치·공시)**
> ① 이사는 정기총회회일의 1주간 전부터 제447조 및 제447조의2의 서류와 감사보고서를 본점에 5년간, 그 등본을 지점에 3년간 비치하여야 한다.
> ② 주주와 회사채권자는 영업시간 내에 언제든지 제1항의 비치서류를 열람할 수 있으며 회사가 정한 비용을 지급하고 그 서류의 등본이나 초본의 교부를 청구할 수 있다.
>
> **제447조(재무제표의 작성)**
> ① 이사는 결산기마다 다음 각 호의 서류와 그 부속명세서를 작성하여 이사회의 승인을 받아야 한다.
>   1. 대차대조표
>   2. 손익계산서
>   3. 그 밖에 회사의 재무상태와 경영성과를 표시하는 것으로서 대통령령으로 정하는 서류
>
> **제447조의 2(영업보고서의 작성)**
> ① 이사는 매결산기에 영업보고서를 작성하여 이사회의 승인을 얻어야 한다.
> ② 영업보고서에는 대통령령이 정하는 바에 의하여 영업에 관한 중요한 사항을 기재하여야 한다.

[인정근거] 다툼 없는 사실, 갑 제1 내지 7호증의 각 기재, 변론 전체의 취지

2. 판단

가. 청구원인에 대한 판단

상법 제396조, 제448조, 제447조, 제447조의2에 의하면, 피고는 주주인 원고에게 원고가 구하는 바에 따라 피고의 ① 정관, ② 2009 회계년부터 2013 회계년까지의 정기주주총회의 의사록 및 임시주주총회의 의사록, ③ 감사보고서, ④ 영업보고서, ⑤ 재무제표의 부속명세서를 피고의 영업시간 내에 각 열람·등사하게 할 의무가 있다.

나. 피고의 주장에 대한 판단

1) 피고 주장의 요지

원고는 ▒로 나온 피고의 주식을 저가로 매입하여 이를 다시 피고의 관계자들에게 고가에 되팔려고 하는 목적을 가지고 피고의 주식을 매수하였으나, 피고의 관계자들이 원고의 제의를 거절하자, 소수주주권을 악용하여 피고의 경영진을 압박하여 피고의 관계자들이 원고 소유의 주식을 고가로 매입하게 하기 위하여 이 사건 소를 제기한 것으로 이는 권리남용에 해당하므로 위 각 서류에 대한 열람·등사는 불허되어야 한다.

2) 판단

위 각 서류에 대한 주주의 열람·등사청구권을 규정한 위 각 상법 규정은 열람·등사를 거부할 수 있는 예외 사유를 전혀 두지 않고 있고, 달리 이를 거부할 정당한 사유를 찾을 수 없다.

또한 을 제1호증의 1, 2, 제2, 3, 4호증의 각 기재만으로는 피고의 주장과 같이 원고가 부당한 목적으로 위 각 서류에 대한 열람·등사 청구를 하였다고 인정하기에 부족하고 달리 이를 인정할 증거가 없다.

따라서, 피고의 위 주장은 이유 없다.

3. 결론

그렇다면, 원고의 청구는 이유 있어 이를 모두 인용하기로 하여, 주문과 같이 판결한다.

판사 정■혜 정■혜 (印)

판사 오■석 오■석 (印)

정본입니다.

2014. 8. 22.

■■■지방법원

법원주사 김■광

판결에 불복이 있을 때에는 이 정본을 송달받은 날(발송송달의 경우에는 발송한 날)부터 2주 이내에 상소장을 이 법원에 제출하여야 합니다(민사소송법 제71조의 보조참가인의 경우에는 피참가인을 기준으로 상소기간을 계산함에 유의).

※ 각 법원 민원실에 설치된 사건검색 컴퓨터의 발급번호조회 메뉴를 이용하거나, 담당 재판부에 대한 문의를 통하여 이 문서 하단에 표시된 발급번호를 조회하시면, 문서의 위,변조 여부를 확인하실 수 있습니다.

피고가 1심 판결에 불복, 고등법원에 항소한 내용이다.

항 소 이 유 서

사　　　건　　2014나■■■ 정관등 열람,등사 청구
원고(피항소인)　　조■■
피고(항 소 인)　　■■■■ 주식회사

위 사건에 대하여 피고의 소송대리인은 다음과 같이 항소이유를 개진합니다.

다　음

1. 주주의 주주총회의사록 및 재무제표 등의 열람 청구는 주주로서의 권리로 이와 같은 권리는 우리 상법에서 규정된 것으로 정당한 주주에게 법적으로 보장되는 것은 분명합니다만 그 주주가 주식을 취득한 경위나 목적을 비추어 볼 때 오로지 회사의 업무를 방해하고 주주 개인의 이득만을 취하고자 하는 경우에는 그 중 일부에 대한 제한은 사안에 따라 독립적으로 달리 판단하여야 될 필요가 있습니다.

- 1 -

고등법원의 변론 기일에 피고 측에서 재판부에 조정 신청을 했지만 조정이 되지 않아 조정 결정이 취소된 결정문이다.

■■고등법원

결 정

사 건   2014나■■■ 정관등 열람,등사 청구
원고(피항소인)   ㅋ■■
피고 (항소인)   ■■■■ ■ 주식회사

주 문

이 사건 2015. 4. 21. 15:00 조정위원회회부 및 조정위원지정 결정을 취소한다.

2015. 4. 17.

재판장 판사   이■■

판 사   이■■

판 사   권■■

피고가 1심 판결에 불복, 고등법원에 항소했지만, 기각 판결로 패소한 판결문이다.

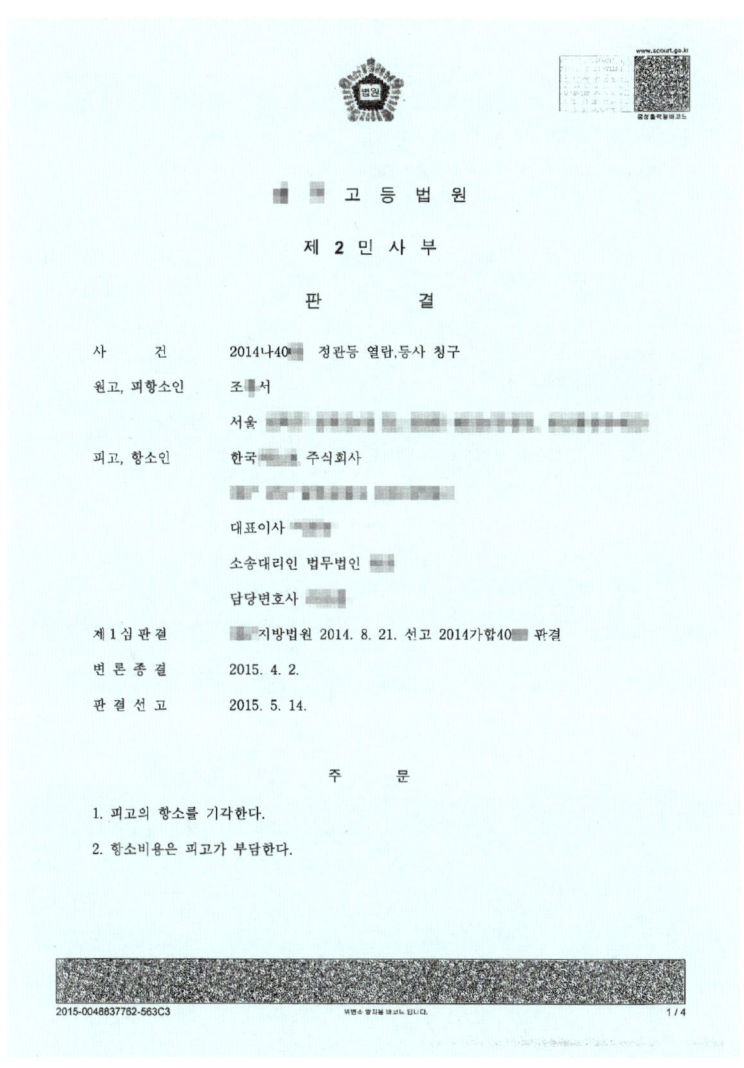

청구취지 및 항소취지

1. 청구취지

피고는 원고 또는 원고가 지정하는 대리인에게 피고의 ① 정관, ② 2009 회계년부터 2013 회계년까지의 정기주주총회의 의사록 및 임시주주총회의 의사록, ③ 감사보고서, ④ 영업보고서, ⑤ 재무제표의 부속명세서를 피고의 영업시간 내에 각 열람 및 등사(영사촬영 및 컴퓨터 USB 등사 포함)를 하게 하라.

2. 항소취지

제1심 판결을 취소한다. 원고의 청구를 기각한다.

이 유

1. 제1심 판결이유의 인용

이 법원이 이 사건에 관하여 설시할 이유는 제1심 판결의 해당란 이유 부분 기재와 같으므로, 민사소송법 제420조 본문에 의하여 이를 그대로 인용한다.

2. 결론

그렇다면, 원고의 이 사건 청구는 이유 있어 이를 인용하여야 할 것인바, 제1심 판결은 이와 결론을 같이하여 정당하므로, 피고의 항소는 이유 없어 이를 기각하기로 하여 주문과 같이 판결한다.

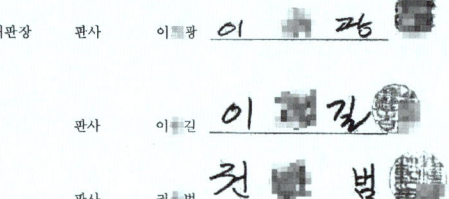

정본입니다.

2015. 5. 15.

■■고등법원

법원사무관 정■식

판결에 불복이 있을 때에는 이 정본을 송달받은 날(발송송달의 경우에는 발송한 날)부터 2주 이내에 상소장을 민사소송법 등 관계 법령에 따라 원심법원인 이 법원(대구고등법원)에 제출하여야 합니다(민사소송법 제71조의 보조참가인의 경우에는 피참가인을 기준으로 상소기간을 계산함에 유의).

※ 각 법원 민원실에 설치된 사건검색 컴퓨터의 발급번호조회 메뉴를 이용하거나, 담당 재판부에 대한 문의를 통하여 이 문서 하단에 표시된 발급번호를 조회하시면, 문서의 위,변조 여부를 확인하실 수 있습니다.

피고가 2심 판결에 불복해 대법원에 상고한 내용이다.

상 고 장

원 고 조■서
(피항소인) 서울 ■■■■■■■■■■■■■■■

피 고 한국■■■ 주식회사
(항소인) ■■■■■■■■■■■■■

대표이사 ■■■

정관등 열람,등사 청구

위 당사자 간 ■■고등법원 2014나40■ 정관등 열람,등사청구 사건에 관하여 피고는 2015. 5. 14. 선고한 판결에 불복이므로 이에 상고합니다. (상소인은 위 판결문을 2015. 5. 21. 수령하였습니다.)

제2심판결의 표시

1. 피고의 항소를 기각한다.
2. 항소비용은 피고가 부담한다.

불복정도 및 상고범위

피고는 원심판결에 관하여 전부 불복입니다.

상 고 취 지

1. 원심판결을 파기하고 이 사건을 ■■고등법원으로 환송한다.
2. 재판 비용은 원고가 부담한다.

라는 판결을 구합니다.

상 고 이 유

추후 제출하겠습니다.

첨 부 서 류

1. 상고장 부본   1통

2015. 6. 2.

상고인 한국■■ 주식회사

대 법 원   귀 중

피고가 2심 판결에 불복해 대법원에 상고했지만, 기각 판결로 패소한 판결문이다.

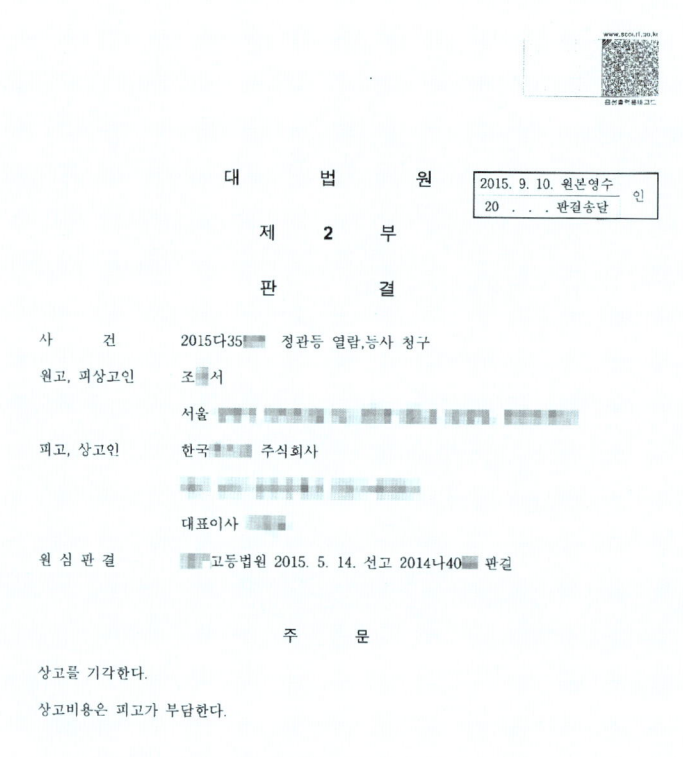

관여 대법관의 일치된 의견으로 주문과 같이 판결한다.

2015. 9. 10.

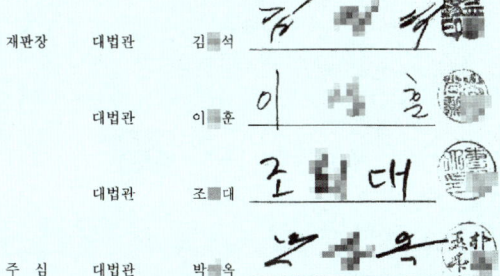

재판장	대법관	김■석
	대법관	이■훈
	대법관	조■대
주 심	대법관	박■옥

정본입니다.

2015. 9. 10.

대법원

법원사무관 이■성

※ 각 법원 민원실에 설치된 사건검색 컴퓨터의 발급번호조회 메뉴를 이용하거나, 담당 재판부에 대한 문의를 통하여 이 문서 하단에 표시된 발급번호를 조회하시면, 문서의 위,변조 여부를 확인하실 수 있습니다.

송달증명원

사　　　건 : 대법원　2015다35■■■　정관등 열람,등사 청구

원　　　고 : 조■서

피　　　고 : 한국 주식회사

증명신청인 : 원고(피상고인) 조■서

위 사건에 관하여 아래와 같이 송달되었음을 증명합니다.

피고(상고인) 한국■■■ 주식회사　2015. 9. 11.　판결정본 송달. 끝.

2015. 9. 14.

대 법 원

법원사무관 이 ■ 성　

본 증명(문서번호:민사과문서건명부 30695)에 관하여 문의할 사항이 있으시면 02-3480-■■■로 문의하시기 바랍니다.

확 정 증 명 원

사　　건 : 대법원 2015다35■■ 정관등 열람,등사 청구

원　　고 : 조■서

피　　고 : 한국■■■ 주식회사

증명신청인 : 원고(피상고인) 조■서

위 사건에 관하여 아래와 같이 확정되었음을 증명합니다.

피고(상고인) 한국■■■ 주식회사 : 2015. 9. 11. 확정. 끝.

2015. 9. 14.

대 법 원

법원사무관 이 ■ 성　

본 증명(문서번호:민사과문서건명부 30696)에 관하여 문의할 사항이 있으시면 02-3480-■■■로 문의하시기 바랍니다.

간접강제 신청

피고의 계속된 정관 등 서류의 열람·등사 거부로 인해서 원고가 신청한 '간접강제' 신청이다. 이같이 회사 측인 피고의 계속된 서류의 열람·등사 거부에 대해서 피고 측에 심리적인 압박 및 강제금을 부과해, 부과된 채무인 서류의 열람·등사를 이행하게 하는 민사집행법 제261조에 있는 규정이다. 손해금의 성격을 갖는 강제집행 방법 중 한 가지다.

간접강제 신청

채권자: 조○○

채무자: ○○주식회사   대표이사 ○○○

간접강제 신청

* 인지대: 1,000원
* 송달료: 3,700원×2인×4회 = 29,600원

○○지방법원 귀중

간접강제 신청

채권자: 조○○ ☎ 010-○○○○-○○○○
       서울시

채무자: ○○○(주) 대표이사 ○○○ ☎ 010-○○○○-○○○○

신청 취지

1. 채무자는 채권자에 대하여 2015.10.23.까지 ○○지방법원 2014가합○○○○호 '정관 등 열람·등사 청구 사건'에 대한 판결정본의 주문에 기재된 채무자 회사의 정관 및 2009회계년부터 2013회계년까지 각 회계년의 정기 및 임시 주주총회 의사록, 감사보고서, 영업보고서, 재무제표의 부속명세서 중 대손충당금명세서, 퇴직급여충당부채명세서, 매출액명세서, 매출원가명세서'를, 채무자의 영업시간 내에 각 열람 및 등사(영사촬영 및 컴퓨터 USB 등사 포함)를 하게 하라.

2. 만약 채무자가 제1항의 기간 내에 이를 이행하지 않을 때는 채권자에 대하여 손해배상으로서 위 기간이 경과한 다음 날부터 그 이행이 끝날 때까지 1일 금 5,000,000원씩에 해당하는 금원을 채권자에게 지급하라.

라는 재판을 구합니다.

신청 이유

가) 채권자와 채무자 간의 ○○지방법원 2014가합○○○○호 '정관 등 열람·등사 청구'(갑제1호증) 및 ○○고등법원 2014나○○○○호 '정관 등 열람·등사 청구'에 대한 판결(갑제2호증)에 대해서 채무자가 불복하여 대법원 2015다○○○○ '정관 등 열람·등사 청구'를 제기하였으나 채무자는 최종적으로 '심리불속행기각' 판결을 받았습니다.(갑제3호증)

이에 채권자는 채무자가 2015.09.11.에 송달받음(갑제4호증)과 2015.09.11. 확정증명원(갑제5호증)에 의하여 사건이 확정되었음을 증명합니다.

나) 채권자에 대하여 채무자 회사는 ○○지방법원 2014가합○○○○호 '정관 등 열람·등사 청구'(갑제1호증) 판결정본 주문의 기재 내용인 2009회계년부터 2013회계년까지 각 회계년의 정기 및 임시 주주총회의사록, 정관, 감사보고서, 영업보고서, 재무제표의 부속명세서를, 채무자의 영업시간 내에 각 열람 및 등사(영사촬영 및 컴퓨터 USB 등사 포함)를 하게 할 의무가 있습니다.

이에 채권자가 그 열람·등사를 요청하니 채무자 회사가 채권자에게 2015.09.23.(수) 서류의 일부만을 열람·등사하여 주었습니다.

다) 열람·등사 서류의 내용을 살펴보니 정관 및 2009회계년부터 2013회계년까지 각 회계년의 정기 및 임시 주주총회의사록, 감사보고서, 영업보고서, 재무제표의 부속명세서 중 '대손충당금명세서, 퇴직급여충당부채명세서, 매출액명세서, 매출원가명세서'가 누락되어 있었습니다.

채무자 회사는 채권자에게 상기 서류들을 공개해주지 않을 목적으로 서류의 열람 및 등사를 일부러 누락시키고, 자신들이 공개하고 싶은 내용만을 선별해 서류의 열람·등사를 허용하고 있습니다.

채무자의 이 같은 행위로 볼 때 사법부의 3번에 걸친 판결에 의해도 법의 권위를 무시하는 채무자 대표이사의 서류 열람·등사의 거부는 더 이상 법의 강력한 강제력이 동원되지 않는다면 원만하게 열람·등사가 이루어지기가 힘들 것이라고 생각합니다.

그래서 채권자의 자력으로는 더 이상 이 같은 채무자 대표이사의 열람·등사에 관한 거부를 제지하거나 원만하게 서류의 열람·등사하기는 힘든 상태이며, 서류의 열람·등사를 거부하는 대표이사에게 법의 강제력이 동원되어야 하는 심각한 상태에 이른 것입니다.

이에 채권자는 '채무자 회사'(갑제6호증)의 규모나 거부 행태로 볼 때 위 이행 지체에 대해 적어도 1일 금 5,000,000원씩의 강제력을 동원해 이행 지체 시 강제해야 할 것이라고 생각합니다. 그래서 채권자는 신청 취지의 기재와 같은 재판을 구하기 위해 이 건 신청에 이른 것입니다.

첨부 서류

1. 갑제1호증 ○○지방법원 2014가합○○○○호 판결정본사본 1통
1. 갑제2호증 ○○고등법원 2014나○○○○호 판결정본사본 1통
1. 갑제3호증 대법원 2015다○○○○○호 판결정본사본 1통
1. 갑제4호증 송달증명원 1통
1. 갑제5호증 확정증명원 1통
1. 갑제6호증 채권자 회사의 법인등기부등본 1통

20○○. ○○. ○○.

위 신청인(채권자) 조○○ (인)

○○지방법원 귀중

간접강제 신청 후 심문기일이 한 번 잡히고 난 후 나온 1심 판결문이다. 주주인 신청인이 승소한 판결문이다.

■■지 방 법 원

제 **20** 민 사 부

결 정

정본입니다.
2015.11.23
법원주사 김성수

사　　건　　2015타기■■ 간접강제

채 권 자　　조■■
　　　　　　　서울 ■■■■■■■■■■■■■■■■■■■■■■

채 무 자　　■■■■주식회사
　　　　　　　■■■■■■■■■■■■
　　　　　　　대표이사 ■■■
　　　　　　　소송대리인 법무법인 ■■ 담당변호사 ■■■

주　　문

1. 채무자는 이 결정을 고지 받은 후 14일이 경과한 뒤 토요일 및 공휴일을 제외한 영업일 3일 동안,

채권자에게 채무자의 ① 정관, ② 2009 회계년부터 2013 회계년까지의 정기주주총회의 의사록 및 임시주주총회의 의사록, ③ 감사보고서, ④ 영업보고서, ⑤ 재무제표의 부속명세서 중 대손충당금명세서, 퇴직급여충당부채명세서, 매출액명세서, 매출원가명세서를, 채무자의 영업시간 내에 각 열람 및 등사(영사촬영 및 컴퓨터 USB 등

사 포함)를 하게 하라.

2. 만약 채무자가 위 기간 내에 위 의무를 이행하지 아니할 때에는 채권자에게 위 기간이 만료된 다음날부터 그 이행완료시까지 영업일 1일당 200만 원의 비율로 계산한 돈을 지급하라.

이 유

1. 이 사건 기록 및 심문결과를 종합하면, 채권자가 채무자를 상대로 제기한 정관 등 열람·등사청구 소송에서 제1심 법원은 2014. 8. 21. 채권자의 청구를 전부 인용하는 승소판결을 선고하였고, 이에 불복한 채무자의 항소 및 상고가 잇달아 기각됨에 따라 위 판결이 확정된 사실, 그 후 채권자가 채무자에게 위 판결 주문에 기재된 서류의 열람·등사를 요구하였지만 채무자의 비협조로 주문 기재 서류 등에 대해선 열람·등사를 하지 못했던 사실이 소명된다.

2. 위 인정사실에 의하면, 채권자와 채무자 사이의 이 법원 2014가정관 등 열람·등사 청구사건의 집행력 있는 판결정본에 기초한 채권자의 이 사건 간접강제 신청은 이유 있다.

다만, 채무자가 주문 제1항의 의무를 위반함으로써 채권자가 입게 될 손해의 정도, 위 판결에 이르게 된 경위, 위 판결이 확정된 이후의 경과 및 간접강제의 필요성 등 제반 사정을 종합하여 보면, 채무자에 대하여 이 결정을 고지 받은 후 14일이 경과한 뒤 토요일 및 공휴일을 제외한 영업일 3일 동안 주문 제1항의 의무를 이행할 것을 명하기로 하되, 채무자가 위 의무를 위반할 경우 채권자에게 지급하여야 할 간접강제금은 위 기간이 만료된 다음날부터 그 이행완료시까지 토요일 및 공휴일을 제외한 영업일 1일당 200만 원씩으로 정함이 적절할 것으로 보인다.

3. 이상과 같은 이유로, 주문과 같이 결정한다.

2015. 11. 23.

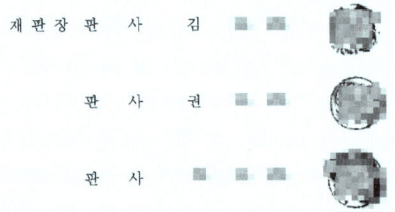

전자소송 안내

1. 전자소송의 장점

○ 전자소송시스템을 통하여 가정과 사무실 등에서 인터넷을 이용하여, ① 문서를 전자적으로 제출할 수 있고, ② 상대방 제출 서면이나 법원 작성 재판 관계 서류를 전자우편 등으로 송달받을 수 있으며, ③ 사건기록을 전자적으로 열람하고 출력할 수 있습니다.
○ 다만, 전자소송을 이용하더라도 법원이 정한 기일(변론준비기일, 변론기일, 심문기일, 조정기일 등)에 출석하는 경우도 있습니다.

2. 전자소송 이용방법

가. 사용자등록과 인증 절차

○ 전자소송 홈페이지(http://ecfs.scourt.go.kr)의 모든 서비스는 귀하의 선택에 따라 회원가입 후 이용할 수 있고, 회원가입을 위하여 반드시 사전에 금융기관 등을 통하여 발급받은 **공인인증서**(행정청 또는 소송수행자의 경우 행정전자서명 인증서)가 필요합니다.
○ 공인인증서로 로그인(log-in)을 한 후 '나의전자소송' → '전자소송사건등록'을 선택하거나, 홈페이지에서 '전자소송사건등록'을 선택합니다.
○ '전자소송 진행동의'를 선택하고, '전자소송 인증번호가 있는 경우'를 선택한 후 아래의 법원, 사건번호, 전자소송인증번호, 소송관계인 유형(당사자, 이해관계인, 대리인, 감정인 등)을 입력하고 등록 버튼을 누릅니다.
○ 소송계속 중 당사자로부터 소송위임을 받았으나 전자소송인증번호를 받지 못한 대리인이 전자소송을 이용하고자 할 경우 '전자소송사건등록' 화면에서 '전자소송인증번호가 없는 경우'를 선택하여 법원, 사건번호, 소송관계인 유형을 입력하고 등록 버튼을 누른 다음, '대리인 기본정보입력' 화면에서 대리인의 정보를 입력하고 등록 버튼을 누르면 전자소송사건으로 등록됩니다(대리인 기본정보 입력 시 변호사, 법무법인, 소송수행자가 아닌 경우에는 당사자 본인에게 부여된 전자소송인증번호 입력하시기 바랍니다).

• 법원 : ▉▉지법	• 사건번호 :	2015타기▉
• 전자소송인증번호 : 10648▉▉▉	• 사용자명 :	조▉

※ 본인의 주민등록번호를 알고 있는 제3자가 전자소송인증번호까지 알게 될 경우 이를 이용하여 본인의 위임 없이 소송을 진행할 수 있으므로, 전자소송인증번호가 유출되지 않도록 유의하시기 바랍니다.

나. 이용 가능한 서비스

○ 사건번호와 전자소송인증번호가 확인되면 전자소송사건으로 등록되고, 문서제출, 송달문서 확인, 소송비용 납부, 기록열람 등 서비스를 전자적으로 이용할 수 있습니다.

3. 이용 가능 시간

○ 문서제출, 송달문서 확인, 기록열람 등 서비스 : 24시간 이용
○ 소송비용 납부 서비스 : 금융기관의 서비스 제공 시간 기준 이용
※ 법원은 정기적 또는 비정기적으로 전자소송시스템을 점검할 수 있으며, 점검시간에는 서비스를 제공하지 않을 수 있습니다.

4. 그 밖의 사항

○ 상세한 사항은 전자소송 홈페이지(http://ecfs.scourt.go.kr, → '전자소송 안내')를 참조하시기 바랍니다.
○ 홈페이지 이용·장애 문의는 사법사용자지원센터[평일 09:00~18:00, 02-3480-1715]로 하시기 바랍니다.

1심 결정에 불복해 즉시항고를 한 항고장이다. 항고이유서는 항고장을 제출하고 10일 이내에 제출해야 한다.

항 고 취 지

원 결정을 취소하고 다시 상당한 재판을 구합니다.

항 고 이 유

추후 제출하겠습니다.

2015.11.24

소송대리인　법무법인 ■■
　　　　　　담당변호사 ■■

■■지방법원 제20민사부 귀중

법 2015라   간접강제 2015.12.22 제출 원본과 상위 없음

항 고 이 유 서

사　건　　　2015라■■간접강제
항고인　　　■■■■ 주식회사 대표이사
상대방　　　조■■

위 사건에 관하여 항고인(원심재판의 채무자)의 대리인은 다음과 같이 항고이유를 개진합니다.

다　음

1. 원심재판의 부당성

간접강제는 채무불이행에 대한 제재를 고지함으로써 그 제재를 면하기 위하여 채무를 이행하도록 동기를 부여하는 것을 목적으로 하는 집행방법으로, 민사집행법 제260조 제1항에서 채무의 성질이 간접강제를 할 수 있는 경우에 간접강제를 명하는 결정을 한다고 규정하고 있는데, 이러한 <u>간접강제의 방법은 채무자의 인격을 존중한다는 의미에서 다른 강제집행이 불가능할 경우에만 허용되어야 할 것입니다.</u>

1

첩 2015라 간접강제 2015.12.22 제출 원본과 상위 없음

특히 채권자가 상법상의 규정에 의해 각종의 회계장부 등에 대한 열람·등사를 구하고 있고 법원이 이를 인용한 경우에 있어서도, **채권자가 스스로 쉽게 확보할 수 있는 자료인 경우에 있어서는 채권자가 위와 같은 청구권의 만족을 얻을 수 있는 다른 수단이 존재한다고 볼 수 없어 결국 간접강제의 방법에 의해서 이를 구할 수는 없다고** 봄이 상당합니다(서울남부지방법원 2013. 11. 29. 선고 2013가합6316 판결 등 참조).

원심재판에서 항고인의 소송대리인은 2015. 11. 9. 답변서를 제출하면서,

「이 사건 채권자가 열람·등사를 구하고 있는 서류들 중 감사보고서의 경우, 금융감독원 전자공시시스템(dart.fss.or.kr)에서 회사명 검색만으로 쉽게 확보할 수 있으므로, 이를 간접강제의 방법으로 집행하기에는 적절하지 아니하다.」는 취지의 주장을 하였으나,

원심재판은 이에 대한 별다른 판단 없이 원심재판의 채권자인 조■■(이하 '채권자'라고만 합니다)가 신청한 서류들 모두를 공개하도록 강제하는 취지의 결정을 하였는 바, 이는 위 채권자가 간접강제에 이르게 된 ■■지방법원 2014가합■■ 정관 등 열람·등사 청구사건에서 인용된 서류들 전범위에 관하여 별 다른 심리 없이 모두 인용한 것으로, 해당 법리를 오해하여 취소되어야 함이 명백합니다.

(대법원 2008.4.25.자 2008마228결정)[간접강제]

【판시사항】
간접강제결정의 즉시항고에 관한 항고법원의 결정에 대하여 재항고가 제기되었으나 그 이유서가 정해진 기간 안에 제출되지 않는 등 각하 사유가 있어 항고법원이 이를 각하해야 함에도 불구하고 사건을 대법원으로 송부한 경우, 대법원이 취할 조치(=각하)

【참조조문】
민사집행법 제15조, 제261조

【참조판례】
대법원 2004.9.13.자 2004마505 결정(공2004하, 1794)

【원심결정】 서울고법 2008.1.28.자 2006라1346 결정

【주문】
재항고를 각하한다.

【이유】
민사집행법상의 즉시항고에서는 항고장에 그 이유를 대법원규칙이 정하는 바에 따라 구체적으로 적어야 하고, 항고장에 항고의 이유를 적지 아니한 때에는 항고장을 제출한 날로부터 10일 이내에 항고이유서를 원심법원에 제출해야 하며, 항고심은 항고장 또는 항고이유서에 적힌 이유에 한하여 조사하는 것이 원칙이다.
따라서 항고인이 즉시항고의 이유서를 정하여진 기간 안에 제출하지 아니하였거나 또는 항고이유서가 제출되었다 하더라도 그 기재가 대법원규칙이 정하고 있는 바에 위반된 때 또는 즉시항고가 부적법하고 그 불비를 보정할 수

없음이 분명한 때에는 원심법원은 결정으로 그 즉시항고를 각하해야 하고 (민사집행법 제15조 제3항, 제4항, 제5항, 제7항), 원심법원이 즉시항고를 각하해야 함에도 불구하고 이를 각하하지 아니하고 사건을 송부한 경우에는 항고법원은 곧바로 즉시항고를 각하해야 하며, 이와 같은 법리는 민사집행법상의 재항고에 있어서도 마찬가지라 할 것인바(대법원 2004.9.13.자 2004마505 결정 등 참조), 간접강제결정에 대한 즉시항고(민사집행법 제261조제2항)도 민사집행법상의 즉시항고이므로 그에 관한 항고법원의 결정에 대한 재항고 절차에 있어서는 민사집행법상의 즉시항고와 재항고에 관한 규정이 준용된다고 할 것이다.

기록에 의하면, 재항고인은 제1심의 간접강제 신청 기각결정에 대한 즉시항고를 기각한 원심의 2008.1.28.자 항고기각 결정에 대하여 2008.2.05. 재항고를 제기하면서 재항고장에 재항고이유를 적지 아니하였고, 재항고이유서도 제출하지 아니하였음에도 원심법원은 재항고이유서 제출기간 10일이 경과하지도 아니한 2008.2.14. 이 사건을 대법원으로 송부하였으며, 재항고인은 재항고이유서 제출기간이 경과할 때까지 재항고이유서를 원심법원에 제출하지 아니한 사실을 알 수 있는바, 이와 같은 경우 원심법원으로서는 사건을 대법원으로 송부할 것이 아니라 재항고이유서 제출기간까지 기다린 다음 그때까지도 재항고이유서가 제출되지 아니하면 곧바로 민사집행법 제15조제5항에 따라 결정으로 재항고를 각하하였어야 할 것이고, 원심법원이 그와 같은 조치를 취하지 아니하고 사건을 송부한 이상 대법원이 재항고를 각하함이 상당하다.

그러므로 재항고를 각하하기로 하여 관여 법관의 일치된 의견으로 주문과 같이 결정한다.

간접강제결정에 대한 즉시항고는 민사집행법상의 즉시항고이다. 항고 이유를 적지 아니한 경우에는 항고장을 제출한 날로부터 10일 이내에 항고이유서를 제출해야 한다.(민사집행법 제15조제3항).

준비서면

사건번호: 2015라3○○○호 간접강제

채권자(피항고인): 조○○

채무자(항고인): ○○○○주식회사 대표이사 ○○○

위 사건에 관하여 채권자(피항고인)는 201○.12.22. 항고인이 제출한 항고이유서에 대하여 다음과 같이 준비서면을 제출합니다.

다음

1. 항고인이 주장하는 '감사보고서'는 재무제표에 대한 감사보고서입니다.

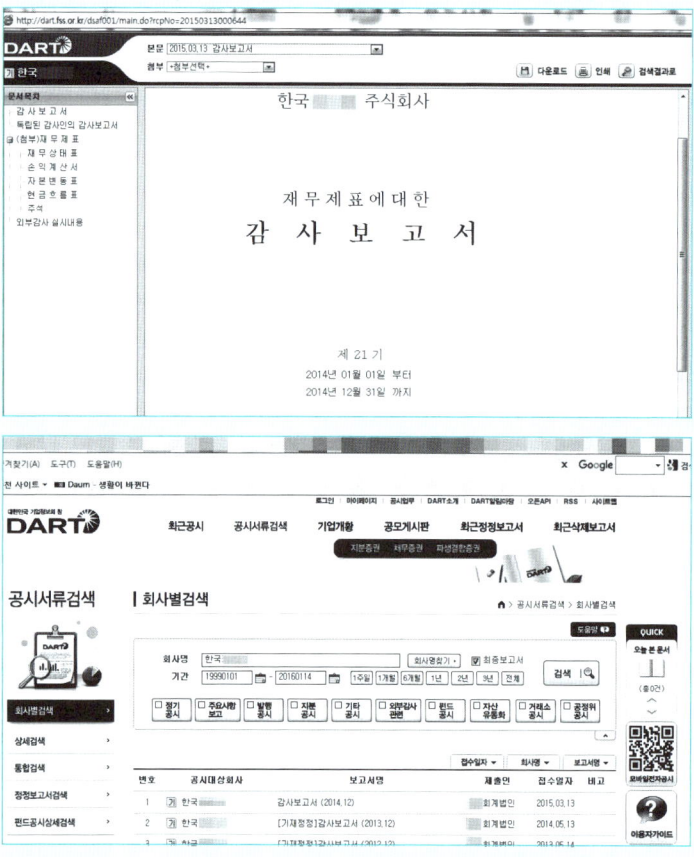

항고인이 주장하는 감사보고서는 외감기업이 작성해야 하는 외감법상의 감사보고서이고, 채권자(피항고인)가 열람·등사를 구하는 '감사보고서'는 다음과 같은 상법 제447조 4항의 '감사보고서'입니다.

가) **제447조의3(재무제표 등의 제출)**이사는 정기총회회일의 6주간 전에 재무제표 및 영업보고서를 감사에게 제출해야 함.

제447조의4(감사보고서) 감사는 재무제표 및 영업보고서를 받은 날부터 4주 내에 감사보고서를 이사에게 제출해야 함.
제448조(재무제표 등의 비치·공시) 이사는 정기총회회일의 1주간 전부터 재무제표 및 영업보고서, 감사보고서를 본점에 5년간, 그 등본을 지점에 3년간 비치해야 함.
제449조(재무제표 등의 승인·공고) 이사는 재무제표 등을 정기총회에 제출하여 그 승인을 요구해야 함.
제449조의2(재무제표 등의 승인에 대한 특칙) 정관 규정에 따라 하기 조건을 충족하면 이사회 결의로 승인 가능.

1) 회사의 재무상태 및 경영성과를 적정하게 표시하고 있다는 외부감사인의 의견이 있을 것
2) 감사 또는 감사위원 전원의 동의가 있을 것

나) 채권자가 열람·등사를 요청하는 감사보고서는 채무자 회사와 같이 외부감사인(회계법인)의 회계감사를 받는 회사의 감사보고서가 아닌, 2011.02.22.부터 취임한 박○○ 감사가 작성한 상법상 감사보고서를 말하는 것입니다.

이와 관련하여 하급심 판례(울산지방법원 2003.11.19. 선고 2003가합1485 판결)가 있습니다.

판례는 정기주총 전에 이사가 감사에게 재무제표와 영업보고서를 제출할 의무를 위반 상태에서 외부감사인의 회계감사만 이루어진 경우에는 재무제표 승인 결의가 이루어지더라도 주주총회결의 취소 사유가 된다고 보았습니다.

울산지방법원 2003.11.19. 선고 2003가합1485 판결【주주총회결의취소】

피고 회사는 외감법상의 적용을 받는 주식회사에 해당하고, 또한 외감법상의 회계감사에 관한 절차를 준수한 것은 사실이지만, 외감법은 적용대상인 주식회사를 외부의 감사인으로 하여금 '회계감사'를 실시하여 회계처리의 적정을 기하도록 하는 데 목적을 두고 있어 외부감사인의 감사보고서는 회계감사에 한정된 판단만 기재되었다고 볼 수 있음에 대하여, 상법상의 감사보고서는 감사의 회계감사권 외에도 이사의 업무집행 전반에 대한 '업무감사'권에 기한 판단도 기재된다고 할 것이어서, 양자의 감사보고서는 그 기능 면에서 일치한다고 할 수 없으므로, 외감법이 상법의 특별법으로서 상법상의 감사보고서에 관한 규정을 배제한다고 보기는 어려워 피고 회사로서는 이 사건 주주총회 1주간 전부터 외부감사인과 감사의 감사보고서를 모두 제출받아야만 재무제표 승인과 관련된 모든 절차를 준수했다고 할 것이므로 피고 회사의 위 주장은 이유 없다.(중략)

한편, 제1, 2호 안건에 대한 결의가 취소된다면 그 소급효로 인하여 대차대조표, 손익계산서, 이익잉여금처분계산서 등이 승인받지 못하게 되는 결과 이에 기하여 이미 이루어진 배당 등이 무효로 되어 회사법률관계가 불안정해지는 점은 있다고 할 것이나, 앞서 본 바와 같이 피고 회사의 감사인 원고에 대한 재무제표와 영업보고서 제출절차를 전혀 도외시하여 결과적으로 감사보고서가 제출되지 않은 상태에서 승인 가결된 제1, 2호 안건에 대한 결의는 이를 단순히 경미한 하자로서 결의의 결과에 영향을 미치지 않았다고 보기 어려울 뿐만 아니라, 이를 취소하였을 때 회사 및 주주에게 반드시 손해가 된다고 할 수도 없어 재량에 의하여 기각할 수는 없으므로, 피고의 이 부분에 대한 주장은 이유 없다.

* 참고로 앞 사건의 1, 2호 안건은 재무제표 승인 건입니다.

(1) 제1호 의안: 제23기 사업연도의 대차대조표 및 손익계산서 승인의 건에 대하여 출석주주의 심의를 구한 즉 출석주주들의 충분한 심의를 거쳐 이의 없이 승인 가결되다.
(2) 제2호 의안: 이익잉여금 처분계산서 승인의 건에 대하여 출석주주의 심의를 구한 즉 회사가 제출한 차기이월 이익잉여금으로 처분할 것을 제출한 원안대로 승인 가결되다.

다) 대표이사는 매 결산기에 재무상태표, 손익계산서, 영업보고서, 이익잉여금처분계산서 및 그 부속명세서를 작성하여 이사회의 승인을 받은 후에 이를 감사에게 제출해야 합니다. 그리고 감사는 이들 서류를 조사하여 4주간 내에 감사보고서를 작성하여 이사에게 제출해야 합니다.
특히 감사보고서의 기재사항은 상세히 법으로 정하여져 있습니다.
이는 감사보고서가 형식적으로 흐르는 것을 막고 주주들에게 구체적 판단을 위한 자료를 제공하려는 데 있습니다.

라) 이사는 재무제표와 그 부속명세서 및 영업보고서를 정기총회 6주간 전에 감사에게 제출해야 합니다.
감사는 정기검사를 한 후 이 서류를 받은 날로부터 4주간 내에 감사보고서를 작성하여 대표이사에게 제출해야 합니다. 감사보고서는 감사방법의 개요 등 10개 사항을 반드시 기재해야 합니다.(상법 447의4 감사보고서)

이사회의사록 열람·등사 허가 신청

chapter 07

 주주는 영업시간 내에 이사회의사록의 열람·등사를 청구할 수 있고(상법 제391조의3제3항), 회사는 위 청구에 대하여 이유를 붙여 이를 거절할 수 있다. 이 경우 주주는 법원의 허가를 얻어 이사회의사록을 열람·등사할 수 있다.(상법 제391조3제4항)

 이사회의사록 열람 등 허가 신청사건의 관할은 본점 소재지의 지방법원 합의부다.(비송사건절차법 제72조제1항) 주주가 신청인이고(상법 제391조3제4항) 주식의 보유 수와 관계없이 제기할 수가 있다. 회사의 채권자는 신청인이 될 수가 없다.

 이사회의사록의 열람·등사 이유를 소명해야 하는데 이사해임의 소 같은 소수주주권 행사를 위해서라든지, 이사의 책임 추궁과 같은 단독주주권 행사가 필요하다는 사실을 소명해야 한다. 허가 신청이 권리남용에 해당할 정도로 지나치면 신청이 기각을 당하기도 한다. 그 재판에 대해서 불복한다면 통상항고를 할 수가 있다. 인지대는 1,000원이며 송달료는 1인당 '3,700원×4회'를 지불한다.

이사회의사록

부	기호지	내내자

일　시 : 2009년 6월 11일 (목요일) 오후 2시
장　소 : 본사 회의실
출석이사 : 총 3명중 2명

　　　의장 ■■■이(가) 정관에 의거 합법적으로 이사회가 개최되었음을
선언하고, 아래 안건을 심의 이를 결의하고 폐회를 선언한다.

　　　　　　　　　아　　　　　　래

안　　건 : ■■은행 차입의건
내　　용 :
　채무자 또는 피보증인 : 한국■■주
　차입 또는 보증목적 : 운전자금조달
　용　　　　　도 : 기대상환(신규 재약정)
　차입 또는 보증상대처 : ㈜■■은행
　차입 또는 보증한도 : 금일십오억원정(₩)
　차　입　과　목 : 기업운신원반대출
　차　입　금　액 : 금일십오억원정(₩)
　차입 또는 보증기간 : 차입 또는 보증일로부터 채무 상환시까지
　상환원 일 방법 : 영업수입금으로 기일에 상환
결의내용 :
　위와 같이 결의함

2009년 6월 11일

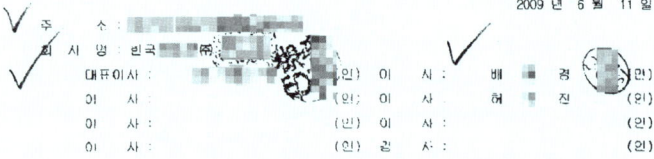

주　소 :
회 사 명 : 민국■■■
대표이사 :　　　　　(인)　이　사 : 배■경　　(인)
이　　사 :　　　　　(인)　이　사 : 허■진　　(인)
이　　사 :　　　　　(인)　이　사 :　　　　　(인)
이　　사 :　　　　　(인)　감　사 :　　　　　(인)

　　　　　　　　　　　　　　　　　　　■■■은행

이사회의사록 열람·등사 허가신청서

신청인(주주): 조○○

사건본인: ○○○○(주) 대표이사 권○○

이사회의사록 열람·등사 허가 신청

*인지대: 1,000원
*송달료: 3,700원×2인×4회 = 29,600원

○○지방법원 귀중

이사회의사록 열람·등사 허가신청서

신청인(주주): 조○○ ☎ 010-○○○○-○○○○
　　　　　　서울시

사건본인: ○○○○(주) 대표이사 권○○
　　　　　　　　☎ 010-○○○○-○○○○

이사회의사록 열람·등사 허가 신청

신청 취지

1. 신청인에 대하여 사건본인 회사의 2009회계년, 2010회계년, 2011회계년, 2012회계년, 2013회계년의 각 임시 및 정기주주총회소집을 승인한 이사회의사록 및 비정기 이사회의사록, 각 자금 관련(은행차입금 포함) 이사회의사록들을 사건본인 회사의 본점에서 영업시간 내에 열람·등사할 것을 허가한다.

2. 신청비용은 사건본인의 부담으로 한다.

라는 결정을 바람.

신청 이유

1. 신청인 및 사건본인에 관한 설명
   (1) 신청인이 사건본인으로 적시한 ○○○○(주)는 현재 ○○○○에 소재하고 있습니다.
   (2) 그리고 신청인은 주식투자계약에 의해서 주식을 투자하여 ○○○○(주)의 발행 주식 7,400주(총발행 주식의 7.4%) 소유한 주주가 되었습니다.
   (3) ○○○○(주)는 2001.08.23. 정보통신공사업, 전기공사업, 정보통신공사 및 시설설계시공감리업 등을 사업목적으로 설립하여 경영하는 비상장회사입니다.(소갑제1호증)

2. 사건본인의 이사회의사록 열람·등사 거부 사실
   가) 신청인은 주식투자계약에 의해서 주식을 투자하여 ○○○○(주)의 발행 주식 7,400주(총발행 주식의 7.4%) 소유한 주주가 되었습니다.
   나) 신청인은 투자 후 본사에서 ○○○부사장에게 회사의 경영 파악을 위하여 '1차 요청 서류'를 제출하였습니다. (소갑제2호증) 그 이후 대표이사는 요청 서류 중 몇 가지를 2010.07.09. 우편으로 주주에게 보내주었습니다. 그러나 신청인은 등사한 서류를 살펴본 결과 몇몇 의문점들이 발견되어서 회사의 발전을 위해 대표이사에게 물어보기 위하여 '1차 통지서'를 사건본인 회사에 보냈습니다. (소갑제3호증)
   다) 그 이후에도 별다른 답변이 없어서 '2차 통지서'를 보내었으나 그마저도 성의 있는 답변이 없어서 본 신청을 제기하기에 이른 것입니다.(소갑제4호증)

3. 이사회의사록 열람·등사 이유
   가) 이사 및 감사의 보수실지지급은 그 주주총회에서의 보수 승인 한도 내에서 이사회의 승인을 받아 집행해야 하는 것입니다. 보통 다른 회사들도 실무상 피신청인 회사처럼 주주총회에서 이사 및 감사 보수 총액에 대해서만 정하고 있습니다. 그리고 그 실지급액은 이사회에서 정하여 지급하고 있습니다.
   나) 이사 및 감사 개인별 구체적으로 얼마씩 배분할지에 대해서는 이사회에 위임하는 것이 대부분입니다. 이러한 위임은 적법한 것입니다. 만약 그 배분을 대표이사 개인에게 위임하였다면 적법하지 않은 것입니다. 왜냐하면 개별이사 및 감사들은 대표이사의 직무를 감독해야 할 권한 및 책임이 있는데 만약 대표이사가 개별이사 및 감사들의 보수에 대해서도 분배의 권한을 갖고 있다면 개별이사 및 감사들의 대표이사에 대한 감독권 행사는 유명무실하게 될 것입니다.
   다) 상법 제397조에서 '이사는 이사회의 승인이 없으면 자기 또는 제3자의 계산으로 회사의 영업부류에 속한 거래를 하거나 동종영업을 목적으로 하는 다른 회사의 무한책임사원이나 이사가 되지 못한다'라고 규정함으로써 이사의 경업을 금지하고 있습니다.

   사건본인 회사 ○○○ 대표이사는 사건본인 회사인 ○○○○(주)의 대표이사입니다. 그러면서 똑같은 사업 목적을 갖고 있는 (주)○○○의 대표이사직을 겸직하고 있습니다.(소갑제5호증)

   신청인은 겸직 및 경업 승인, 자기거래 승인에 관한 이사회의사록의 열람·등사를 요청하는 것입니다.

라) 회사와 주주는 서로 회사의 이익을 위하여 협력해야 하는 관계입니다. 그러나 이러함에도 불구하고 이처럼 주주가 되어 처음으로 대표이사에게 이사회의사록 등의 열람·등사를 요청하여도 거부만 하고 있습니다. 비상장회사는 그 특성상 회사에서 주주에게 관계 서류를 열람·등사해 주고 상세히 주주에게 회사의 사정 등을 알려주지 않으면 경영의 약자인 소수 주주로서는 어떠한 방법을 취하여도 회사에 관한 정보를 얻을 길이 막혀있습니다.

마) 소수 주주는 회사에 대한 정보도 부재하고, 경영에도 참여하지 못하는 약자입니다. 그래서 회사에 일어나는 돌발 상황에 주주의 권리들을 시기에 맞추어서 정확히 행사하기 위하여 그 전제로서 주주가 회사의 경영상태에 대하여 미리 알아볼 수 있는 수단적 장치가 필요하므로 본 신청이 꼭 필요한 상황입니다.

바) 재산을 ○○○○(주)에 투자하고도 경영에 관하여 폐쇄적이고, 비밀에 부치고 있어 아무런 정보도 얻지 못하여 지금 주주는 매우 불안한 심정입니다. 그래서 법에서 소수 주주를 보호하여 주지 않으면 더 이상 호소할 곳이 없어 어떻게 해야 할지 난감한 상황입니다. 그리고 최소한의 서류를 요청하여도 주주를 완전히 무시하는 대표이사의 행동은 잘못된 것이라고 생각합니다.

사) 사건본인이 열람·등사를 거부한 이사회의사록은 동 회사의 재무제표의 투명성의 문제점들을 검증하기 위하여 반드시 필요한 것입니다. 그럼에도 불구하고 동 회사가 신청인의 정당한 권리행사를 거부함으로써 신청인은 앞으로 주주로서의 권한을 행사하는 데 있어서 상당한 애로를 겪게 되었습니다.

4. 관련 규정의 검토
가) '주주는 영업시간 내에 이사회의사록의 열람 또는 등사를 청구할 수 있다'라고 상법 제391조제3항3호에 규정되어 있습니다.
나) 상법이 주주에게 이러한 권리를 인정한 것은 이사회의사록 등의 서류는 주주로서의 권리를 행사하는 데 필수적인 자료가 되기 때문입니다.

그에 따라 상법은 아무런 제한 없이 주주가 이사회의사록의 열람·등사를 청구할 수 있도록 보장해 놓았습니다. 그런데 위 ○○○○(주)는 아무런 정당한 이유도 없이 신청인의 권리를 무시함으로써 상법을 위반하였습니다. 폐쇄적인 경영을 하며 아무런 정당한 이유도 없이 경영의 약자이며 소수 주주인 신청인의 권리를 무시함으로써 주주의 정당한 권리를 침해한 것이므로 이 신청을 합니다.

5. 결론
이상에서 살펴본 것처럼, 위 ○○○○(주)는 신청인에게 이사회의사록에 대한 열람·등사를 거절하고 있습니다. 그래서 신청인은 주주의 정당한 권리로서 영업시간 내에 사건본인 회사의 이사의 경업 승인, 자기거래승인에 관한 이사회의사록들의 열람·등사할 것을 상법 391조3항의 규정에 의하여 청구합니다.

입증 방법

1. 갑제1호증 ○○○○(주) 법인등기부등본 1부
2. 갑제2호증 1차 요청 서류 1부
3. 갑제3호증 1차 통지서 1부

4. 갑제4호증 2차 통지서 1부
5. 갑제5호증 (주)○○○ 법인등기부등본 1부
6. 갑제6호증 실물주권(앞, 뒤)

첨부 서류

1. 위 입증방법 각 1통

2014. 03. ○○.

위 신청인 조○○ ㊞

○○지방법원 신청과 귀중

이사회의사록 열람·등사 허가신청서에 대한 피고 측인 사건 본인의 답변서이다.

답 변 서

사　　건　　2014비합▇　이사회의사록열람등사허가
신 청 인　　조▇서
사건본인　　한국▇▇▇ 주식회사

신청취지에 대한 답변

1. 신청인의 이 사건 신청을 기각한다.
2. 신청비용은 신청인이 부담한다.

라는 재판을 구합니다.

신청이유에 대한 답변

1. 신청인의 신청 요지

신청인은 사건본인인 한국▇▇▇ 주식회사(이하 '한국▇▇▇'라 부르겠습니다)의 2009회계년부터 2013회계년까지의 각 임시 및 정기 주주총회소집

- 1 -

■■지방법원

제20민사부

결 정

사 건 2014비합■ 이사회의사록열람등사허가

신 청 인 조■서 (■■■■-■■■■)
서울 ■■■ ■■■■■ ■■ ■■ ■■■■, ■■■■■■

사건본인 한국■■■ 주식회사
■■ ■■■■■ ■■■■■
대표이사 ■■■
소송대리인 법무법인 ■■
담당변호사 차■혁

주 문

1. 신청인에 대하여 사건본인의 2009년부터 2013년까지 각 회계연도의 정기 및 임시 주주총회 소집을 승인한 정기 및 비정기 이사회 의사록, 자금 관련(은행차입금 포함) 이사회 의사록을 사건본인의 본점 또는 지점에서 영업시간 내에 열람·등사할 것을 허가한다.
2. 신청비용은 사건본인이 부담한다.

신 청 취 지

주문과 같다.

이 유

1. 소명사실

이 사건 기록 및 심문 전체의 취지에 의하면 다음의 각 사실이 소명된다.

가. 신청인은 2013. 12. 5. ▩▩▩▩▩로부터 사건본인의 주주가 국가에 ▩▩한 사건본인의 주식 2,100주를 공개 매수하여 사건본인의 주주가 된 사람이고, 사건본인은 ▩▩▩ ▩ ▩▩▩▩ 및 제조업 등을 영위하고 있는 회사이다.

나. 신청인은 2014. 2. 11. 사건본인에게 주문 기재 이사회 의사록(이하 '이 사건 이사회 의사록'이라 한다)의 열람·등사를 청구한 이후, 2014. 3. 12.에 거듭 이 사건 이사회 의사록의 열람·등사를 청구하였으나, 사건본인은 이를 거부하였다.

2. 주장

가. 신청인 주장의 요지

사건본인의 대표이사 ▩▩▩는 ▩▩▩▩ ▩ ▩▩▩▩▩ 및 제조업 등을 영위하고 있는 주식회사 ▩▩의 대표이사를 겸직하고 있는데, 주식회사 ▩▩ 설립 이후 사건본인의 매출감소, 대규모의 주임종단기대여금 집행 등의 제반 사정을 고려할 때, 사건본인이 특정 주주의 이익만을 위하여 위와 같은 손실을 감수한 것이라는 의심이 드는 바, 신청인은 사건본인의 주주로서 사건본인의 경영 상태를 파악하기 위하여 이 사건 이사회 의사록을 열람·등사할 필요가 있다.

나. 사건본인 주장의 요지

신청인은 오로지 사건본인의 대표이사 ███ 등을 압박하여 신청인이 보유중인 사건본인 주식을 사건본인에게 고가로 양도하려는 부당한 목적에서 이 사건 이사회 의사록 열람·등사청구를 하는 것이므로, 사건본인이 이를 거절하는 데 정당한 이유가 있다.

3. 판단

가. 상법 제391조의3 제3항에서 규정하고 있는 주주의 이사회 의사록에 대한 열람·등사청구가 있는 경우, 회사는 그 청구가 부당함을 증명하여 이를 거부할 수 있는바, 주주의 열람·등사청구권 행사가 부당한 것인지 여부는 그 행사에 이르게 된 경위, 행사의 목적, 악의성 유무 등 제반 사정을 종합적으로 고려하여 판단하여야 할 것이고, 특히 주주의 이와 같은 열람·등사권의 행사가 회사업무의 운영 또는 주주 공동의 이익을 해치거나 주주가 회사의 경쟁자로서 그 취득한 정보를 경업에 이용할 우려가 있거나 또는 회사에 지나치게 불리한 시기를 택하여 행사하는 경우 등에는 정당한 목적을 결하여 부당한 것이라고 보아야 할 것이다(대법원 2004. 12. 24. 자 2003마1575 결정 참조).

나. 위 법리에 비추어 이 사건에 관하여 살펴건대, 사건본인이 제출한 자료만으로는 신청인이 오로지 사건본인의 대표이사 ███ 등을 압박하여 신청인이 보유중인 사건본인 주식을 사건본인에게 고가로 양도하려는 부당한 목적에서 이 사건 이사회 의사록의 열람·등사청구를 한다고 단정하기 어려울 뿐만 아니라, 주주에게 중요한 회사 경영정보에 접근할 수 있는 권리로서 단독주주권인 이사회 의사록의 열람·등사권을 부여한 취지(이사회를 소집하여 일정한 안건을 대상으로 이사 사이에 의견을 교환하고 찬반 여부와 관련하여 의사록을 작성한 후 이를 주주가 열람할 수 있게 하는 것은 주주

를 상대로 한 이사의 책임소재를 결정하는데 유익하고, 경영정보 공시원칙상 투자자 보호를 위하여 바람직하다) 등을 고려할 때, 설령 신청인이 보유중인 사건본인 주식을 사건본인에게 고가로 다시 매도하려는 숨은 동기를 가지고 있다고 하더라도 이러한 사정만으로는 이 사건 신청에 정당한 목적이 결여되어 있다는 점, 즉 신청인이 주주로서 지위와 무관하게 오로지 개인 이익 추구만을 목적으로 이 사건 이사회 의사록의 열람·등사를 청구하는 것이라고 보기도 어렵다.

다. 따라서 신청인의 이 사건 이사회 의사록에 대한 열람·등사 청구가 부당하다고 보기 어렵고, 달리 신청인의 열람·등사 청구가 부당하다고 인정할 자료가 없다.

4. 결론

그렇다면 신청인의 이 사건 신청은 이유 있으므로 이를 인용하기로 하여 주문과 같이 결정한다.

2014. 5. 29.

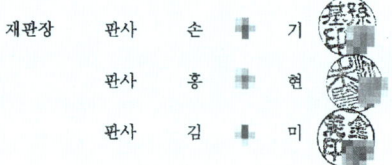

재판장   판사   손 ■ 기

판사   홍 ■ 현

판사   김 ■ 미

상대방 사건본인은 1심 판결에 불복하여 2심 고등법원에 항고, 패소 판결을 받은 판결문이다.

■■고 등 법 원

제 1 1 민 사 부

결　　정

사　　건　　2014라■■ 이사회의사록열람등사허가

신청인, 상대방　조■서 (■■■■-■■■■)
　　　　　　　서울 ■■■■■■■■■■■■■■■■■■

사건본인, 항고인　한국■■ 주식회사
　　　　　　　■■ ■■■■ ■■■
　　　　　　　대표이사 ■■■

제1심결정　　■■지방법원 2014. 5. 29.자 2014비합■ 결정

주　　문

1. 이 사건 항고를 기각한다.
2. 항고비용은 사건본인이 부담한다.

신청취지 및 항고취지

1. 신청취지

신청인에 대하여 사건본인의 2009년부터 2013년까지 각 회계연도의 정기 및 임시주주총회 소집을 승인한 정기 및 비정기 이사회의사록, 자금 관련(은행차입금 포함) 이사회의사록을 사건본인의 본점 또는 지점에서 영업시간 내에 열람·등사할 수 있다.

2. 항고취지

제1심 결정을 취소한다. 신청인의 신청을 기각한다.

이　유

1. 제1심 결정의 인용

이 법원이 이 사건에 관하여 설시할 이유는 아래와 같이 일부 내용을 고치는 외에는 제1심 결정의 이유 기재와 같으므로, 민사집행규칙 제203조의3 제1항에 의하여 이를 그대로 인용한다.

○ 제1심 결정문 제2쪽 제7행의 '사건본인의 주식 2,100주'를 '사건본인의 주식 2,100주(사건본인 발행주식 총수의 3%에 해당)'으로 고친다.

2. 결론

그렇다면 제1심 결정은 정당하므로, 채권자들의 항고는 모두 이유 없어 이를 기각하기로 하여 주문과 같이 결정한다.

2014. 12. 5.

재 판 장　판　사　사 ■ ■ 진

판　사　채 ■ 선

판　사　박 ■ 대

정본입니다.

2014. 12. 8.

고등법원

법원사무관 문 도

※ 각 법원 민원실에 설치된 사건검색 컴퓨터의 발급번호조회 메뉴를 이용하거나, 담당 재판부에 대한 문의를 통하여 이 문서 하단에 표시된 발급번호를 조회하시면, 문서의 위·변조 여부를 확인하실 수 있습니다.

송 달 증 명 원

사　　　건 : 대법원 2015마■ 이사회의사록열람등사허가

항　고　인 : 한국■■■ 주식회사

증명신청인 : 상대방 조■서

위 사건에 관하여 아래와 같이 송달되었음을 증명합니다.

재항고인 한국■■■ 주식회사 2015. 4. 6. 결정정본 송달. 끝.

2015. 4. 10.

대 법 원

법원주사보 이 ■ 길

본 증명(문서번호:종합민원실 2042)에 관하여 문의할 사항이 있으시면 02-3480-■■로 문의하시기 바랍니다.

확 정 증 명 원

사　　　건 : 대법원　2015마 이사회의사록열람등사허가
　　　　　　　■■지방법원　2014비합■■ 이사회의사록열람등사허가
　　　　　　　■■고등법원　2014라■■ 이사회의사록열람등사허가

항　고　인 : 한국■■■ 주식회사

증명신청인 : 상대방 조■서

위 사건에 관하여 2015. 4. 6. 자로 확정되었음을 증명합니다. 끝.

2015. 4. 10.

대 법 원

법원주사보 이 ■ 길

chapter 08 과태료부과 신청

상법 위반 과태료

상법 제635조에 따른 과태료는 대통령령으로 정하는 바에 따라 법무부장관이 징수한다.(과천소재 법무부 상사법무과 소관)

500만 원 이하의 과태료에 처하는 규정이 있다.

상법 제635조(과태료에 처할 행위)
① 회사의 발기인, 설립위원, 업무집행사원, 이사, 감사, 감사위원회 위원, 외국회사의 대표자, 검사인, 제298조제3항·제299조의2·제310조제3항 또는 제313조제2항의 공증인, 제299조의2·제310조제3항 또는 제422조제1항의 감정인, 지배인, 청산인, 명의개서대리인, 사채모집의 위탁을 받은 회사

와 그 사무승계자 또는 제386조제2항·제407조제1항·제415조·제542조제 2항 또는 제567조의 직무대행자가 다음의 사항에 해당한 행위를 한 때에는 500만 원 이하의 과태료에 처한다. 다만, 그 행위에 대하여 형을 과할 때는 그러하지 아니하다.

1. 본편에 정한 등기를 해태한 때
2. 본편에 정한 공고 또는 통지를 해태하거나 부정한 공고 또는 통지를 한 때
3. 본편에 정한 검사 또는 조사를 방해한 때
4. 본편의 규정에 위반하여 정당한 사유 없이 서류의 열람 또는 등사, 등본 또는 초본의 교부를 거부한 때
5. 관청, 총회·사채권자집회 또는 발기인에게 부실한 보고를 하거나 또는 사실을 은폐한 때
6. 주권·채권 또는 신주인수권증권에 기재할 사항을 기재하지 아니하거나 부실한 기재를 한 때
7. 정당한 사유 없이 주권의 명의개서를 하지 아니한 때
8. 법률 또는 정관에 정한 이사 또는 감사의 원수를 결한 경우에 그 선임절차를 해태한 때
9. 정관·주주명부 또는 그 복본, 사원명부·사채원부 또는 그 복본, 의사록·감사록·재산목록·대차대조표·영업보고서·사무보고서·손익계산서·이익잉여금처분계산서·또는 결손금처리계산서·결산보고서·회계장부, 제447조·제534조·제579조제1항 또는 제613조제1항의 부속명세서 또는 감사보고서에 기재할 사항을 기재하지 아니하거나 또는 부실한 기재를 한 때
10. 법원이 선임한 청산인에 대한 사무의 인계를 해태하거나 이를 거부한 때
11. 청산의 종결을 지연할 목적으로 제247조제3항, 제535조제1항 또는 제613조제1항의 기간을 부당하게 장기간으로 정한 때
12. 제254조제4항, 제542조제1항 또는 제613조제1항의 규정에 위반하여 파산선고의 청구를 해태한 때
13. 제589조제2항의 규정에 위반하여 출자의 인수인을 공모한 때
14. 제232조, 제247조제3항, 제439조제2항, 제527조의5, 제530조제2

항, 제530조의9제4항, 제530조의11제2항, 제597조, 제603조 또는 제608조의 규정에 위반하여 회사의 합병·분할·분할합병 또는 조직변경, 회사재산의 처분 또는 자본의 감소를 한 때
15. 제260조, 제542조제1항 또는 제613조제1항의 규정에 위반하여 회사재산을 분배할 때
16. 제302조제2항, 제347조, 제420조, 제420조의2, 제474조제2항 또는 제514조의 규정에 위반하여 주식청약서·신주인수권증서 또는 사채청약서를 작성하지 아니하거나 이에 기재할 사항을 기재하지 아니하거나 또는 부실의 기재를 한 때
17. 제342조 또는 제560조제1항의 규정에 위반하여 주식 또는 지분의 실효절차, 주식 또는 지분의 질권의 처분을 해태한 때
18. 제343조제1항 또는 제560조제1항의 규정에 위반하여 주식 또는 출자를 소각한 때
19. 제355조제1항, 제2항 또는 제618조의 규정에 위반하여 주권을 발행한 때
19의2. 제358조의2제2항의 규정에 위반하여 주주명부에 기재를 하지 아니한 때
19의3. 제363조의2제1항 또는 제542조제2항의 규정에 위반하여 주주가 제안한 사항을 주주총회의 목적사항으로 하지 아니한 때
20. 제365조제1항, 제2항, 제578조의 규정 또는 제467조제3항, 제582조제3항의 규정에 의한 법원의 명령에 위반하여 총회를 소집하지 아니하거나 정관에 정한 곳 이외의 곳에서 또는 제363조, 제364조, 제571조제2항, 제3항의 규정에 위반하여 총회를 소집한 때
20의2. 제374조제2항, 제530조제2항 또는 제530조의11제2항의 규정에 위반하여 주식매수청구권의 내용과 행사방법을 통지 또는 공고하지 아니하거나 부실한 통지 또는 공고를 한 때
21. 제396조제1항, 제448조제1항, 제510조제2항, 제522조의2제1항, 제527조의6제1항, 제530조의7, 제534조제3항, 제542조제2항, 제566

조제1항, 제579조의3, 제603조 또는 제613조의 규정에 위반하여 장부 또는 서류를 비치하지 아니한 때
21의2. 제412조의4제3항의 규정에 위반하여 정당한 이유 없이 감사 또는 감사위원회의 조사를 거부한 때
22. 제458조 내지 제460조 또는 제583조의 규정에 위반하여 준비금을 적립하지 아니하거나 이를 사용한 때
22의2. 제464조의2제1항의 기간 내에 배당금을 지급하지 아니한 때
23. 제470조의 규정에 위반하여 사채를 모집하거나 구사채를 상환하지 아니한 때
24. 제478조제1항 또는 제618조의 규정에 위반하여 채권을 발행한 때
25. 제536조 또는 제613조제1항의 규정에 위반하여 채무의 변제를 한 때
26. 제619조제1항의 규정에 의한 법원의 명령에 위반한 때
27. 제555조의 규정에 위반하여 지분에 대한 지시식 또는 무기명식의 증권을 발행한 때

② 발기인 또는 이사가 주식의 인수로 인한 권리를 양도한 때에도 제1항과 같다.

과태료부과신청서

신청인: 조○○

위반자: 청○○(주) 대표이사 박○○

과태료부과 신청

법무부 귀중

과태료부과신청서

신청인: 조○○ ☎ 010-○○○○-○○○○
    서울시

위반자: 청○○(주) 대표이사 박○○ ☎ 031-○○○-○○○○
    경기도

신청 취지

신청인은 위반자를 1.주주총회의사록 등 열람·등사 거부 2.재무제표 등의 공고 위반 3.회사법상의 소(주주총회결의취소소송, 주주총회결의효력정지가처분) 제기 시 공고 위반 4.대표이사 주소 변경 위반행위로 상법 제635조에 의하여 과태료에 처해줄 것을 신청하는 바입니다.

신청 원인

1. 신청인 및 위반자에 관한 설명
(1) 신청인이 위반자로 적시한 대표이사 박○○는 현재 경기도에 소재하는 청○○○(주)의 대표이사입니다.
(2) 그리고 신청인은 청○○○(주)의 발행 주식 9,257주(총발행주식의 23.14%)를 투자하고 2010.02.09. 명의개서를 통하여 청○○○(주)의 주주가 되었습니다.

(3) 청○○○(주)는 1990.01.03. 수출입업, 제조업, 부동산임대업 등을 사업목적으로 설립하여 경영하는 비상장회사입니다.(증제1호증)

2. 위반자의 상법위반 사실
가) 위반자는 201○년 03월 31일 오전 10시 제10기 200○회계년을 위한 정기주주총회에서 제1호의안으로 결산보고승인에 관한 의안이 가결하였습니다.(증제2호증) 그래서 신청인인 주주는 이에 대차대조표 등을 상법 449조에 의해서 공고할 것을 2010.04.12.회사에 통지하여 알렸으나 지금까지 어떠한 연락도 없이 묵묵부답인 상태입니다.(증제3호증)
참고로 상법 제449조(재무제표 등의 승인·공고)를 살펴보면, '③ 이사는 제1항의 서류에 대한 총회의 승인을 얻은 때에는 지체 없이 대차대조표를 공고해야 한다'라고 하였습니다. 또한 상법 289조5항3절을 보면 '회사의 공고는 관보 또는 시사에 관한 사항을 게재하는 일간신문에 하여야 한다'라는 조항에 '다만 회사는 그 공고를 정관에서 정하는 바에 따라 전자적 방법으로 공고할 수 있다'는 단서가 추가됐습니다. 4절에는 '인터넷 홈페이지에 공고할 경우 대통령령으로 정하는 기간까지 계속 공고해야 한다'는 내용이 추가됐습니다.
나) 신청인은 청○○(주)의 주주로서 2010.02.09. 12:00경 본사에서 주식명의개서를 하면서 박○○ 대표이사에게 '요청 서류 목록'을(1차 요청) 제시하였습니다.(증제4호증)
그리고 '요청 서류'는 다음과 같습니다.
* 회사정관
* 2006회계년부터 2009회계년까지의 정기 및 임시주주총회의사록
* 2006회계년부터 2009회계년까지의 주주명부

* 2006회계년부터 2009회계년까지의 이사회의사록, 비정기이사회의사록, 자금관련 이사회의사록
* 2006회계년부터 2008회계년까지의 재무제표(결산보고서) 끝.

그러나 그 자리에서 박○○ 대표이사는 여직원이 아파서 결근하여 준비되지 않아 다음 주까지 우편으로 보내준다고 약속하여, 주주는 이를 믿고 돌아왔습니다. 그러나 아무리 기다려도 어떠한 서류도 보내오지 않았습니다.

다) 그래서 그 이후에 2차례 주주 조○○, 박○○ 대표의 핸드폰(010-9)으로 연락을 취하여서 상기 서류들의 등사본을 약속한 대로 우편으로 보내줄 것을 요청하였으나 마음대로 하라는 응답만 돌아오고, 그래서 그 이후에 2010.03.02. 우편으로(2차 요청) 나머지 주주총회의사록 등의 열람·등사를 요청하였고(증제5호증) 그 시한 또한 2010.03.10으로 지정하여 주었습니다.

그러나 그 이후에도 아무런 답변도 없고 묵묵부답으로 일관하고 있습니다.

라) 그래서 그 이후에도 2010.03.30. 3차 요청으로써 통지서를 발송하여 열람·등사하여 줄 것을 요청하였습니다.(증제6호증)

그러나 지금까지도 위반자가 완강히 거부만 하여 다음의 상법 제396조(정관 등의 비치, 공시의무)에 관련된 서류를 열람·등사한 바가 전혀 없습니다.

① 이사는 회사의 정관, 주주총회의 의사록을 본점과 지점에, 주주명부, 사채원부를 본점에 비치해야 한다. 이 경우 명의개서대리인을 둔 때에는 주주명부나 사채원부 또는 그 복본을 명의개서대리인의 영업소에 비치할 수 있다.
[개정 84·4·10, 99·12·31]

② 주주와 회사채권자는 영업시간 내에 언제든지 제1항의 서류의 열람 또는 등사를 청구할 수 있다.

마) 그 이후 계속 위반자는 거부하여 신청인은 ○○지방법원에 201○비합16호로 이사회의사록열람·등사 신청을 하여 재판부로부터 100% 인용 받아 2010.04.30. 그 결정문을 수령 받은 사실이 있습니다.(증제7호증)

그러나 그 이후에도 열람·등사를 거부하여 신청인은 수원지방법원에 2010타기17○○간접강제 신청을 하여 그 결정을 기다릴 만큼 서류의 열람·등사를 완강히 거부만 하고 있는 실정이며, 신청인이 제기한 2010가합4○○○주주총회의사록 열람·등사 청구의 소, 2010가합6○○○주주명부 등 열람·등사 청구의 소 등 여러 건의 소송이 심리 대기 중에 있습니다.

바) 또한 2010.06.16. 회사법상의 소송이 제기되었으므로 이를 상법 제187조에 의해서 공고하도록 위반자에게 통지서(증제8호증)를 통하여 알려주었으나 이 역시도 거부하고 공고를 하지 않고 있습니다.

회사법상의 소송은 2010가합7○○○주주총회결의취소의소 및 2010가합○○○주주총회결의효력정지가처분이 신청인의 청구에 의해서 지금 수원지방법원에 제기되어진 상태입니다.

사) 증제1호증의 법인등기부등본을 보면 대표이사 박○○ 주소는 서울시로 기재되어 있으나 그곳에는 타인에게 전세를 주고 대표이사는 이미 청○○주식회사의 본점 소재지로 이사하여 주소미상의 소재지에서 가족과 생활하고 있습니다.

그러나 현재까지도 그 주소의 소재지를 옮기지 않고 등기부등본상에 변경등기 신청을 해태하고 있습니다.

3. 결론

이상에서 살펴본 것처럼, 위 박○○는 동 회사의 임직원을 감독하는 지위에 있는 자로서 상법 제499조에 의해서 재무제표 등의 공고해야 함을 거부하고 주주총회의사록 등 열람·등사 거부하며 회사법상의 소(주주총회결의취소소송, 주주총회결의효력정지 가처분) 제기 시 공고 위반을 하고 대표이사 주소변경 위반행위 등으로 신청인은 동인에 대하여 상법 제635조에 의하여 과태료에 처해 줄 것을 신청하는 바입니다.

입증 방법

1. 증제1호증 (주)○○○ 법인등기부등본(사건본인)
2. 증제2호증 제10기 정기주주총회소집통지서
3. 증제3호증 결산공고요청 통지서
4. 증제4호증 요청 서류 목록(2010.02.09. 제출 서류-주주 1차 요청)
5. 증제5호증 내용증명(2010.03.02-주주 2차 요청)
6. 증제6호증 내용증명(2010.03.30-주주 3차 요청)
7. 증제7호증 결정문(수○지방법원 2010비합○○호이사회의사록열람·등사 허가)
8. 증제8호증 회사법상소송 공고요청 통지서
9. 갑제9호증 실물주권
10. 갑제10호증 주식투자계약서

2010. 04. ○○.

위 신청인 조○○ ㊞
010-○○○○-○○○○

법무부 귀중

임시로 주주의 지위를 정하는 가처분

chapter 09

투자를 하여 주주가 되었음에도 회사가 투자자를 주주로 인정하지 않는 경우에 주주권확인청구권을 피보전권리로 하는 가처분이다. 인지대는 그 본안 소송(주식 명의개서 청구의 소) 인지대의 2분의 1이고, 상한액은 50만 원이다.

원고는 주주명부상에 기재되지 않은 실질적인 기명주주이다. 피고는 해당 주주의 회사가 된다. 명의개서를 하지 않은 양수인인 투자자는 주주권을 행사하지 못한다. 상법 제337조 1항에 의하면 '기명주식의 이전은 명의개서를 하지 아니하면 회사에 대항하지 못한다'라고 되어 있다. 따라서 명의개서를 하지 못한 주식 양수인은 주주권을 행사할 수가 없고 양도인이 권리를 행사해야 한다.

명의개서를 부당하게 거부당하면, 다음 4가지의 해결 방법이 있다.

① 회사를 상대로 '명의개서절차이행 청구의 소'를 제기한다.
② 명의개서청구권을 피보전권리로 '임시로 주주의 지위를 정하는 가처분'을 한다.
③ 회사 및 이사를 상대로 명의개서 부당 거부를 이유로 '손해배상'을 청구할 수도 있다.
④ 상법 제635조 7항에 의해서 500만 원 이하의 과태료 처분을 당할 수도 있다.

임시로 주주의 지위를 정하는 가처분

채권자: 조○○

채무자: (주)○○ 대표이사 김○○

임시로 주주의 지위를 정하는 가처분

* 본안 소송: 명의개서 청구의 소(목적물의 가액: 1억 원)
             본안소송 인지액: 455,000원
* 인지대: 455,000원×1/2 = 227,500원
* 송달료: 3,700원×2인×8회 = 59,200원
* 부본 1부

○○지방법원 귀중

임시로 주주의 지위를 정하는 가처분

채권자: 조○○ ☎ 010-○○○○-○○○○
　　　　서울시

채무자: 주식회사 ○○　대표이사 김○○
　　　　경북　　　　　　　　☎ 054-○○○-○○○○

피보전권리: 명의개서청구권

신청 취지

1. 본안판결 확정에 이르기까지 채권자가 소유한 (주)○○주식 709주(1.7% 지분율)에 관하여 주주로서의 지위에 있음을 임시로 정한다.

2. 재판비용은 채무자의 부담으로 한다.

라는 재판을 구합니다.

신청 이유

1. 채권자 및 채무자에 대한 설명
(1) 채무자 회사는 현재 경북에 소재하고 있는 (주)○○입니다.

(소갑제1호증)

(2) 그리고 채권자는 2011.09.22. (주)○○ 주식 1.7%(709주)를 투자하여 주주가 되었습니다.(소갑제2호증)

(3) (주)○○은 2010.06.30. 설비제조 등을 사업목적으로 설립한 폐쇄적인 비장상회사입니다.

(4) 그리고 채권자는 주주명부상에 기재되지 않은 실질 주권을 소지한 기명주주입니다.

2. 채권자의 명의개서 요청 및 채무자의 거부 사실

가) 채권자는 (주)○○의 발행 주식 709주(지분율 1.7%)를 투자하여 (주)○○의 합법적인 주주가 되었습니다.

나) 그래서 그 이후 2010.10.13. 채무자 회사의 경리부차장인 박○○(010-○○○-○○○○)와 명의개서를 하기 위하여 전화통화를 하였으나 그 당시에 김○○ 대표는 본사에 없고 서울에서 근무한다고 하며 연락을 주겠다고 하였으나 그 이후에도 더 이상 연락이 없었습니다.

채권자는 대표이사가 명의개서를 지연하기 위하여 일부러 너무 시간을 끄는 것 같은 느낌이어서 불쾌하였지만 이해를 하였습니다.

다) 채권자는 그 이후에도 2차례 더 박○○ 차장에게 연락을 취하였으나 별다른 답변이 없었습니다.

그 후 마지막으로 나온 대답이 11월 초에 대표이사가 본사인 경북 ○○○○ 공장으로 오니 그때 만나라는 대답이어서 채권자는 그 대답을 믿고 기다렸습니다. 그 후 2010. 10. 27. 이 약속의 확인을 위하여 박○○ 차장에게 다시 연락을 하였더니 어차피 원고인 조○○와 대표이사인 김○○가 서울에 살고 있으니 서울 근처에 채무자 회사인 (주)○○와 같은 목적으로 설립하여 채무자 회사의 대표이사 주 사무를 보고 있는 (주)○○엔티(소갑제5호증)라는 회사의 주소를 알려 주며 그곳에서 만나라는 대답이었습니다.

그 주소는 '경기도 ○○○'라고 하며 그곳으로 201○.11.01. 오후 1시에 만나라는 말을 듣게 되었습니다.

라) (주)○○엔티 회사는 대표이사가 김○○(채무자 회사의 대표이사와 동일인), 감사는 박○○로 구성된 채무자 회사와 동일한 목적과 동일한 임원인 식구만으로 구성되어 20○○.05.30. 이래로 영업을 하고 있는 회사였습니다.

그래서 채권자는 그 약속을 믿고 201○.11.01. 오후 1시에 (주)○○엔티 회사 2층 사무실에 방문하였습니다. 그러나 여직원이 대표이사는 점심을 먹으러 가서 안 왔다고 하면서 채권자보고 기다리라고 하였습니다. 그 후 약 1시간 후에 사무실에 온 김○○ 대표이사는 채권자에게 말 한마디도 붙이지 않고 자신의 대표이사 사무실로 들어갔습니다.

그래서 채권자는 무척 화가 남에도 그냥 기다리는 수밖에 없었습니다. 그러더니 수 분 후에 다시 자신의 방에서 나오더니 주주인 채권자를 마치 잡상인 취급을 하며 사무실의 가장 지저분하고 구석진 창고 같은 곳으로 가서 기다리라고 하였습니다.

마) 그 구석진 방에서 처음 만나서 한 첫마디가 채권자가 온다는 것을 박○○ 차장에게 못 들었다고 거짓말을 하면서 불쾌한 표정을 지으며 ○○에서 일어나는 일과 사무는 그곳에서 근무하는 등기이사인 이○○ 사내이사에게 모두 맡겼으나 아무것도 듣지 못했다고 하였습니다.

그러나 채권자는 대표이사를 만나기 10분 전에 박○○ 차장에게서 대표이사에게 201○.11.01. 1시의 만남을 전하였다는 전화를 ○○엔티 회사의 일반전화로 받고 확인한 바 있었습니다.

이 모든 말은 대표이사의 거짓말로 대표이사가 채권자를 바보 취급하는 것이었습니다. 그래서 왜 이렇게 불쾌한 얼굴로 주주를 대하냐고 채권자가 항의를 하였더니 대표이사는 바로 채권자에게 험악한 소리를 하였습니다. 지금까지 식구들끼리만 주주로서 임원으로서 운영을 하다가 제3자인 채권자가 주주로 들어오니 긴장을 하여서 그러려니 이해하기로 하였습니다.

바) 그리고 채권자는 그 자리에서 대표이사에게 명의개서청구서 1부, 인감증명서 1부, 주식매매계약서, 실물주권을 제시하며 명의개서를 정식으로 요청하였으나 대표이사는 채권자의 몇 차례의 요구에도 불구하고 마음대로 하라고 하며 명의개서를 거부하였습니다.

사) 그래서 채권자는 대표이사와 헤어져 나와서 박○○ 차장에게 핸드폰으로 전화를 해서는 이처럼 막무가내로 명의개서를 거부하면 손해배상 청구의 소송, 상법 635조에 의하여 명의개서 거부에 관한 과태료처분 등 법적 조치가 진행되고 임시로 주주의 지위를 정하는 가처분 및 명의개서 청구의 소를 하리라는 것을 전하였고 채권자는 이러한 법적 소송을 원하지 않으니 다음날까지 전화하여 명의개서의 날을 잡아 달라고 하였습니다. 그랬더니 대표이사와 상의하고 내일(11월 2일) 전화하겠다고 하였습니다.

그러나 전화 연락이 없어서 11월 3일 오후 6시경 전화를 박○○ 차장에게 하여 명의개서 문제에 관하여 다시 물으니 돌아온 답이 대표이사가 더 이상 채권자와 얘기도 하지 말고 이 문제에서 빠지라고 했다며, 대표이사로부터 어떠한 답도 못 들어서 자신은 어떻게 해야 할지 모르겠다고 하며 알아서 하라는 대답만이 돌아왔습니다.

그래서 채권자의 힘으로는 더 이상 선의적으로 대화로써

는 명의개서를 할 방법이 없음을 인지하고 본 가처분 재판을 신청하기에 이른 것입니다. 이 모든 거부 사실들은 반드시 법무부 상사법무과에도 고발 조치를 병행할 예정입니다.

4. 결론

이상에서 살펴본 것처럼, 위 채무자 (주)○○는 채권자에게 법령을 위반하여 주주의 권리인 명의개서를 거부하고 있습니다. 상법 337조를 살펴보면 기명주식인 경우에 회사에 주주임을 주장하고 주주권을 행사하려면 회사에 비치된 주주명부에 취득자의 이름, 주소 등을 기재해야 합니다. 그리고 기명주식의 이전은 명의개서를 하지 아니하면 회사에 대항하지 못한다(상법 제337조1항)고 하였습니다.

그러나 채무자의 완강한 거부로 현재 채권자는 회사에 주주가 되어서 회사 경영상태 파악 등을 위한 상법에서 허용한 최소한의 서류(주주총회의사록, 이사회의사록, 주주명부, 정관, 재무제표 등)의 열람·등사 및 주주총회에서의 의결권 행사 등 여러 권리 행사 등을 못하고 있는 상태이며 재산권 행사 또한 못하고 있는 실정입니다.

그러므로 신청 취지 기재와 같이 채권자가 소유한 (주)○○ 주식 709주(1.7% 지분율)에 관하여 주주로서의 지위에 있음을 임시로 정하여 주시어서 주주권의 정당한 행사를 할 수 있도록 조치하여 주시기 바라며, 적법한 기업운영과 건실한 기업문화 형성을 위해 사법권의 엄정한 행사를 하여 주실 것을 요청드리면서 이 사건의 신청에 이르렀습니다.

이 사건 가처분명령의 손해담보에 대한 담보제공은 민사집행법 제19조제3항, 민사소송법 제122조에 의하여 보증보험주식회사와 지급보증위탁계약을 맺은 문서를 제출하는 방법으로 담보제공을 할 수 있도록 허가하여 주시기 바랍니다.

입증 방법

1. 소갑제1호증 (주)○○ 법인등기부등본 1부
2. 소갑제2호증 주식매매계약서 1부
3. 소갑제3호증 채권자 소유의 (주)○○ 실물주권사본 1부
4. 소갑제4호증 유가증권 인수증 1부
5. 소갑제5호증 (주)○○엔티 법인등기부등본 1부

첨부 서류

1. 위 입증방법 각 1통
1. 당사자 선청서 1부

201○. 11. ○○.

위 채권자 조○○ ㊞

○○지방법원 귀중

■ ■ 지 방 법 원

제 2 0 민 사 부

결 정

사 건 2013카합■■ 임시로 주주의 지위를 정하는 가처분
신 청 인 조■서 (■■■-■■■■)
　　　　서울 ■■ ■■■■ ■■■■■ ■■■■■■■
피신청인 한국■■ 주식회사
　　　　■■■ ■■■■■ ■■■■■
　　　　대표이사 ■ ■■

주　문

1. 별지 목록 기재 주식의 주주 지위에 관한 본안 판결 확정시까지 신청인이 별지 목록 기재 주식에 관하여 피신청인의 주주로서의 지위에 있음을 임시로 정한다.
2. 소송비용은 피신청인이 부담한다.

신 청 취 지

주문과 같다.

이　유

1. 소명사실

이 사건 기록 및 심문 전체의 취지를 종합하면 다음 각 사실이 소명된다.

가. 피신청인은 등의 판매 및 제조업 등을 목적으로 하는 주식회사이다.

나. 신청인은 2013. 12. 5. ▨▨▨▨▨▨▨가 실시한 ▨▨절차에서 대한민국이 소유한 별지 목록 기재 주식(이하 '이 사건 주식'이라고 한다)을 84,470,000원에 매수한 후 2013. 12. 8. 매수대금을 모두 지급하고 ▨▨▨▨▨▨로부터 이 사건 주식의 주권 실물을 교부받았다.

다. 신청인은 2013. 12. 16. 피신청인에게 이 사건 주식에 대하여 명의개서를 청구하였으나 피신청인은 이를 거부하였고, 그 후에도 피신청인은 신청인의 거듭된 명의개서 청구에 불응하고 있다.

2. 판단

위 소명사실에 의하면 신청인은 이 사건 주식의 적법한 권리자라고 할 것인데, 피신청인은 정당한 사유 없이 신청인의 이 사건 주식에 대한 명의개서 청구에 응하지 아니하여 신청인의 이 사건 주식에 대한 주주로서의 권리를 침해하고 있고, 나아가 피신청인이 신청인의 거듭된 명의개서 청구에 응하지 아니한 점 등에 비추어 보면, 신청인의 이 사건 신청에 대한 피보전권리와 보전의 필요성이 모두 소명되었다고 봄이 타당하다.

3. 결론

따라서, 신청인의 이 사건 신청은 이유 있어 이를 인용하기로 하여 주문과 같이 결정한다.

2014. 2. 3.

재판장   판사   손■기   (인)

판 사   강■호   (인)

판 사   장■석   (인)

목록

1. 1주당 액면금 10,000원인 피신청인 발행의 기명식 보통주식 100주(주권번호 제다 0001호 일백주권 1장)

2. 1주당 액면금 10,000원인 피신청인 발행의 기명식 보통주식 2,000주(주권번호 제라 0001호, 0002호 일천주권 2장). 끝.

정본입니다.

2014.02.03

지방법원

법원사무관 김■곤

※ 각 법원 민원실에 설치된 사건검색 컴퓨터의 발급번호조회 메뉴를 이용하거나, 담당 재판부에 대한 문의를 통하여 이 문서 하단에 표시된 발급번호를 조회하시면, 문서의 위,변조 여부를 확인하실 수 있습니다.

chapter 10
이사해임의 소

이사는 어떠한 이유라도 상법 제385조 1항에 의해서 주주총회의 특별결의로 해임할 수 있다.

* 주주총회의 결의사항에는 보통결의사항과 특별결의사항 2가지가 있다.

보통이라는 말과 특별이라는 말의 차이에서 알 수 있듯이 특별결의사항은 보통결의보다 엄격한 사항을 다루고 있다.

보통결의는 발행 주식의 25%와 출석한 주주 50%의 찬성이 필요하다. 특별결의는 발행 주식의 33%의 참석과 출석한 주주의 67%의 찬성이 있어야 결의가 성립된다.

결의사항의 결의요건

주주총회 보통결의사항의 결의요건은 출석한 주주의 의결권의 과반수와 발행 주식 총수의 4분의 1의 요건이 성립되어야 한다.

주주총회 특별결의사항의 결의요건은 출석한 주주의 의결권의 3분의 2 이상의 수와 발행 주식 총수의 3분의 1의 요건이 성립되어야 한다.('발삼일 출삼이'이라고 외운다)

주주총회 보통결의사항

1. 이사, 감사의 선임
2. 이사, 감사의 보수결정
3. 재무제표의 승인
4. 주식배당의 결의
5. 총회의 속행 또는 결의

주총 특별결의사항

1. 정관의 변경
2. 영업의 양도, 양수, 임대
3. 이사, 감사의 해임
4. 자본의 감소
5. 합병계약서의 승인
6. 분할계획서, 분할합병계약서의 승인
7. 주식매수선택권의 부여
8. 주식교환계약서의 승인 등

그러나 상법 제385조 2항에 의해서 이사가 직무에 관하여 부정행위를 하거나 법령이나 정관에 위반한 중대한 사실이 있음에도 주주총회에서 그 해임 결의안이 부결된 경우에는 발행 주식 총수의 100분의 3 이상의 지분을 보유한 주주는 부결이 있는 날로부터 1월 내에 법원에 해당 이사의 해임을 청구할 수가 있다. 해임의 안건 부결이 제소의 요건이고, 제소기간은 주주총회 결의가 있는 날로부터 1월이다.

원고는 판결확정 시까지 3% 이상의 주식을 보유한 주주여야 하며 해임을 결의하는 총회에서 해임에 대하여 적극적으로 반대한 주주도 원고가 될 수가 있다. 피고는 회사와 이사를 공동 피고로 해야 한다.

실무상에서는 이사해임의 소를 본안 소송으로 하고 가처분으로는 '이사직무집행정지 가처분 및 직무대행자선임 신청'을 하는 경우가 많다.

이사해임의 소의 요건을 보면

1. 주주총회에서 이사를 해임하는 의안이 부결되었음을 요한다.
실제로 주주총회가 개최되지 않아서 이사해임의 의안이 제안조차 되지 않은 경우에도 이에 해당하고 정족수가 부족하여 해임 결의가 행해지지 않았어도 이에 해당한다.

2. 직무에 대해서 부정한 행위나 법령 정관에 중대한 위반이

있어야 한다. 그 경우로는

가. 이사회의 승인이 없이 경업행위를 한 경우(상법 제397조)

> **경업금지 의무**
>
> (1) 이사는 이사회의 승인이 없으면 자기 또는 제3자의 계산으로 회사의 영업부류에 속하는 거래를 하거나(경업금지), 동종영업을 목적으로 하는 다른 회사의 무한책임사원이나 이사가 되지 못한다(겸직금지).
>
> (2) 규정의 취지는 이사가 그 지위를 이용하여 자신의 개인적 이익을 추구함으로써 회사의 이익을 침해할 우려가 큰 경업을 금지하여 이사로 하여금 선량한 관리자의 주의로써 회사를 유효적절하게 운영하여 그 직무를 충실하게 수행해야 할 의무를 다하도록 하려는 데 있다.(대법원 1993.4.9. 선고 92다 53583 판결)
>
> (3) 경업금지에 위반한 거래 자체는 유효
>
> (4) 회사는 위반한 이사를 해임할 수 있고, 손해배상을 청구할 수 있다.
>
> ※ 경업의 대상이 되는 회사가 영업을 개시하지 못한 채 공장의 부지를 매수하는 등 영업의 준비 작업을 추진하고 있는 단계에 있다 하여 위 규정에서 말하는 '동종영업을 목적으로 하는 다른 회사'가 아니라고 볼 수는 없다. (대법원 1993.4.9 선고 92다53583 판결)

나. 회사의 자금 혹은 재산을 횡령하거나 유용한 경우

다. 이사회의 승인 없이 회사와 자기거래를 한 경우(상법 제398조)

라. 특별한 사정이 없이 이사가 취임 후 2년 이상 주주총회를 개최하지 않은 경우

마. 회사의 부동산을 지나치게 저렴한 가격으로 매도하거나 불공정한 방법으로 전환사채를 발행하려고 하는 경우 등

이사해임의 판결이 선고되기 전이라도 이사의 해임을 청구한 원고는 가처분으로 이사의 직무를 정지할 수가 있고 직무대행자를 선임할 수가 있다.

가처분이 있을 때는 회사의 본점 및 지범 소재지에 가처분 등기를 해야 한다.

주주는 먼저 회사에 해임을 요청하는 이유를 적어서 이사 해임을 안건으로 주주총회 소집을 청구해야 한다.

이사의 해임 판결이 확정되면, 제1심법원은 회사의 본점과 지점 소재지의 등기소에 재판의 등본을 첨부하여 이사의 해임 등기를 촉탁해야 한다.(비송 107조6호, 108조)

참석한 주주총회에서 이사해임을 요청한 주주를 제외하고 모든 주주들은 이사해임에 반대하여 그 결의가 있은 지 1개월 내로 해임의 안을 상정한 주주가 다음의 이사해임의 소를 제기하였다.

준 비 서 면

사건번호   2015 가합 ▮▮호   이사해임

원   고   조 ▮ ▮

피   고1   ▮▮▮▮ 주식회사 .

피   고2   ▮ ▮ ▮

위 사건에 관하여 원고는 2015.08.11.답변서에 대한 준비서면을 다음과 같이 제출합니다.

다 음

1. 관계회사 (주)▮▮▮▮ 설립후인 2006년부터 급격히 증가한 매출채권

가   (주)▮▮▮▮의 회사설립일이 2006.▮▮▮▮입니다.(갑제6호증)

* (주)▮▮ ▮▮주주 구성

주주명	피고2와의 관계	지분율
▮▮▮	피고2 본인	60%
▮▮▮	처	24%
▮▮▮	자녀	15%
▮▮▮	친척	1%

(주)▮▮▮의 매출액 및 피고1 ▮▮▮▮(주) 매출액 비교

준비서면

사건번호   2015 가합▓▓▓호   이사해임

원   고   조▓▓

피 고1   ▓▓▓▓   주식회사

피 고2   ▓▓▓▓▓

위 사건에 관하여 원고는 피고의 2015.11.16.자 준비서면에 대하여 다음과 같이 준비서면을 제출합니다.

다 음

1. 사안이 다른 피고 제시 2011다 57869 판결 과 피고1 '▓▓▓'와 ▓▓ 시장에서 경쟁사인 "(주)▓▓▓에 대하여

가) 피고가 제시한 2013.09.12. 선고 2011 다57869 판결(손해배상)은 (주)▓▓▓ 계이사들이 (주)광주▓▓▓가 발행한 신주를 인수하지 않아 회사와 주주에 게 손해를 끼쳤는지 여부, ▓▓▓부회장이 (주)광주▓▓▓의 신주를 전액 인수한 행위에 대해서 평가를 한 판결입니다.

광주▓▓▓가 주당 5,000원으로 신주 50만주를 유상증자를 하고, 당시 광주 ▓▓▓의 주식 100%를 가지고 있던 신주를 매수 할 권한이 있던 모회사 ▓▓▓는 이사회를 열고 자금조달이 어렵다는 이유등으로 신수인수를 포기 하였습니다.

준 비 서 면

사　건　　2015가합■■■■ 이사해임
원　고　　조■■
피　고　　■■■ 주식회사 외 1

위 사건에 대하여 피고들의 소송대리인은 다음과 같이 변론을 준비합니다.

다　음

1. 원고 주장의 요지

원고는 피고 ■■■가 동종업을 영위하는 주식회사 ■■■(이하 "■■■"이라고만 합니다)을 설립하여 ■■■을 위해서만 각종 업무를 수행함으로써 반사적으로 경쟁관계에 있는 피고 회사의 매출이 감소하는 등 상법 상 경업금지의무를 위반하고 사업기회를 유용하였다는 취지의 주장을 하고 있습니다.

그러나 위와 같은 사실을 입증하기 위해 원고가 제시한 증거는 피고 ■■■의 경영활동의 일면만 확대 해석한 것으로 객관적인 사실관계를 곡해하고 있으며, 피고 회사와 ■■■의 판매 제품이 전혀 다름을 무시한 것으로 이유 없다 할 것입니다. 이하에서 자세히 설명드리겠습니다.

법무법인

chapter 11
회계장부 열람·등사 청구의 소

1. 관할 및 소가

지분투자자가 투자한 회사에 회사정관, 이사회의사록, 주주총회의사록, 재무제표 및 그 부속명세서, 영업보고서, 감사보고서, 주주명부 등의 열람·등사를 요청한 후 서류를 입수하여 검토한 결과 경영상 특히 회계 및 재무상에 문제점 등이 발견된 경우 비재산권을 목적으로 하는 소송인 회계장부 열람·등사 청구의 소를 제기할 수 있다. 투자자인 주주가 회사 운영상의 문제점 등의 시정을 구두 및 유선상, 내용증명 우편으로 요구하여도 계속 요구에 응하지 않으면 회사를 상대로 상법 제466조에 의하여 회계장부 서류의 열람·등사를 구하는 것이다.

상법 제466조제1항을 보면 발행 주식 총수의 3% 이상을 가진 주주는 이유를 붙인 서면으로 회사에 회계장부 서류의 열람·등사를 청구할 수 있다. 소가는 1억 원으로 민사소송 등 인지법에 의해서 인지금액이 금 455,000원이고 송달료는 '3,700원×2인×15회 = 111,000원'으로 합의부 사건이다.

회사의 본점 소재지 지방법원이 관할 법원이다. 요즘은 핸드폰 앱 검색기에 '소송계산기'라고 검색하면 다양한 인지대 및 송달료를 계산할 수 있는 앱이 있으니 내려받아 사용하면 된다. 또 대한법률구조공단의 '생활법률자동계산' 사이트를 이용하여 송달료 및 인지대 계산하면 편리하다.

또한 전자소송으로 소장을 제출하면 더욱 편리하다. 공인인증서가 있으면 인지대도 10% 저렴하고 송달료도 저렴한 전자소송을 꼭 해보기를 권한다.

2. 당사자(원고 및 피고)

원고로서 발행 주식 총수의 3% 이상에 해당하는 주식을 가진 주주는 회계장부 및 서류의 열람 및 등사를 청구할 수가 있다. 여기서 우리는 상장 회사가 아닌 비상장 회사를 상대로 한 권리를 청구하므로 비상장 회사의 지분 비율인 100분의 3 이상의 투자자인 경우만을 서술한다. 피고는 회사가 된다.

3. 청구의 요건

회계장부 열람·등사 서류 회계장부는 회계에 관한 서류여야 한다. 업무나 재산의 상황에 관한 장부를 열람·등사 신청해서는 안 된다. 주주인 원고는 열람·등사하려는 이유를 구체적으로 명시하여 열람대상인 회계장부의 명칭 및 종류를 특정하여 청구해야 한다.

이와 관련한 '대법원 1999.12.21. 선고 99다137 판결'을 보자!

> 대법원 1999.12.21. 선고 99다137 판결 【회계장부등열람및등사가처분이의】 [공2000.2.1.(99),273]
>
> 【판시사항】
> [1] 상법 제466조제1항 소정의 소수 주주의 회계장부열람등사청구권을 피보전권리로 하여 당해 장부 등의 열람·등사를 명하는 가처분의 허용 여부(적극) 및 그 허용 방법
> [2] 상법 제466조제1항 소정의 소수 주주의 회계장부열람등사청구권 행사에 요구되는 이유 기재의 정도
> [3] 상법 제466조제1항 소정의 소수 주주의 회계장부열람등사청

구권의 행사 범위 및 열람·등사의 회수가 1회로 제한되어야 하는지 여부(소극)

【판결요지】

[1] 상법 제466조제1항 소정의 소수 주주의 회계장부열람등사청구권을 피보전권리로 하여 당해 장부 등의 열람·등사를 명하는 가처분이 실질적으로 본안소송의 목적을 달성하여 버리는 면이 있다고 할지라도, 나중에 본안소송에서 패소가 확정되면 손해배상청구권이 인정되는 등으로 법률적으로는 여전히 잠정적인 면을 가지고 있기 때문에 임시적인 조치로서 이러한 회계장부열람등사청구권을 피보전권리로 하는 가처분도 허용된다고 볼 것이고, 이러한 가처분을 허용함에 있어서는 피신청인인 회사에 대하여 직접 열람·등사를 허용하라는 명령을 내리는 방법뿐만 아니라, 열람·등사의 대상 장부 등에 관하여 훼손, 폐기, 은닉, 개찬이 행하여질 위험이 있는 때에는 이를 방지하기 위하여 그 장부 등을 집행관에게 이전 보관시키는 가처분을 허용할 수도 있다.

[2] 주식회사 소수 주주가 상법 제466조제1항의 규정에 따라 회사에 대하여 회계의 장부와 서류의 열람 또는 등사를 청구하기 위하여는 이유를 붙인 서면으로 해야 하는바, 회계의 장부와 서류를 열람 또는 등사시키는 것은 회계운영상 중대한 일이므로 그 절차를 신중하게 함과 동시에 상대방인 회사에게 열람 및 등사에 응해야 할 의무의 존부 또는 열람 및 등사를 허용하지 않으면 안 될 회계의 장부 및 서류의 범위 등의 판단을 손쉽게 하기 위하여 그 이유는 구체적으로 기재해야 한다.

[3] 상법 제466조제1항 소정의 소수 주주의 회계장부 및 서류의 열

람·등사청구권이 인정되는 이상 그 열람·등사청구권은 그 권리행사에 필요한 범위 내에서 허용되어야 할 것이지, 열람 및 등사의 회수가 1회에 국한되는 등으로 사전에 제한될 성질의 것은 아니다.

【참조조문】 [1] 상법 제466조/ [2] 상법 제466조/ [3] 상법 제466조

영업시간 내에 주주가 직접 열람·등사를 하거나 제3자(회계사, 세무사 등)에게 위임하여 열람·등사를 하는 것도 가능하다. 상법 제466조제2항을 보면 회사는 주주의 청구가 부당함을 증명하지 아니하면 이를 거부하지 못한다고 하여 회사에게 회계장부의 열람·등사 청구가 부당함을 입증하도록 하고 있다.

회계장부 및 서류의 열람·등사는 회사의 운영상 회계에 관련하여 매우 중대한 일이고 절차이므로 신중하게 행해야 한다. 앞에서 대법원 1999.12.21. 선고 99다137 판결문을 살펴본 것처럼 서류의 범위 및 이유를 구체적으로 기재해야 한다. 이를테면 회사의 경영상태가 그냥 궁금하다는 이유만으로 청구하는 것은 안 된다.

또 이런 이유도 안 된다.
- 대표이사가 자기의 뜻으로 자의적이고 방만하게 회사를 경영하므로
- 회사의 경영 감시가 필요해서

· 주주권 행사에 필요한 조사를 위해서
· 향후에 신주발행 등 회사의 재산상태가 적정한지 파악을 위해서

이같이 구체적인 기재 내용이 없는 상태로 적힌 이유는 청구이유의 구체적인 기재사항이 아닌 것이다. 주주는 회사가 부정한 행위를 했다는 구체적인 사유를 적어야 하고 회사의 경영상태를 악화시킬 구체적인 사유를 적어야 한다. 그러므로 주주가 회사의 경영상태에 대한 파악, 감독, 시정의 필요성을 구체적으로 기재하여 청구해야 한다.

서울지방법원 1998.04.01. 선고 97가합68790 판결을 살펴보자!

서울지법 1998.04.01. 선고 97가합68790 판결 【회계장부등열람및등사청구】

【판시사항】
주주의 회계장부 등의 열람 및 등사 청구권의 인정 요건

【판결요지】
상법 제466조제1항에 의하여 발행 주식의 총수의 100분의 5 이상에 해당하는 주식을 가진 주주에게 인정되는 회계장부 및 서류의 열람 및 등사 청구권은 주주의 회사 경영상태에 대한 알 권리 및 감독·시정할 권리와 한편 열람 및 등사 청구를 인정할 경우에 발생할 수 있는 부작용, 즉 이를 무제한적으로 허용할 경우 회사의 영업에

지장을 주거나, 회사의 영업상 비밀이 외부로 유출될 염려가 있고, 이로 인하여 얻은 회계정보를 부당하게 이용할 가능성 등을 비교형량하여 그 결과 주주의 권리를 보호해야 할 필요성이 더 크다고 인정되는 경우에만 인정되어야 하고, 회계장부의 열람 및 등사를 청구하는 서면에 기재되는 열람 및 등사의 이유는 위와 같은 비교형량을 위하여, 또한 회사가 열람·등사의 청구에 응할 의무의 존부의 판단을 위하여 구체적으로 기재될 것을 요한다고 할 것인바, 주주가 회계의 장부와 서류를 열람 및 등사하려는 이유가 막연히 회사의 경영상태가 궁금하므로 이를 파악하기 위해서라든지, 대표이사가 자의적이고 방만하게 회사를 경영하고 있으므로 회사의 경영상태에 대한 감시의 필요가 있다는 등의 추상적인 이유만을 제시한 경우에는 주주의 권리를 보호해야 할 필요성이 더 크다고 보기가 어려우므로 열람 및 등사 청구가 인정되지 아니한다고 봄이 상당하지만, 예컨대 회사가 업무를 집행함에 있어서 부정한 행위를 하였다고 의심할 만한 구체적인 사유가 발생하였다거나, 회사의 업무집행이 법령이나 정관에 위배된 중대한 사실이 발생하였다거나, 나아가 회사의 경영상태를 악화시킬 만한 구체적인 사유가 있는 경우 또는 주주가 회사의 경영상태에 대한 파악 또는 감독·시정의 필요가 있다고 볼 만한 구체적인 사유가 있는 경우 등과 같은 경우에는 주주의 권리를 보호해야 할 필요성이 더 크다고 보여지므로 열람 및 등사 청구가 인정된다.

회계장부의 열람 및 등사 신청의 정당한 이유의 판단 기준에 관하여 대법원 2004.12.24.자 2003마1575 결정을 살펴보자!

대법원 2004.12.24.자 2003마1575 결정 【회계장부등열람및등사가처분】

【판시사항】

주주의 이사회 회의록 및 회계장부와 서류에 대한 열람·등사권의 행사가 부당한지 여부의 판단 기준

【결정요지】

상법 제391조의3제3항, 제466조제1항에서 규정하고 있는 주주의 이사회의 의사록 또는 회계의 장부와 서류 등에 대한 열람·등사 청구가 있는 경우, 회사는 그 청구가 부당함을 증명하여 항에서 규정하고 있는 주주의 이사회의 의사록 또는 회계의 장부와 서류 등에 대한 열람·등사 청구가 있는 경우, 회사는 그 청구가 부당함을 증명하여 이를 거부할 수 있는바, 주주의 열람·등사권 행사가 부당한 것인지 여부는 그 행사에 이르게 된 경위, 행사의 목적, 악의성 유무 등 제반 사정을 종합적으로 고려하여 판단해야 할 것이고, 특히 주주의 이와 같은 열람·등사권의 행사가 회사업무의 운영 또는 주주 공동의 이익을 해치거나 주주가 회사의 경쟁자로서 그 취득한 정보를 경업에 이용할 우려가 있거나, 또는 회사에 지나치게 불리한 시기를 택하여 행사하는 경우 등에는 정당한 목적을 결하여 부당한 것이라고 보아야 한다.

【참조조문】 상법 제391조의3제3항, 제466조제1항
【참조판례】 대법원 1997.03.19.자 97그7 결정 (공1997상, 1167)

회계장부의 범위를 살펴보면 회사의 재무 및 경리 상황을 나타내는 장부 및 서류인 전표, 영수증, 계약서 법인카드 명세서

등을 모두 포함한다. 그러므로 주주는 열람대상이 되는 회계장부의 명칭, 종류 등을 특정하여 청구해야 한다.

대법원 2001.10.26. 선고 99다58051 판결을 살펴보자!

대법원 2001.10.26. 선고 99다58051 판결 【장부등열람및등사가처분】
[공2001.12.15.(144),2532]

【판시사항】
상법 제466조제1항 소정의 회계장부열람등사청구의 대상에 자회사의 회계장부가 포함될 수 있는지 여부(적극)

【판결요지】
상법 제466조제1항에서 정하고 있는 소수 주주의 열람·등사 청구의 대상이 되는 '회계의 장부 및 서류'에는 소수 주주가 열람·등사를 구하는 이유와 실질적으로 관련이 있는 회계장부와 그 근거자료가 되는 회계서류를 가리키는 것으로서, 그것이 회계서류인 경우에는 그 작성명의인이 반드시 열람·등사 제공의무를 부담하는 회사로 국한되어야 하거나, 원본에 국한되는 것은 아니며, 열람·등사 제공의무를 부담하는 회사의 출자 또는 투자로 성립한 자회사의 회계장부라 할지라도 그것이 모자관계에 있는 모회사에 보관되어 있고, 또한 모회사의 회계상황을 파악하기 위한 근거자료로서 실질적으로 필요한 경우에는 모회사의 회계서류로서 모회사 소수 주주의 열람·등사 청구의 대상이 될 수 있다.

【참조조문】 상법 제466조

다음은 필자의 실제 소송 사례로 회계장부 열람·등사 청구의 소에 관한 승소 판결문이다. 본 소송을 하기 전에 회사에 '내용증명' 우편을 통해 다음 서류의 열람·등사를 요청했다.

내용증명

1. 당부의 말과 회계장부 열람을 위한 준비서류
귀사가 보유한 주주명부를 기초로 모든 주주분들에게 회계장부 열람권 행사예정임을 알려주시기 바랍니다.

(상법 466조1항의 열람·등사 서류)

― 회계장부 열람을 위한 준비서류 ―
① 2007회계년 및 2008회계년, 2009회계년, 2010회계년 반기까지의 회사 법인 통장
② 2007회계년, 및 2008회계년, 2009회계년, 2010회계년 반기까지의 원장, 보조부, 전표 및 관련 증빙(전표, 영수증, 계산서, 품의서, 계약서 등)
③ 2007회계년부터 2010회계년 반기까지의 현금 출납장
④ 2007회계년, 2008회계년, 2009회계년, 2010회계년 반기까지의 법인카드 사용 내역과 관리대장
⑤ 2007회계년, 2008회계년, 2009회계년, 2010회계년 반기까지의 임직원 급여대장

2. 그리고 이 모든 서류는 ○○○○(주)의 본점에서 영업시간 내에 보기를 원합니다.

참고적으로 회계장부 열람·등사 청구는 주주 조○○만의 이익을 위함도 아니고, 제가 경쟁업자나 그 관계자도 아님을 알려드립니다. 그리고 제3자에게 공개할 목적으로 열람·등사를 청구하는 것도 아닙니다. 단지 ○○○○(주)의 주주로서 회사의 발전을 위하여 회사의 영업시간 내 ○○○○(주) 본사 사무실에서 회계장부 열람·등사를 원하는 것임을 밝혀 드립니다.

■■■지방법원 서부지원

제 1 민 사 부

결 정

사　　건　2011가합■■■ 회계장부열람등사
원　　고　조 ■■
　　　　　서울 ■■■■ ■■■■ ■■ ■■■■
피　　고　■■■■ 주식회사

　　　　　대표이사 ■■■

위 사건의 공평한 해결을 위하여 당사자의 이익, 그 밖의 모든 사정을 참작하여 다음과 같이 결정한다.

결정사항

1. 피고는 원고 또는 원고가 지정하는 대리인에게 이 사건 결정 확정일 다음날부터 공휴일을 제외한 20일동안 3회에 한하여 그 장부 및 서류의 보관장소에서 피고의 영업시간 내(09:00-18:00)에 별지 목록 제1항 기재 영업년도 내의 별지 목록 제2항 기재 장부 및 서류를 열람 및 등사하게 하라.
2. 소송비용은 각자 부담한다.

청구의 표시

청 구 취 지

피고 회사는 원고 또는 원고가 지정하는 그 대리인에게 이 사건 결정이 송달된 다음날부터 공휴일을 제외한 20일 동안 09:00부터 18:00까지의 시간 내에 한하여 피고 회사

의 본점 또는 그 장부 및 서류의 보관장소에서 별지 목록 기재 장부 및 서류를 열람 및 등사하게 하라

청 구 원 인

별지 청구원인 기재와 같다.

2012. 2. 7.

수명법관   판사   박

※ 이 결정서 정본을 송달받은 날부터 2주일 이내에 이의를 신청하지 아니하면 이 결정은 재판상 화해와 같은 효력을 가지며, 재판상 화해는 확정판결과 동일한 효력이 있습니다.

PART 03

기업채권관리

chapter 01 약속어음공증

 금전을 빌려주고 나중에 채무자가 금전을 변제하지 않으면 재판절차를 거치지 않고도 공정증서를 작성한 공증사무소에서 집행문을 부여받아서 바로 강제집행할 수가 있기 때문에 공증을 하는 것이다.
 공증의 종류에는 3가지가 있다.

1. 공정증서

 공증사무실에서 채권자 및 채무자의 의사를 확인하여 그에 관련된 서류를 직접 작성하는 것이 공정증서이다. '약속어음공증'이나 '금전소비대차 공정증서'를 받아 놓는 것이 대표적인 공정증서이다. 이 같은 공정증서를 작성하여 놓으면 판결을 받지 않고도 강제집행을 바로 할 수가 있다.

2. 사서증서의 인증

당사자인 채권자나 채무자가 작성한 서류가 본인들의 의사에 의하여 작성된 것을 증명하기 위해 공증인 앞에서 확인받아 그 사실들을 기재하는 것을 말한다. 이 같은 사서인증은 공정증서와는 달리 작성된 서류가 위조된 것이 아닌 사실에 대한 신뢰를 공적으로 부여하는 것이다. 강력한 증거력만을 갖고 있고 강제집행을 실시할 수 있는 효력은 갖지 않는다.

3. '정관 및 의사록'의 인증

주식회사 등은 의사록이나 정관을 인증받도록 상법에 규정되어 있다. 이것은 사서인증의 특별한 형태로 보아야 한다.

공정증서를 작성하는 방법을 알아보자. 공증은 서로 이해관계자, 즉 채권자나 채무자인 당사자 사이에 금전 거래를 하면서 장래 변제할 시기와 장소를 명확히 하기 위함이다. 법을 빌려서 훗날 대립할 수도 있는 상황을 없애기 위해 정부의 허가를 받아 운영하고 있는 공증사무실(합동법률사무소)에 제3자의 입장으로 채권 채무자의 관계를 명확히 확인할 수 있는 근거를 남겨두는 제도다.

공증사무실에서 확인해준 서류는 미래에 채무변제가 이루어지지 않았을 때 채권자가 금전을 돌려받기 위해 채무자의 재산에 강제집행을 할 수 있는 정당한 권리가 생기는 증서다. 돈을 빌려 간 사람이 만기일에 갚지 않았을 때 별도의 법적인 소송 없이도 금전을 빌려 간 사람의 재산을 압류해 경매까지도 진행할 수 있는 효력이 있다.

채권자 및 채무자가 약속어음을 발행하여 인감도장을 들고 공증사무실에 가서 공증을 받는 방법도 있지만 직접 당사자가 나서는 경우가 많지 않다. 두 당사자의 대리인이 공증사무실에 찾아가 공증을 받는 것이 보통이다. 대리인이 방문할 때는 우선 두 당사자 명의 약속어음이 발행된 위임장에 각각의 인감도장과 인감증명서 1통씩을 받아야 한다.

공증사무실에서는 서류를 확인하고 공정증서를 3부 작성한다. 1부는 원본, 1부는 정본, 1부는 등본(원정등!)이다.

공증사무실에서는 원본을 1부 복사해서 보관한다. 차후에 채권자 및 채무자 간에 대립이나 소송이 있을 때, 또는 위조나 변조가 있을 때, 삼자 간 확인하기 위함이다. 서류가 모두 작성되면 공증사무실에서는 발행된 서류가 합법적임을 증명한다는 책임자의 서명과 간인 등을 한다.

이렇게 작성된 공정증서를 수령할 때 일정의 수수료를 지불한다.

금액 기준 1,000만 원까지는 기본요금이 33,000원이다.
금액 1,500만 원까지는 44,000원이고 1,500만 원 초과 시는 '44,000원+초과금액의 3/2,000(최고한도)'이다.

예를 들어 5,000만 원을 공증한다면 1,500만 원까지 44,000원에 '초과한 금액 3,500만 원×3/2000' 해서 나온 52,500원을 더한 총 96,500원을 지불해야 한다.

차 용 금 증 서

일금오천만원정 (₩50,000,000원)

위 금액을 본인은 다음과 같이 약정하고 정히 차용함.

1. 위 금액을 차용함에 있어 이자는 매월 12일에 월 %(금   원정)로 계산하여 지불하기로 한다.
2. 위 차용금의 만기 변제기일은 서기 2012년 9월 12일로 약정함.
3. 차용금 전액을 기한 전에 변제할 수 있으며 기한내 변제시 그달 이자계산은 15일 단위로 계산 지불키로 함. 단, 첫달내 변제할 경우에는 1개월 이자로 납부키로 함.
4. 위 약정을 이행치 아니할 시는 기한의 이익을 상실하므로 법적절차를 취하여도 채무자(차용인)는 하등의 이의가 없음.
5. 하기사항과 같은 경우에는 변제기간 전이라도 채권자의 청구에 응하여 원리금을 즉시 변제하기로 함.
    가. 이자 지급을 1회 이상 연체 시
    나. 다른 채무로 인하여 가압류 또는 강제집행을 받은 때
    다. 아무런 이유 없이 연락이 두절 됐을 때
    라. 내용증명 또는 채권양도양수 의무를 통보했을 때 받지 않거나 거부당한 때.
    마. 타인의 채무를 부담하여 재산상 집행을 당할 위험이 있을 때
6. 본 채권은 채권자 임의로 제 3자에게 양도하여도 이의가 없음.
7. 본 계약에 기인된 소송은 채권자의 관할 법원으로 정함.

위 약정을 확실히 준수하기 위하여 이 차용금증서를 작성하여 서명, 날인 한다.

2012년 7월 13일

차 용 인 : 박

연대차용인 : 정

채 권 자

공란 및 백지어음수표 보충용 위임장

본인 과 연대보증인은 채권자인 ███████ 를 통하여 금전소비대차 계약ㅅ
로 금원을 투자받았음을 확인합니다.
이에 따라 본인과 연대 보증인이 날인한 약속어음, 위임장, 기타관련 서류 일체으
공란에 보충할수 있는권한을 아래의 수임자에게 위임 합니다.

- 다 음 -

20 년   월   일

위임하는 자 :   (인)

양 도 인 :   (인)
주   소 :
주민등록번호 :

위임하는 자 :   (인)

연대보증인 :   (인)
주   소 :
주민등록번호 :

수 임 자 :   (인)
주   소 :

위 임 장

수 임 인 (대리인)	주 소
	성 명

위의 사람을 본인의 대리인으로 정하여 공증인가   에서 공증인법 제56조의 2(어음·수표의 공증 등)에 의한 다음 어음의 금원 지급을 연체할 경우에는 **즉시강제집행을 받아도 이의 없다**는 취지 내용의 공정증서 작성 촉탁에 관한 일체의 권한을 위임합니다.
1. 자기계약 및 쌍방대리 행위를 승낙함.   2. 첨부서면 : 위임인 인감증명서 1통

액 면	금		원정	수 취 인	
발 행 일		지 급 기 일		발 행 인	
발 행 지	서울특별시	지 급 지	서울특별시	지급장소	서울특별시

년   월   일

위임인	주 소		위임인	주 소	
	성 명	인감 ㊞		성 명	인감 ㊞
위임인	주 소		위임인	주 소	
	성 명	인감 ㊞		성 명	인감 ㊞

전 화 :

약 속 어 음

_____ 귀하

금 _____ 원정

₩

위의 금액을 귀하 또는 귀하의 지시인에게 이 약속어음과 상환하여 지급하겠습니다.

발 행 일	년 월 일
지급기일	년 월 일
발 행 지	서울특별시
지 급 지	서울특별시
지급장소	서울특별시

발행인 주 소	
성 명	㊞
발행인 주 소	
성 명	㊞
발행인 주 소	
성 명	㊞
발행인 주 소	
성 명	㊞

차용증을 기초로 만든 '어음공증' 서류다.

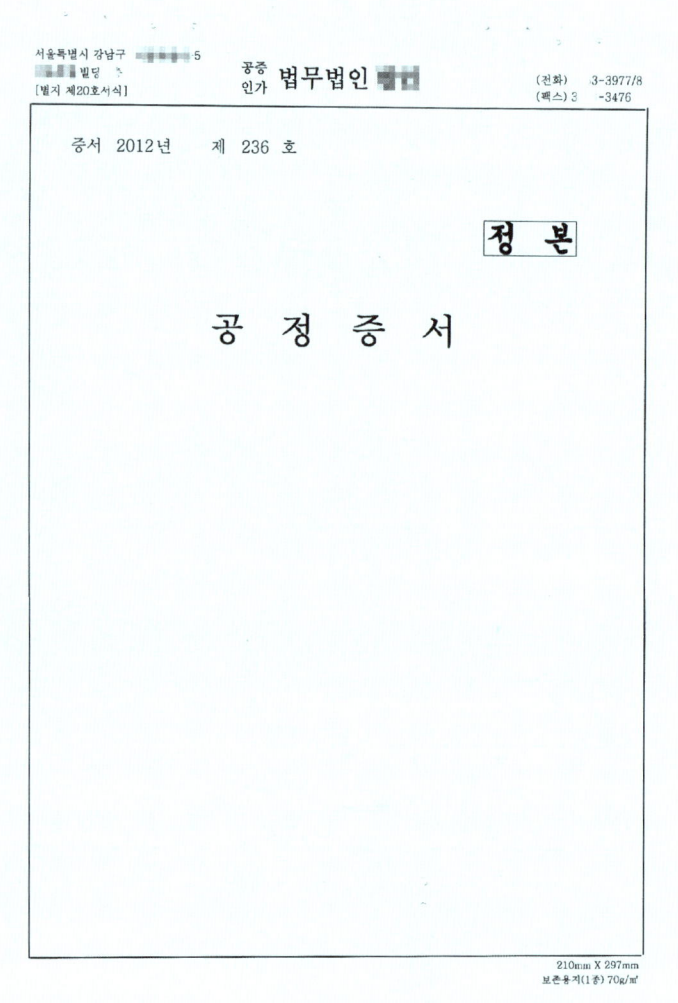

약 속 어 음

(유) 개썻 귀하　₩60,000,000

금 육천만원정

위의 금액을 귀하 또는 귀하의 지정인에게 이 약속어음과 상환하여 지급하겠습니다.

지급기일: 일람출급　　　　　원　일　　발행일: 2012. 07. 16 월　일
발행지: 서울특별시　발행인주소:
지급지: 서울특별시　발행인주소:
　　　　(영등포동)　성명:
지급장소: 서울특별시　발행인주소:
　　　　　　　　　　성명:
　　　　　　　　　　발행인주소:
　　　　　　　　　　성명:

[별지 제24의2호서식]　　　　　공증인가　법무법인 ■■　　　（전화）　　7/8
　　　　　　　　　　　　　　　　　　　　　　　　　　　　　　　　　（팩스）　　-3476

촉탁인(발행인등의 대리인) 조■서

촉탁인(수취인) (유)■■■■■ 이사 조■서

(유)

위 촉탁인들이 제시한-------------------- 운전면허증---------------
에 의하여 그 사람들이 틀림없음을 인정하였다.----------------------
대리권은 본인의 인감증명서가 첨부된 위임장에 의하여 이를 인정하였다.---------
본 공증인은 이에 위 어음에 대하여 즉시 강제집행할 것을 인낙한 이 공정증서를----
2012년 07월 16일 이 사무소에서 작성하였다.------------------------
같은날 본 공증인은 이 사무소에서 위 촉탁인들의 청구에 의하여 정본은 수취인-----
　　(유)■　　　　　----에게, 등본은　　　발행인 등의 대리인------ 에게
각 작성 교부한바 각자 이를 수령하였다.-----------------------------

　　　　　　　　　　　　　　　　　　　　　　　　　　210mm X 297mm
　　　　　　　　　　　　　　　　　　　　　　　　　　보존용지(1종) 70g/㎡

서울 ███ ███ 공증인가 **법무법인** ██ (전화)
[별지 제21호서식]   (팩스)

관 계 자 의 표 시

| 관 계 (촉탁인) 발 행 인 -- |
| 성 명 (명 칭) 박 -- |
| 주 소 (소재지) 경기도 ███████████████████ |
| 직업 ------------------------ 주민등록번호 ███████ |

| 관 계 (촉탁인) 연대보증인 -------------------------------------- |
| 성 명 (명 칭) 정 -- |
| 주 소 (소재지) 경기도 |
| 직업 ------------------------ 주민등록번호 |

| 관 계 (촉탁인) 채무자 등의 대리인 --------------------------- |
| 성 명 (명 칭) 조 -- |
| 주 소 (소재지) 서울특별시 |
| 직업 ------------------------ 주민등록번호 |

| 관 계 (촉탁인) 채 권 자 -------------------------------------- |
| 성 명 (명 칭) (유) ████ 이사 ██ ---------------------- |
| 주 소 (소재지) 서울특별시 강남구 |
| 직업 ------------------------ 주민등록번호 ---------- |

| 관 계 (촉탁인) -- |
| 성 명 (명 칭) -- |
| 주 소 (소재지) -- |
| 직업 ------------------------ 주민등록번호 ---------- |

210mm X 297mm
보존용지(1종) 70g/m²

[별지 제12호서식]

서울특별시 강남구 ▮▮▮▮ 공증인가 법무법인 ▮▮ (전화) 3
(팩스) 3

증서 2012 년   제 236호

2012년 07월 16일

공증인가 법무법인

서울중앙지방검찰청

서울특별시 강남구

공증담당변호사 이 ▮ ▮. (印)

210mm X 297mm
보존용지(1종) 70g/㎡

서울특별시 강남구 ███████ 　　공증　법무법인 ██　　(전화)
　　　　　　　　　　　　　　　인가　　　　　　　　　　(팩스)
[별지 제12호서식]

증서 2012 년　제 236호

위는 정본입니다.

　　　　　　　　　　2012년 07월 16일

　　　　　　　공증　법무법인 ██
　　　　　　　인가
　　　　　　　　서울중앙지방검찰청
　　　　　　　　서울특별시 강남구
　　　　　공증담당변호사　　이 ██　(인)

210mm X 297mm
보존용지(1종) 70g/㎡

서울특별시 강남구 ▨▨▨ ▨▨
[별지 제17호서식] 　공증인가 법무법인 ▨▨　(전화)
　　　　　　　　　　　　　　　　　　　　　　　(팩스)

집 행 문

증서 2012년 제 236호 공정증서 정본표시

채무자 박 ▨▨, 연대보증인 정

―――――――――――――――――――――――― 들에

대한 강제집행을 실시하기 위하여 ――――――――――――

채권자 (유) ――――――――――――――

―――――――――――――――――――――――― 에게

이 집행문을 이 사무소에서 부여한다. ――――――――――

―――――――――――――――――――――――――――

―――――――――――――――――――――――――――

2012년 10월 24일

공증인가 법무법인 ▨▨

서울중앙지방검찰청

서울특별시 강남구

공증담당변호사

210mm X 297mm
보존용지(1종) 70g/㎡

일람출급

실무상 많이 사용하는 방식으로, 어음소지인이 지급을 위한 제시를 한 날을 만기로 삼는 방식이다. 어음면에, '일람출급' 또는 '제시 즉시 지급함'이나 기타 같은 취지의 뜻을 기재하면 된다.

일람출급 어음은 발행일로부터 언제든지 소지인의 의사에 따라 만기가 될 수 있다. 실무에서는 일단 일람출급으로 하고 어음 외의 합의로써 제시를 후일에 하게 하는 경우가 많다.

발행인은 일정한 기일 전에는 일람출급어음의 지급을 위한 제시를 금하는 뜻을 기재할 수 있다.(어음법 제34조제2항전, 77조제1항제2호) 따라서 2015. 09. 17. 일람출급으로 어음을 발행하면서 '2015.12.31.까지 제시 금함'이라고 기재할 경우 제시기간은 2016.01.01.부터 개시된다.

일람출급이라고 해서 소지인이 편의에 따라 얼마든지 제시를 지연시킬 수 있다고 한다면 어음관계가 장기간 미결상태에 놓인다. 어음관계는 신속히 종료하는 것이 바람직하므로 어음법은 제시기간을 1년으로 제한하고 있다. 이 기간을 경과하여 제시하면 거절되더라도 상환청구권을 행사할 수 없다.
그러나 약속어음의 발행인은 상환 의무자가 아니라 주채무자이므로 이 기간이 경과하더라도 발행인에 대한 지급청구권은 상실되지 않는다. 어음의 발행인은 이 1년이라는 기간을 단축하거나 연장할 수 있다.

채권압류 및 추심명령(예금)

 약속어음 공정증서를 가지고 있는 채권자는 채무자가 가지는 채권에 대한 강제집행인 압류를 급여 및 퇴직금, 임대차보증금, 예금 대여금, 매매대금, 공탁금회수(출급)채권, 저당권 등 다양한 채권에 대해서 할 수가 있다.

 이번 장에서는 예금과 채권에 대해 설명한다. 강제집행하는 방법에는 유체동산, 채권, 부동산, 자동차건설기계 등이 있다. 그중 채권압류에서 예금 채권은 채무자의 예금의 내용을 잘 모르는 경우가 더 많다. 그러나 은행명과 예금주에 대해서 채무자의 주민등록번호만 알면 예금의 종류 및 계좌번호를 명시하지 않아도 압류를 할 수가 있다. 공증사무실에서 집행문을 받아서 인지대 4,000원 및 송달료를 납부하면 된다. 인지대와 송달료는 신한은행의 인터넷뱅킹을 이용하면 된다.

신청서는 채무자의 주소지 지방법원 민사신청과에 제출하면 된다. 재판은 채무자와 제3채무자를 출석시키지 않고 신청서만으로 심리해 압류한다. 채권압류명령은 제3채무자에게 먼저 송달하고 제3채무자가 받은 후에 채무자에게 송달한다.

전부명령과 추심명령의 차이

집행권원(판결문, 약속어음공증 등)이 있는 채권자가 채무자의 채무자(제3채무자라고 함)에게 돈을 받아낼 수 있는 방법으로 전부명령과 추심명령이 있다.(민사집행법 제229조 참고)

전부명령을 받은 경우에는 채무자의 신청 채권자 외에 다른 채권자들이 해당 채권에 압류할 수 없고, 배당에 참여할 수도 없다. 즉 채무자의 다른 채권자들을 모두 배제하고 신청 채권자 혼자 독식할 수 있는 독점적 지위를 갖게 된다. 다만, 제3채무자가 변제능력이 없을 경우의 위험부담을 고스란히 채권자가 부담한다. 즉 전부명령을 받은 채권만큼은 변제된 것으로 처리되기 때문에 채무자에게 다시는 변제를 청구할 수 없다.

추심명령은 채권자에게 독점적인 지위를 부여하지 않기 때문에 채무자의 다른 채권자들이 해당 채권에 압류하거나 배당에 참여할 경우에는 채권액의 비율에 따라서 나누어 가져야 한다(안분배당=비율

배당). 다만, 안분하여 배당받은 금액이 채권액에 미치지 못할 경우에는 채무자의 다른 재산에 대하여 돈을 다 받을 때까지 계속해서 압류하는 등 추심권을 행사할 수 있다.

전부명령과 추심명령 중 어느 것을 선택할 것인지는 집행채권자의 고유권한이지만, 제3채무자가 국가, 대기업 등 변제능력이 확실하다면 전부명령을 신청하고, 제3채무자의 재산상태가 불확실하거나 무자력이 의심될 때는 추심명령을 신청하는 것이 유리하다.

채권압류 및 추심명령신청서

채권자: 조○○

채무자: ○○○

제3채무자 1. 주식회사 한국○○다드차타드은행
　　　　　 2. 주식회사 우○은행
　　　　　 3. 주식회사 한국○티은행

인지: 4,000원

송달료: 3,700원×2회분×5인 = 37,000원

서울중앙지방법원 귀중

채권압류 및 추심명령신청서

채권자: 조○○(○○○○○2-○○○○○○7) ☎ 010-○○○○-○○○○
주소: ○○시

채무자: ○○○(○○○○○○-○○○○○○○) ☎ 010-○○○○-○○○○
주소: ○○시

제3채무자:
1. 주식회사 한국○○다드차타드은행(110111-001○○○○○)
   서울시 종로구 종로 ○○(공평동)
2. 주식회사 ○○은행(110111-002○○○○)
   서울시 중구 소공로 ○○(회현동1가)
3. 주식회사 한국○티은행(110111-030○○○○)
   서울시 중구 청계천로 ○○(다동)

청구채권의 표시

1. 금 50,000,000원

공증인가 법무법인 ○○공정증서(증서 2015년 제37호)상 약속어음공증의 집행력 있는 공정증서상에 기재된 청구채권 금 50,000,000원

압류할 채권의 표시
별지 목록 기재와 같습니다.

신청 취지

1. 채무자의 제3채무자들에 대한 별지 목록 기재의 채권을 압류한다.
2. 제3채무자들은 채무자에 대하여 위 채권에 관한 지급을 하여서는 아니 된다.
3. 채무자는 위 채권의 처분과 영수를 하여서는 아니 된다.
4. 채권자는 채무자의 제3채무자들에 대한 위 압류된 채권을 추심 할 수 있다.

라는 재판을 구합니다.

신청 이유

1. 채권자는 채무자에 대하여 공증인가 법무법인 ○○공정증서 (증서 2015년 제37호)상 약속어음공증의 집행력 있는 공정증서상에 기재된 청구채권 금 50,000,000원의 채권을 가지고 있고, 채무자는 제3채무자들에 대하여 별지 목록 기재의 채권을 가지고 있습니다.
2. 그런데 채무자는 채권자에 대하여 위 청구채권표시의 채권을 변제하지 않고 있습니다.
3. 따라서 채권자는 채무자가 제3채무자들에 대하여 가지고 있는 별지 목록 기재의 채권을 압류하기 위하여 이 사건 신청

에 이른 것입니다.

첨부 서류

1. 채무자 주민등록 초본 1통
2. 제3채무자 법인등기부등본 각 1통
3. 집행력 있는 공정증서 정본 1통

2015년 10월 ○○일
위 채권자 조○○ (인)

서울중앙지방법원 귀중

【별지】

압류 및 추심할 채권의 표시

금 50,000,000원(제3채무자 1+제3채무자 2+제3채무자 3)

제3채무자 1: 주식회사 한국○○다드차타드은행(금15,000,000원)
제3채무자 2: 주식회사 ○○은행(금15,000,000원)
제3채무자 3: 주식회사 한국○○은행(금20,000,000원)

채무자가 제3채무자들에 대하여 가지는 입금되어 있거나 장래 입금될 다음 예금채권 중 다음에서 기재한 순서에 따라 위 청구금액에 이를 때까지의 금액.

다음

1. 압류되지 않은 예금과 압류된 예금이 있는 때에는 다음 순서에 의하여 압류한다.
   가. 선행압류, 가압류가 되지 않은 예금
   나. 선행압류, 가압류가 된 예금
2. 여러 종류의 예금이 있는 때에는 다음 순서에 의하여 압류한다.
   가. 보통예금
   나. 당좌예금
   다. 정기예금
   라. 정기적금
   마. 별단예금
   바. 저축은행
3. 같은 종류의 예금이 여러 계좌에 있는 때에는 계좌번호가 빠른 예금부터 압류한다.

사용증명원

인지 500원(2부)

사건번호:

채권자: 조○○
채무자: ○○○

제3채무자 1: 주식회사 한국○○다드차타드은행
제3채무자 2: 주식회사 ○○은행
제3채무자 3: 주식회사 한국○○은행

□ 공증인가 법무법인 ○○작성의 2015년 제37호 공정증서정본을 사용하고 있음을 증명하여 주시기 바랍니다.

2015. ○○. ○○.

위 채권자 조○○ (인)
연락처: 010-○○○○-○○○○

서울중앙지방법원 귀중

제3채무자에 대한 진술최고서

사건: 채권압류 및 추심명령

채권자: 조○○
채무자: ○○○

제3채무자 1: 주식회사 한국○○다드차타드은행
제3채무자 2: 주식회사 ○○은행
제3채무자 3: 주식회사 한국○○은행

채권자로부터 민사집행법 제237조의 규정에 의한 진술 최고의 신청이 있으므로 제3채무자는 채권압류 및 추심명령을 송달받은 날부터 1주 이내에 서면으로 아래 사항을 진술하시기 바랍니다.

아래

1. 채권을 인정하는지의 여부 및 인정한다면 그 한도, 지급의사가 있는지 여부 및 의사가 있다면 그 한도
2. 채권에 대하여 다른 사람으로부터 청구가 있는지의 여부 및 청구가 있다면 그 종류
3. 다른 채권자에게 채권을 압류당한 사실이 있는지 여부 및 그 사실이 있다면 그 청구의 종류

2015. ○○. ○○.
위 채권자 조○○ (인)

서울중앙지방법원 귀중

| 사건일반내용 | 사건진행내용 | » 인쇄하기 | » 나의 사건 검색하기 |

▶ 사건번호 : 서울중앙지방법원 2015타채2

기본내용

사건번호	2015타채	사건명	채권압류 및 추심명령
재판부	기타집행 1 (전화:530-)		
접수일	2015.10.05	종국결과	2015.10.16 인용

진행내용   전 체   선택

▶ 송달결과(2007. 3. 12. 전에는 재판부에서 등록한 내용에, 그 이후에는 우정사업본부로부터 전송받은 내용에 한함)를 조회하고자 할 경우에는 아래 '확인' 항목에 체크하시기 바랍니다.
  ☑ 확인
▶ 송달결과는 법적인 효력이 없는 참고사항에 불과하고, 추후 송달이 착오로 말미암은 것이거나 부적법한 경우 변경될 수 있습니다.
▶ 송달결과에 '0시 도달'로 나타나는 경우에는 기간 계산 시 초일이 산입된다는 점에 유의하시기 바랍니다.
▶ 채권압류 및 전부명령 또는 추심명령사건일경우 제3채무자가 존재시 제3채무자에게 송달이 이루어지지 않은 경우는 제출서류내용이 표시되지 않습니다.

일 자	내 용	결 과	공시문
2015.10.05	신청서접수		
2015.10.07	사건재배당		
2015.10.07	채권자1 조 에게 보정명령등본 송달	2015.10.12 도달	
2015.10.12	채권자 조 보정서 제출		
2015.10.16	결정		
2015.10.16	채권자1 조 에게(채권자용)채권압류명령 및 추심명령 결정정본 송달	2015.10.23 폐문부재	
2015.10.16	제3채무자 주식회사 한국 다드차타드은행에게 (제3채무자용)채권압류명령 및 추심명령결정정본/진술최고서 송달	2015.10.21 도달	
2015.10.16	제3채무자2 주식회사 은행에게 (제3채무자용)채권압류명령 및 추심명령결정정본/진술최고서 송달	2015.10.21 도달	
2015.10.16	제3채무자3 주식회사 한국 은행에게 (제3채무자용)채권압류명령 및 추심명령결정정본/진술최고서 송달	2015.10.21 도달	
2015.10.16	종국 : 인용		
2015.10.26	제3채무자 주식회사 은행 진술서 제출		
2015.10.27	제3채무자 주식회사 한국 은행 진술서 제출		
2015.10.27	제3채무자 주식회사 한국 다타카드은행 진술서 제출		
2015.11.02	채권자 조홍서 결정정본		
2015.12.01	채권자1 조 에게(채권자용)채권압류명령 및 추심명령 결정정본 발송	2015.12.02 송달간주	
2015.12.08	채무자 에게(채무자용)채권압류명령 및 추심명령 결정정본 송달	2015.12.15 폐문부재	

• 송달내용은 법원에서 해당 당사자(대리인)에게 해당 내용이 송달물을 발송한 내용입니다.
• 송달간주(발송송달)는 민사소송법 제189조에 의하여 서류를 당사자가 직접 송달 받지 않았다 하더라도 우체국 접수 시 송달된 것으로 간주되어 송달효력이 발생하는 제도입니다.

채권압류 및 추심명령 진행내용

서울중앙지방법원

결 정

정본입니다.
2015.11.02
법원주사보

사 건 2015타채 ████ 채권압류 및 추심명령
채 권 자 조██
　　　　　서울 ████████

채 무 자 ██
　　　　　서울

제3채무자 1. 주식회사 한█, ██ ███████은행
　　　　　서울 종로구 종로 (공평동)
　　　　　대표이사 박██

　　　　　2. 주식회사 ██은행
　　　　　서울 중구 소공로 (회현동1가)
　　　　　대표이사 이 ██

　　　　　3. 주식회사 한국█ 은행
　　　　　서울 중구 청계천로 (다동)
　　　　　대표이사 박█ ██

주 문

1. 채무자의 제3채무자에 대한 별지목록 기재의 채권을 압류한다.
2. 제3채무자는 채무자에게 위 채권에 관한 지급을 하여서는 아니 된다.
3. 채무자는 위 채권의 처분과 영수를 하여서는 아니 된다.
4. 위 압류된 채권은 채권자가 추심할 수 있다.

청구금액

금 50,000,000원

이 유

채권자가 위 청구금액을 변제받기 위하여 법무법인 공정증서 2015년 제37호 사

※ 각 법원 민원실에 설치된 사건검색 컴퓨터의 발급번호조회 메뉴를 이용하거나, 담당 재판부에 대한 문의를 통하여 이 문서 하단에 표시된 발급번호를 조회하시면, 문서의 위, 변조 여부를 확인하실 수 있습니다.

건의 집행력 있는 판결정본에 기초하여 한 이 사건 신청은 이유 있으므로 주문과 같이 결정한다.

2015. 10. 16.

사 법 보 좌 관   전 ██

주의: 1. 채권자가 채권을 추심한 때에는 집행법원에 서면으로 추심신고를 하여야 합니다. 추심신고를 할 때까지 다른 채권자의 압류, 가압류 또는 배당요구가 없으면 추심신고에 의하여 추심한 채권 전액이 추심채권자에게 확정적으로 귀속됩니다. 그러나 추심신고 전까지 다른 채권자로부터 압류, 가압류 또는 배당요구가 있으면 이미 추심한 금액을 공탁하고 다른 채권자들과 채권금액의 비율에 따라 안분하여 배당을 받도록 규정되어 있음을 유의하시기 바랍니다.
2. 추심신고서에는 사건번호, 채권자・채무자 및 제3채무자의 표시, 제3채무자로부터 지급받은 금액과 날짜를 적기 바랍니다.
3. 이 결정에 불복하는 사람은 송달받은 날부터 1주 내에 이 법원에 항고장을 제출하여야 합니다.
민사집행법 제15조, 제229조, 제236조, 제247조 1항 2호

〈별지〉

압류 및 추심할 채권의 표시

금 50,000,000원 (제3채무자1+ 제3채무자2+ 제3채무자3)

제3채무자1: 주식회사 한국은행(금15,000,000원)

제3채무자2: 주식회사 ■■■■은행(금15,000,000원)

제3채무자3: 주식회사 한국■■■은행(금20,000,000원)

채무자가 제3채무자들에 대하여 가지는 입금되어 있거나 장래 입금될 다음 예금채권중 다음에서 기재한 순서에 따라 위 청구금액에 이를 때 까지의 금액.

다 음

1. 압류되지 않은 예금과 압류된 예금이 있는 때에는 다음 순서에 의하여 압류 한다.

 가. 선행압류,가압류가 되지 않은 예금
 나. 선행압류,가압류가 된 예금

2. 여러종류의 예금이 있는 때에는 다음 순서에 의하여 압류한다.

 가. 보통예금 나. 당좌예금 다. 정기예금 라. 정기적금. 마. 별단예금.
 바. 저축은행

3. 같은 종류의 예금이 여러 계좌에 있는 때에는 계좌번호가 빠른 예금부터 압류한다.

chapter 03 주식압류

약속어음공증 서류나 다른 집행권원을 가진 채권자가 스타트업 기업이나 벤처기업의 주권미발행 주식을 집행하는 방법을 살펴보자. 이 같은 절차나 방법은 접하기가 쉽지가 않다. 주식에 대한 강제집행은 주권의 발행 혹은 미발행에 따라서 나누게 된다. 대부분 주권을 발행하지 않기 때문이다.

본인이 주식을 보관 중인 경우, 집행대상은 주권이 될 수 있고, 당연히 본인이 가지고 있기 때문에 제3채무자는 없으며, 집행방법은 유체동산집행방법에 기초해 집행하게 된다.

예탁된 주권의 경우, 집행대상은 예탁된 주권 지분이고, 제3채무자는 예탁자, 즉 증권회사나 은행 등이라 할 수 있다. 집행

구분		집행대상	제3채무자		집행방법
주권이 발행된 경우		채무자 보관 주권	주권	없음	유체동산집행방법
		예탁된 주권	예탁된 주권의 공유지분	예탁자 (증권회사, 은행 등)	그 밖의 재산권에 대한 집행방법
		보호예수된 주권	주권반환청구권	발행회사	유체물인도청구권에 대한 집행방법
주권 미발행의 경우		주식발행 6개월이 지난 경우	주식	발행회사	그 밖의 재산권에 대한 집행방법
		주식발행 6개월이 안 된 경우	주권교부청구권	발행회사	유체물인도청구권에 대한 집행방법(민사집행법 251조1항, 242조, 243조)

방법은 양도명령이나 매각명령, 그 밖에 상당한 방법에 의한 현금화 명령을 통하여 하면 된다.

보호예수된 주권의 경우, 집행대상은 주권반환청구권이고, 제3채무자는 증권예탁원이 될 것이다. 집행방법은 집행관이 주권을 인도받아 유체동산집행의 방법으로 현금화하거나, 반환청구권 자체를 특별현금화하는 방법이 있다.

주권미발행의 경우로서 주식 발행 후 6개월이 경과된 경우, 집행대상은 주식이고, 제3채무자는 회사일 것이다. 집행방법은 법원으로부터 양도명령이나 매각명령 등 특별현금화방법의 결정을 받아 그 밖의 재산권에 대한 집행방법(압류)으로 하면 된다.

주권미발행의 경우로서 주식발행 후 6개월이 경과되지 않은 경우, 집행대상은 주권교부청구권이고 제3채무자는 회사이다. 집행방법은 유체물인도청구권에 대한 집행방법으로 하면 된다. 회사가 주권을 발행한 후 법원의 인도명령에 따라 집행관이 주권을 인도받은 후 유체동산 현금화의 방법으로 현금화를 한다.

이같이 주식발행 후 6개월이 경과된 경우와 주식발행 후 6개월이 안 된 경우로 나눌 수 있다. 이렇게 구분을 하는 것은 주식압류의 대상이나 제3채무자 특정, 집행방법 등이 달라지기 때문이다.

비상장주식의 경우는 주식압류 및 현금화가 가능은 하지만 현금화 과정이 힘들어서 환가하기가 어렵다. 비상장주식에 대해서 압류 명령을 받는다면 채무자의 주주권이 박탈되어서 주주로서의 권리를 행사하지 못할 것이므로 채무자를 압박하는 수단으로 작용할 것이고 투자나 회사매각과 같은 행위를 하는 데 제약을 받을 것이다. 이 같은 효과를 위해서 주식압류를 하는 것이 보통이다.

주식미발행 확인서를 어떠한 형태로든지 사전에 받아두어야 압류 신청을 하게 될 때 보정명령을 받지 않게 된다. 재판부에서는 주권이 발행되었는지 미발행 되었는지 관계 서류의 제출을 요구한다.

주식압류신청서

채권자: 조○○

채무자: ○○○

제3채무자: (주) ○○○ 사내이사 ○○○

인지: 2,000원

송달료: 3,700원×2회분×3인 = 22,200원

서울중앙지방법원 귀중

주식압류신청서

채권자: 조○○(○○○○○○-○○○○○○○)   ☎ 010-○○○○-○○○○
　　　　주소: 서울특별시

채무자: ○○○(○○○○○○-1○○○○○○)   ☎ 010-○○○○-○○○○
　　　　주소: 서울시

제3채무자: 주식회사 ○○○(110○○○○○○○) 사내이사 ○○○
　　　　　　서울시

청구채권의 표시

1. 금 50,000,000원

공증인가 법무법인 ○○ 공정증서(증서 2015년 제37호)상 약속어음공증의 집행력 있는 공정증서상에 기재된 청구채권 금 50,000,000원

압류할 채권의 표시
별지 목록 기재와 같습니다.

신청 취지

1. 채무자의 제3채무자에 대한 별지 목록 기재의 주식을 압류한다.
2. 제3채무자는 위 주식에 대하여 채무자의 청구에 의하여 명의개서를 하거나 채무자에게 주권을 교부하여서는 아니 된다.

3. 채무자는 위 주식에 대하여, 매매, 양도, 기타 일체의 처분을 하여서는 아니 된다.

라는 재판을 구합니다.

신청 이유

1. 채권자는 채무자에 대하여 공증인가 법무법인 ○○ 공정증서 (증서 2015년 제37호)상 약속어음공증의 집행력 있는 공정증서상에 기재된 청구채권 금 50,000,000원의 채권을 가지고 있고, 채무자는 제3채무자에 대하여 별지 목록 기재의 주식을 가지고 있습니다.
2. 그런데 채무자는 채권자에 대하여 위 청구채권표시의 채권을 변제하지 않고 있습니다.
3. 따라서 채권자는 채무자가 제3채무자들에 대하여 가지고 있는 별지 목록 기재의 주식을 압류하기 위하여 이 사건 신청에 이른 것입니다.

첨부 서류

1. 채무자 주민등록 초본 1통
2. 주식 등 변동상황명세서 1통
3. 제3채무자 법인등기부등본 각 1통
4. 집행력 있는 공정증서 정본 1통

2015년 10월 ○○일

위 채권자 조○○ (인)

서울중앙지방법원 귀중

【별지】

압류 주식의 표시

청구채권금액: 50,000,000원

발행인: 주식회사 ○○○ 사내이사 ○○○(11○○○○-○○○○○○)
　　　서울시

주주 : ○○○(25%)

발행 주식의 총수: 20,000주(주권 미발행 주식)

소유 주식 수: 5,000주(금25,000,000원)

액면가: 금5,000원

위 주식 중 압류할 주식: 5,000주(100%)　끝.

사용증명원

인지 500원(2부)

사건번호:
채권자: 조○○
채무자: ○○○
제3채무자: 주식회사 ○○○

☐ 공증인가 법무법인 ○○작성의 2015년 제37호 공정증서정본을 사용하고 있음을 증명하여 주시기 바랍니다.

2015. ○○. ○○.

위 채권자 조○○ (인)
연락처: 010-○○○○-○○○○

서울중앙지방법원 귀중

기본내용

사건번호	2015타채2	사건명	주식압류명령
재판부	기타집행 II (전화:02-530-)		
접수일	2015.10.07	종국결과	2015.10.20 인용

진행내용

▶ 송달결과(2007. 3. 12. 전에는 재판부에서 등록한 내용에, 그 이후에는 우정사업본부로부터 전송받은 내용에 한함)를 조회하고자 할 경우에는 아래 '확인' 항목에 체크하시기 바랍니다.
☑ 확인
▶ 송달결과는 법적인 효력이 없는 참고사항에 불과하고, 추후 송달이 착오에 말미암은 것이거나 부적법한 경우 변경될 수 있습니다.
▶ 송달결과에 '0시 도달'로 나타나는 경우에는 기간 계산 시 초일이 산입된다는 점에 유의하시기 바랍니다.
• 채권압류 및 전부명령 또는 추심명령사건일경우 제3채무자가 존재시 제3채무자에게 송달이 이루어지지 않은 경우는 제출서류내용이 표시되지 않습니다.

일 자	내 용	결 과	공시문
2015.10.07	신청서접수		
2015.10.12	채권자 조 보정서 제출		
2015.10.12	채권자1 조 에게 보정명령등본 송달	2015.10.15 도달	
2015.10.19	채권자 조 보정서 제출		
2015.10.20	결정		
2015.10.20	채권자1 조 에게 (채권자용)채권압류명령결정정본 송달	2015.10.26 도달	
2015.10.20	제3채무자1 주식회사 에게 (제3채무자용)채권압류명령결정정본 송달	2015.10.23 도달	
2015.10.20	종국 : 인용		
2015.10.27	채무자1 에게 (채무자용)채권압류명령결정정본 송달	2015.10.29 도달	

주식압류명령 진행내용

서울중앙지방법원

결 정

정본입니다.
2015.10.20
법원주사보 박

사　　건　2015타채○○○○ 주식압류명령
채 권 자　조○○
　　　　　서울 ○○○○○

채 무 자　○○○
　　　　　서울 ○○○ ○○○

제3채무자　주식회사 ○○○
　　　　　서울 ○○○ ○○○

　　　　　대표자 사내이사

주　문

1. 채무자가 제3채무자에 대하여 가지는 별지목록 기재 주식을 압류한다.
2. 제3채무자는 위 주식에 대하여 채무자의 청구에 의하여 명의개서를 하거나 채무자에게 주권을 교부하여서는 아니 된다.
3. 채무자는 위 주식에 대하여 매매, 양도, 기타 일체의 처분을 하여서는 아니 된다.

청구금액

금　50,000,000원

이　유

채권자가 위 청구금액을 변제받기 위하여 법무법인 ○○ 공정증서 2015년 제37호 사건의 집행력 있는 공정증서정본에 기초하여 한 이 사건 신청은 이유 있으므로 주문과 같이 결정한다.

※ 각 법원 민원실에 설치된 사건검색 컴퓨터의 발급번호조회 메뉴를 이용하거나, 담당 재판부에 대한 문의를 통하여 이 문서 하단에 표시된 발급번호를 조회하시면, 문서의 위, 변조 여부를 확인하실 수 있습니다.

2015. 10. 20.

사법보좌관　하 ○○○

<별지>

압류 주식의 표시

청구채권금액 50,000,000원

발행인: 주식회사   사내이사   !(110   )
        서울시

주주 :   (25%)

발행주식의 총수: 20,000주

소유주식수: 5,000주(금25,000,000원)

액면가 : 금5,000원

위 주식중 압류 할 주식: 5,000주(100%) 끝.

chapter 04 재산명시 신청

　재산명시 신청 제도는 법적으로 채무자의 재산을 찾는 방법 중 하나다. 채무자로 하여금 한마디로 네 재산이 어떠한 게 있으며 최근에 어떤 거래를 했는지 법원에 신고하라는 제도다. 채권자로 하여금 채무자의 재산상태를 파악할 수 있도록 하는 제도다.
　이 신청은 반드시 약속어음공증 서류 등 집행권원을 가지고 있어야 하고 그 집행권원도 금전의 지급에 관한 것이어야 신청을 할 수가 있다. 재산명시 신청을 하면 채무자를 압박하는 수단이 된다. 왜냐하면 채무자가 법원에서 정한 재산명시기일에 출석해야 하고 재산목록을 제출해야 하기 때문이다. 판사 앞에서 선서를 하므로 만약 그 재산목록을 거짓으로 작성했다면 거짓 선서에 대해서 제재를 받을 수가 있다.

그리고 채무자를 20일 이내의 감치(구속)에 처할 수가 있다. 채무자가 재산명시명령서를 송달을 받고도 재산명시기일에 불출석하거나, 재산목록 제출을 거부하거나 선서를 거부하거나 하는 경우는 법원의 결정으로 20일 이내에서 감치에 처하게 된다. 보통은 채무자 주소지 경찰서의 경찰관이 전화하거나 채무자의 주소지에 찾아와서 채무자를 직접 경찰서 유치장에 유치하는데 하루 정도 유치장에 있다가 채무자가 법원에 가서 출석하겠다고 하면 바로 풀어 준다.

채무자가 제출한 재산목록이 허위인 경우에는 경찰서에 고소해 3년 이하의 징역이나 500만 원 이하의 벌금에 처할 수 있게 한다.

채권자는 채무자가 재산목록을 법원에 제출하면 그 재산목록을 열람·등사하여 채무자의 재산상태를 파악한다. 이 신청은 채무자의 '재산조회 신청'을 하기 위한 전제로서 먼저 신청을 하게 된다. 그리고 '채무불이행자명부 등재'를 위한 준비로써도 필요한 신청이다.

1. 재산명시명령의 신청

가. 재산명시 절차도 독립된 강제집행절차의 하나이므로 법의 총칙 규정이 적용되고, 따라서 명시 신청은 서면으로 해야 하며, 신청서에는 다음 각 호의 사항을 적은 서면으

로 해야 한다.
① 채권자·채무자와 그 대리인의 표시
② 집행권원의 표시
③ 채무자가 이행하지 아니하는 금전채무액
④ 신청 취지와 신청 사유

나. 법원사무관 등은 위 신청인으로부터 집행정본의 사본을 제출받아 기록에 붙인 후, 집행정본을 채권자에게 바로 반환해야 한다. 판결정본의 진위만을 파악한 후에 원본은 돌려준다. 우편으로 신청 시는 반송용 우편봉투를 넣어서 신청서를 제출해야 한다.

다. 재판
명시 신청에 대한 재판은 결정의 형식으로 하며, 명시명령의 요건이 갖추어지지 아니하였으면 결정으로 신청을 기각한다. 명시명령의 발령 전에 집행의 정지·취소서류(법 49조)가 제출되면 신청을 기각한다.

법원은 송달되지 않은 채무자의 주소보정을 채권자에게 명해야 하고, 채권자가 채무자의 주소보정을 하지 아니하면 명시명령을 취소하고 명시 신청을 각하한다.

재산명시결정문을 채무자에게 송달을 하는데 이 결정문은 공시송달이나 발송송달의 방법으로는 송달할 수가 없다. 만약 채무자가 도망을 다니거나 주소가 불명확하면 재산명시명령은 취소되고 각하된다. 이것이 재산명시 신청의 가장 큰 문제점이다. 다시 주소를 보정하여 재신청을 하면 재산명시 신청을 다시 할 수가 있다.

　명시 신청에 정당한 이유가 있으면 법원은 채무자에게 재산상태를 명시한 재산목록을 제출하도록 명하는 재산명시명령을 하게 된다.

2. 명령의 송달

　명시명령의 결정은 신청한 채권자 및 채무자에게 송달해야 하고, 채무자는 법68조(감치 및 벌칙)의 취지 및 결정을 송달받은 뒤 송달장소를 바꾼 때는 그 취지를 법원에 바로 신고해야 한다. 신고가 없으면 종전에 송달받은 장소에 등기우편으로 발송할 수 있음을 함께 적어야 하며, 채무자가 명시명령을 송달받은 뒤 송달장소를 바꾼 때는 그 취지를 바로 법원에 신고해야 한다.

3. 불복

가. 즉시항고

　채권자는 명시 신청의 기각결정(2항)이나 각하결정(7항)에 대하여는 즉시항고(7일 이내)할 수 있다.

나. 이의신청

채무자는 명시명령에 대하여 즉시항고는 할 수 없고, 송달 후 1주일 내에 이의신청할 수 있으며, 이의신청은 서면으로만 할 수 있다.

4. 명시기일지정

명시명령에 대해 채무자의 이의가 없거나 이의를 기각한 때는 명시기일을 정하여 채무자에게 출석을 요구하고 채권자에게도 통지하게 되며, 재산목록을 작성하여 제출하게 된다.

5. 명시기일에서의 절차

가. 채무자의 출석

명시기일에는 채무자 본인이 출석해야 하고, 대리선서가 허용되지 않기 때문에 대리인만 출석하여서는 안 되며 반드시 채무자의 출석을 요한다.

채권자는 재산명시기일에 출석하지 않아도 된다. 채무자가 불출석하면 기일이 연기되지 않는 한 명시절차는 종결되고, 정당한 사유 없이 불출석한 채무자를 20일 이내의 감치에 처할 수 있다.

나. 재산목록의 제출

채무자는 명시기일에 출석하여 재산목록(목록에 적을 사항은 후술)을 제출해야 한다.

다. 기일의 진행 및 선서

(가) 기일의 통지 및 진행

일반의 명시기일은 채무자에게 출석하도록 요구해야 하며, 채권자에게도 통지하게 된다.

(나) 명시기일에서 선서

법원은 제출된 재산목록이 불완전하면 보정을 명할 수 있고, 목록이 완전하게 구비된 경우에 채무자는 재산목록이 진실함을 선서하게 되며, 채무자가 재산목록의 제출을 거부하거나 선서를 거부하면 명시절차는 종결되고, 법원은 결정으로 채무자를 20일 이내의 감치에 처하게 된다.

6. 재산목록의 기재사항

명시기일에 채무자는 강제집행의 대상이 되는 재산과 다음 각 호의 사항을 명시한 재산목록을 내야 한다.(법 64조2항)
1) 명시명령이 송달되기 전 1년 내에 채무자가 한 부동산의 유상양도

2) 명시명령이 송달되기 전 1년 내에 채무자가 배우자, 직계혈족 및 4촌 이내의 방계혈족과 그 배우자, 배우자의 직계혈족과 형제자매에게 한 부동산 외 재산의 유상양도
3) 명시명령이 송달되기 2년 내에 채무자가 한 재산상 무상처분

재산목록의 기재사항은 다음과 같다.(동조3항, 규칙28)
1) 채무자의 이름, 주소, 주민등록번호
2) 법 64조2항 각 호의 사항을 명시하는 때에는 유상양도 또는 무상처분을 받은 사람의 이름 주소, 주민등록번호
3) 법 64조2항과 3항에 따라 적을 재산

재산명시명령신청서

채권자: 조○○　☎ 010-○○○○-○○○○
　　　주소: 서울특별시

채무자: 이○○(○○○○○○-○○○○10)　☎ 010-○○○○-○○○○
　　　주소: 경기도

채무명의 표시

공증인가 법무법인 ○○ 공정증서(증서 2014년 제11○○호)상 약속어음공증의 집행력 있는 정본에 의한 불이행금전채무금.

불이행금전채무액: 위 집행권원상(금 65,000,000원)의 채무금 중 금 47,320,000원.

　　　　　　　　신청 취지

채무자는 재산상태를 명시한 재산목록을 제출하라.
는 명령을 구합니다.

　　　　　　　　신청 원인

1. 채권자 조○○는 채무자 이○○에 대하여 어음금을 가지고

있습니다.
그리고 공증인가 법무법인 ○○공정증서(증서 2014년 제115호)상 약속어음공증에 관하여 채권자인 조○○는 집행력 있는 정본을 가지고 있습니다.
2. 채권자는 채무자에 대하여 위와 같은 집행권원을 가지고 있는바, 채무자가 위 채무를 이행하지 않고 있습니다.
3. 현재 채권자는 채무자의 재산을 정확하게 알 수 없어서, 채무자에 대한 강제집행을 위하여 채무자의 기타재산을 조사하고자 하나, 통상의 방법으로는 채무자의 재산을 찾기 매우 어려워 강제집행을 할 수 없는 실정이므로, 민사집행법 제61조에 의하여 채무자에 대한 재산명시명령을 신청합니다.

첨부 서류

1. 집행력 있는 정본 1통
1. 송달료 납부서 1통
1. 채무자 주민등록초본 1통

2014. ○○. ○○.

위 채권자 조○○ (인)

○○지방법원 귀중

채권자 서울
         조

```
2097313 - 998726
(민사신청과 제 1 단독(재산명시))
2012-201-1755-
```

서울○○부지방법원
결   정

사   건   2012카명○○5 재산명시

채 권 자   조○○
            서울

채 무 자   정○○
            서울   801호

집 행 권 원   서울○지방법원 2006가소15○○9 손해배상(기)사건의 집행력 있는 확정판결정본

주   문
채무자는 재산상태를 명시한 재산목록을 재산명시기일까지 제출하라.

이   유
채권자의 위 집행권원에 기한 이 사건 신청은 이유 있으므로 민사집행법 제62조 제1항에 의하여 주문과 같이 결정한다.

                    2012. 3. 21.
                                        등본입니다.
                                        2012. 3. 21.
                                        법원주사 유

                   판 사   최

주 의 : 1. 재산명시절차안내 및 재산목록의 작성요령과 채무자가 작성하여 제출할 재산목록 양식은 추후 재산 명시기일출석요구서와 함께 보내 드릴 것이니 참고하시기 바랍니다.
2. 재산명시명령을 송달받은 채무자는 명시기일에 출석하여 채무자가 작성·제출하는 재산목록이 진실함을 선서하여야 하며, 정당한 사유 없이 명시기일에 출석하지 아니하거나 재산목록의 제출 또는 선서를 거부한 때에는 20일 이내의 감치에 처 할 수 있고, 거짓의 재산목록을 낸 때에는 3년 이하의 징역 또는 500만원 이하의 벌금에 처할 수 있습니다.
3. 채무자가 이 결정을 송달받은 뒤 송달장소를 바꾼 때에는 그 취지를 법원에 바로 신고하여야 하며, 그 신고를 하지 아니하여 달리 송달할 장소를 알 수 없는 경우에는 종전에 송달받던 장소에 등기우편으로 발송할 수 있습니다.

chapter 05 재산조회 신청

재산명시 신청을 한 후에 재산조회 신청을 하는 것이 순서다. 재산조회 신청서를 보면 재산명시 신청사건의 사건번호를 적는 난이 있다.

재산조회 신청은 다음과 같은 경우에 할 수 있다.
① 채무자가 재산명시기일에 불출석하거나 재산명시기일에 출석했더라도 재산목록 제출 또는 명시선서를 거부한 경우
② 채무자가 거짓의 재산목록을 낸 경우
③ 채무자가 제출한 재산목록만으로는 집행채권의 만족을 얻기에 부족한 경우
④ 재산명시절차에서 채권자가 법원의 주소보정명령을 받고

도 채무자의 주소를 알 수 없어서 주소보정을 하지 못한 것으로 인정되는 경우

재산조회신청서 첨부 서류는 다음과 같다.
① 재산조회신청서
② 집행권원(판결문 또는 지급명령 등 사본)
③ 재산명시 신청이 각하되었을 경우 각하결정문 사본
④ 채무자가 재산명시기일에 출석하여 재산목록을 제출했을 경우에는 법원에서 재산명시사건 재판부에 재판기록열람, 복사를 신청하여 재산목록을 복사
⑤ 채권자 및 채무자 주민등록초본

채권자는 채무자의 주소를 관할하는 법원에 재산명시 신청해 명시절차를 거친 후에 재산명시를 실시한 법원에 재산조회 신청을 한다. 재산조회 신청은 재산명시 신청에서 채무자의 적극적인 협조가 없다면 구체적인 채무자의 재산을 알 수 없다는 단점을 극복하고자 나타난 신청 제도다.

재산조회신청서 별지를 보면 조회대상 재산과 기관이 구분되어 있으므로 재산조회목록에 기재된 은행 또는 직장, 집 등에 대해 재산을 확인해 볼 수 있다. 재산조회신청서를 제출하면 법원은 각 기관에 재산조회 명령을 보내는데 각 기관에서 재산조회

서를 다시 법원으로 보내오면 그때 채권자는 법원으로 가서 기록을 열람, 복사 신청을 하면 볼 수가 있다. 조회비용은 그 합계를 미리 법원보관금으로 제출해야 한다. 각 기관별, 재산별 조회비용이 따로 발생하기 때문에 기관 재산목록 전부를 조회 신청하기에는 비용이 적지 않으므로 채무자의 상태를 잘 살펴서 신청해야 한다.

재산조회신청

채권자: 조○○
채무자: 박○○

인지액: 1,000원

송달료: 1인당 2회분, 조회기관이 1곳이면 3회분
　　　　(1곳×3회×3,700원)

법원보관금: 조회비용의 합계액

서울중앙지방법원 귀중

재 산 조 회 신 청 서

채권자	이름 : 　　　　　　　　주민등록번호 : 주소 : 전화번호 : 　　　　　팩스번호 : 　　　　이메일 주소 : 대리인 :
채무자	이름 : 　　　　(한자 : 　　　　) 　주민등록번호 : 주소 :
조회대상기관 조회대상재산	별지와 같음
재산명시사건	지방법원 20 카명　　　호
집행권원	
불이행 채권액	
신청취지	위 기관의 장에게 채무자 명의의 위 재산에 대하여 조회를 실시한다.
신청사유	채권자는 아래와 같은 사유가 있으므로 민사집행법 제74조 제1항의 규정에 의하여 채무자에 대한 재산조회를 신청합니다. (해당란 □에 V표시) □ 명시기일 불출석　　　　　□ 재산목록 제출거부 □ 선서 거부　　　　　　　　□ 거짓 재산목록 제출 □ 집행채권의 만족을 얻기에 부족함　□ 주소불명으로 인하여 명시절차를 거치지 못함
비용환급용 예금계좌	
첨부서류	
(인지 첨부란)	200 . . . 　　　　신청인　　　　　　(날인 또는 서명) 　　　　　　　　　　　　　지방법원 귀중

주 ① 신청서에는 1,000원의 수입인지를 붙여야 합니다.
　② 신청인은 별지 조회비용의 합계액과 송달료규칙수에 2를 더한 횟수의 송달료를 예납하여야 합니다.
　③ "불이행 채권액"란에는 채무자가 재산조회신청 당시까지 갚지 아니한 금액을 기재합니다.
참조 : 민집규 35, 25, 재산조회규칙 7, 8

< 별지 >

순번	기관분류	재산종류	조회대상 재산 / 조회대상기관의 구분	갯수	기관별/재산별 조회비용	예납액
1	법원행정처	토지,건물의 소유권	☐ 현재조회 ☐ 현재조회와 소급조회 ※ 소급조회는 영시명령 송달일로부터 2년 내에 채무자가 보유한 재산을 조회합니다		20,000원 40,000원	
	과거주소 1. 2. 3. ※ 부동산조회는 채무자의 주소가 반드시 필요하고, 현재주소 이외에 채무자의 과거주소를 기재하면 보다 정확한 조회를 할 수 있습니다.					
2	국토해양부	건물의 소유권	☐ 국토해양부		10,000원	
3	특허청	특허권,실용신안권,의장권,상표권	☐ 특허청		20,000원	
4	특별시 광역시 또는 도	자동차,건설기계의 소유권	☐ 서울특별시 ☐ 광주광역시 ☐ 전라북도 ☐ 부산광역시 ☐ 울산광역시 ☐ 강원도 ☐ 경상남도 ☐ 대전광역시 ☐ 충청북도 ☐ 제주특별자치도 제주시 ☐ 대구광역시 ☐ 충청남도 제주특별자치도 서귀포시 ☐ 경기도 ☐ 경상북도 ☐ 전라남도 ☐ 인천광역시 중구청 ☐ 인천광역시 동구청 ☐ 인천광역시 남구청 ☐ 인천광역시 연수구청 ☐ 인천광역시 남동구청 ☐ 인천광역시 부평구청 ☐ 인천광역시 계양구청 ☐ 인천광역시 서구청 ☐ 인천광역시 강화군청 ☐ 인천광역시 옹진군청 ※인천시 자행동시법소가 없어져고, 각 구청에서 담당함		기관별 5,000원	
5	은행법에 의한 금융기관	금융자산 중 계좌별로 시가 합계액이 50만원 이상인 것	☐ 경남은행 ☐ 우리은행 ☐ 기업은행 ☐ 광주은행 ☐ 전북은행 ☐ 하나은행 ☐ 국민은행 ☐ SC제일은행 ☐ 한국산업은행 ☐ 대구은행 ☐ 제주은행 ☐ 한국외환은행 ☐ 부산은행 ☐ 신한은행		기관별 5,000원	
			☐ 한국씨티은행 ☐ 뉴욕은행 ☐ 야마구찌은행 ☐ 도쿄미쓰비시UFJ은행 ☐ 제이피모간 체이스은행 ☐ 메트로은행 ☐ 중국은행 ☐ 멜라트은행 ☐ 파키스탄국립은행 ☐ 뱅크오브아메리카 ☐ 아랍은행 ☐ 크레디아그리콜코퍼레이트앤인베스트먼트뱅크서울지점 (구, 칼라온은행)			
			☐ 노바스코셔은행 ☐ 에이비엔 암로은행 ☐ 대화은행 ☐ 유바프은행 ☐ 도이치은행 ☐ 유비에스은행 ☐ 미쓰이스미토모은행 ☐ 미즈호코퍼레이트은행 ☐ 인도해외은행 ☐ 바클레이즈은행 ☐ 중국건설은행 ☐ 중국공상은행 ☐ 비엔피 파리바은행 ☐ 소시에테제네랄은행 ☐ 크레디트스위스은행(구,크레디트스위스퍼스트보스톤은행) ☐ 스테이트스트리트은행 ☐ 싱가폴개발은행(DBS은행) ☐ 호주뉴질랜드은행 ☐ 홍콩상하이은행(HSBC) ☐ OCBC은행 ☐ ING은행		기관별 5,000원	

순번	기관분류	재산종류	조회대상 재산 / 조회대상기관의 구분	갯수	기관별/계산별 조회비용	예납액
6	상호저축은행법에 의한 상호저축은행과 그 중앙회	금융자산 중 계좌별로 시가 합계액이 50만원 이상인 것	☐상호저축은행중앙회 ☐( ) ☐( ) ☐( ) ※ 중앙회에 조회신청을 하면 전국 모든 상호저축은행에 대하여 조회됩니다. ※ 개별 상호저축은행에 대한 조회를 원하는 경우에는 그 명칭을 별도로 기재하여야 합니다. ■ ( )속에 조회대상기관 명수에 기재된 순번을 기재합니다.		20,000원 기관별 5,000원	
7	농업협동조합법에 의한 농협 중앙회	금융자산 중 계좌별로 시가 합계액이 50만원 이상인 것	☐농협중앙회 및 전국단위지역조합 ☐농협중앙회 ☐( ) ☐( ) ☐( ) ※ 개별 단위지역조합에 대한 조회를 원하는 경우에는 그 명칭을 별도로 기재하여야 합니다. ■ ( )속에 조회대상기관 명수에 기재된 순번을 기재합니다.		20,000원 5,000원 기관별 5,000원	
8	수산업협동조합법에 의한 수협 중앙회	금융자산 중, 계좌별로 시가 합계액이 50만원 이상인 것	☐수협중앙회 및 전국단위지역조합 ☐수협중앙회 ☐( ) ☐( ) ☐( ) ※ 개별 단위지역조합에 대한 조회를 원하는 경우에는 그 명칭을 별도로 기재하여야 합니다. ■ ( )속에 조회대상기관 명수에 기재된 순번을 기재합니다.		20,000원 5,000원 기관별 5,000원	
9	신용협동조합법에 의한 신용협동조합	금융자산 중 계좌별로 시가 합계액이 50만원 이상인 것	☐( ) ☐( ) ☐( ) ※ 개별 신용협동조합에 대한 조회를 원하는 경우에는 그 명칭을 별도로 기재하여야 합니다. ■ ( )속에 조회대상기관 명수에 기재된 순번을 기재합니다.		기관별 5,000원	
10	산림조합법에 의한 산림조합 중앙회	금융자산 중 계좌별로 시가 합계액이 50만원 이상인 것	☐산림조합중앙회 ☐( ) ☐( ) ☐( ) ※ 중앙회에 조회신청을 하면 전국 모든 산림조합에 대하여 조회됩니다. ※ 개별 산림조합에 대한 조회를 원하는 경우에는 그 명칭을 별도로 기재하여야 합니다. ■ ( )속에 조회대상기관 명수에 기재된 순번을 기재합니다.		20,000원 기관별 5,000원	
11	새마을금고법에 의한 새마을금고연합회	금융자산 중 계좌별로 시가 합계액이 50만원 이상인 것	☐새마을금고연합회 ☐( ) ☐( ) ☐( ) ※ 연합회에 조회신청을 하면 전국 1,710개 중 1,677개 새마을금고에 대하여 조회됩니다. ※ 개별 새마을금고에 대한 조회를 원하는 경우에는 그 명칭을 별도로 기재하여야 합니다. ■ ( )속에 조회대상기관 명수에 기재된 순번을 기재합니다.		20,000원 기관별 5,000원	

순번	기관분류	재산종류	조회대상 재산 / 조회대상기관의 구분		갯수	기관별/재산별 조회비용	예납액
12	자본시장과 금융투자업에 관한 법률에 의한 증권회사 등	금융자산 중 계좌별로 시가 합계액이 50만원 이상인 것	□금호 □굿모닝신한증권 □대신증권 □대우증권 □하나대투증권(하나IB증권과 합병) □증권예탁원 □동부증권 □동양종합금융증권 □리딩투자증권 □리먼브러더스인터내셔널증권 □메리츠종금증권(구, 메리츠종금, 메리츠증권) □KB투자증권 □미래에셋증권 □부국증권 □골든브릿지투자증권 　(구, 브릿지증권) □비엔지증권중개 □크레디트스위스증권(구, Credit Suisse First Boston) □삼성증권 □유진투자증권 □NH투자증권 □신영증권 □HMC투자증권(구, 현대차IB증권) ※ 우리종합금융은 우리손해보증으로 합병됨	□교보증권 □우리투자증권(구,LG투자증권) □유화증권 □이트레이드증권 □코리아RB증권중개 □키움증권 □푸르덴셜투자증권 □흥국증권(구,흥국증권중개) □한국투자증권(구,동원증권) □한양증권 □한화증권 □현대증권 □애플투자증권중개 □씨티그룹글로벌마켓증권 □하이투자증권(구,CJ투자신탁증권) □Merrill Lynch □솔로몬투자증권 □SK증권 □IBK투자증권		기관별 5,000원	
			□도이치증권 □메퀴리증권 □한국증권금융(주) □ABN AMRO □Barclys Capital □BNP파리바페레그린 증권중개 □CLSA □Daiwa SMBC □홍콩상하이증권(HSBC)	□Goldman Sachs □Indosuez Cheuvreux □J.P Morgan □KIDB채권중개 □Morgan Stanley Dean Witter □Nomura □SG □UBS Warburg		기관별 5,000원	
13	보험업법에 의한 보험사업자	해약환급금이 50만원 이상인 것	□악사손해보험(주)(구,교보악사손해보험(주)) □흥국쌍용화재해상보험(주) □그린화재해상보험(주) □롯데손해보험(주) □동부화재해상보험(주) □메리츠화재해상보험(주) □삼성화재해상보험(주) □서울보증보험(주) □교보생명보험주식회사 □KDB생명보험주식회사 　(구 금호생명보험주식회사) □뉴욕생명보험주식회사 □녹십자생명보험주식회사 □대한생명보험주식회사 □동부생명보험주식회사 □동양생명보험주식회사 □라이나생명보험주식회사 □우리아비바생명보험주식회사 　(구, LIG생명보험주식회사) □메트라이프생명보험주식회사	□한화손해보험(주) □제일화재해상보험(주) □퍼스트어메리칸 권원보험(주) □현대해상화재보험(주) □FEDERAL □LIG손해보험 □삼성생명보험주식회사 □신한생명보험주식회사 □알리안츠생명보험주식회사 □푸르덴셜생명보험주식회사 □하나생명보험주식회사 □흥국생명보험주식회사 □AIG생명보험주식회사 □ING생명보험주식회사 □PCA생명보험주식회사 □미래에셋생명보험주식회사		기관별 5,000원	
			□교원나라자동차보험 □다음다이렉트자동차보험 □동경해상일동화재재보험 □미쓰이스미모토해상화재보험 □아메리카생명보험	□에이스아메리칸재해상보험(주) 　(구,ACE AMERICAN) □A. H. A(AIG손해보험) □KB생명보험 □카디프생명보험 　(구,SH&C 생명보험)		기관별 5,000원	
14	지식경제부	금융자산 중 계좌별로 시가 합계액이 50만원 이상인 것	□지식경제부			5,000원	
					송달필요기관수	합계	

※ 「송달필요기관수 □란에는 음영으로 기재된 란에 표시된 조회대상기관 수의 합계를 기재함
※ 크레디트스위스은행, KIDB채권중개, SG : 법인에 대해서만 조회 가능

chapter 06 채무불이행자명부 등재

금전지급을 명하는 판결이나 공증을 했음에도 그 이행기가 6개월이 지나도록 채무를 이행하지 않거나 재산명시절차에서 명시기일에 불출석하거나 재산목록 제출거부, 선서거부, 또는 허위의 재산목록을 제출하는 경우가 있다. 이럴 때, 채무자의 인적사항을 채무자의 시, 구, 읍, 면에 통보해 채무자의 명예와 신용을 훼손시키고 금융기관에 통보해 연체자로 등록시켜 금융거래를 할 수가 없게 만드는 제도가 바로 채무불이행자명부 등재다.

불성실한 채무자로 하여금 채부물이행자명부에 등재됨으로 인해 채무의 자진이행을 기대할 수 있다. 채권추심의 방법에는 여러 절차가 있으나, 재산명시명령제도와 채무불이행자명부 등재 신청 제도가 채무자에 대한 채무이행의 간접적인 채권추심 수단으로 활용되고 있다. 채무불이행자명부 등재 신청 제도는 채무자의 재산명시명령 절차의 성실한 이행에 노력을 하게 하는 등 간접적인 효과를 얻을 수 있다.

법원의 채무불이행자명부 등재 결정이 있으면 채무불이행자명부를 작성해서 관할 법원에 비치해야 하며, 법원은 채무불이행자명부 등재의 부본을 채무자의 주소지 면, 시, 구, 읍의 장에게 보내준다. 또한 금융기관에 보내 채무자에 대한 신용정보의 제공에 활용할 수 있어서 채무이행의 강제효과가 있다. 이는 채무자의 일상의 신용과 명예에 타격을 주게 되어 돈을 변제할 것을 간접적으로 강제하는 채권추심의 수단이 될 수 있다.

대법원 전사소송을 통해서도 채무불이행자명부에 등재할 수가 있다. 이같이 채무불이행자명부 등재 신청은, 채무자의 경제활동에 발을 묶어버리는 효과가 있다. 채무불이행자로 등재되면 모든 경제적 활동에서 불이익이 돌아가기에 자신의 명의로 경제적 활동하는 것을 포기하지 않은 이상은 타협할 가능성이 크다.

인지대 1,000원과 송달료 5회분을 납부하고 신청서를 제출한다. 채무불이행자명부에 오른 다음 해부터 10년이 경과 하거나,

변제 등으로 채무가 소멸하였다는 증명이 있을 때 법원은 직권 또는 채무자의 신청에 의해서 말소하는 결정을 한다.

채무불이행자 명부등재 신청서

채 권 자 : 조■■　　　　　　　　　　전화 : 01
　　　　　서울시

채 무 자 : 정■■　(660　　　314)
　　　　　(송달장소) 서울시
　　　　　(우편번호　　2)

집행권원의 표시
　서울 지방법원 20 가소15 9호 손해배상(기)사건에 관하여, 동 법원의 집행력있는
　확정판결 정본 및 승계집행문에 의한 불이행금전채무금.

불이행금전채무액 : 위 집행권원상의 채무전액임(금3,423,514원 및 이에 대하여 2006.5.09부터
　2007.01.10까지는 연5% 그 다음 날부터 다 갚는 날까지 연20%의 비율)

신 청 취 지

"채무자를 채무불이행자 명부에 등재한다" 라는 재판을 구합니다.

신 청 이 유

1. 채권자 조　는 채무자 정　 에 대하여 양수채권을 보유하고 있는
　서울 지방법원 2006가소1　호 손해배상(기)사건에 관하여 원고인 호는 판결정본을 수
　령하였고, 원고 문 는 2012.02.04. 승계인인 조 에게 판결 정본상의 채권을 양도하여서,
　최종채권자는 최종승계인 위 조 　입니다.
2. 채권자는 채무자에 대하여 위와 같은 집행권원을 가지고 있는 바, 채무자가 6개월이 지나도록
　위 채무를 이행하지 않고 있습니다.
3. 그러므로 민사집행법 제70조에 의하여 채무불이행자 명부에 등재한다는 결정을 하여 주시기 바랍
　니다.

첨 부 서 류

1. 집행력있는 판결정본 및 승계집행문　　각 1통
1. 확정증명원　　　　　　　　　　　　　　1통
1. 송달증명원　　　　　　　　　　　　　　1통
1. 송달료 납부서　　　　　　　　　　　　 1통
1. 채무자 주민등록초본　　　　　　　　　 1통
1. 채권양도,양수계약서 사본　　　1통
1. 채권양도통지서 내용증명우편 사본　1통
1. 우편물배달증명서 사본　　　　　　1통

2012.
위 채권자 조■■
서울북부지방법원 귀중

채권자   조

```
2097314 - 741437
(민사신청과 제1사법보좌관)
2012-201-1984-541
```

서울   지방법원
결   정

사   건   2012카명1   4   채무불이행자명부등재

채 권 자   조
            서울

채 무 자   정
            서울

주   문
채무자를 채무불이행자명부에 등재한다.

이   유
채무자가 서울 지방법원 2007. 1. 10. 선고 2006가소   9호 손해배상(기) 사건의 판결이 확정된 후 6개월 내에 채무를 이행하지 아니하였으므로 민사집행법 제71조 제 1항에 의하여 주문과 같이 결정한다.

2012. 4. 20.

정 본 입 니 다.
2012. 4. 20.
법원주사 유

사 법 보 좌 관   정

※ 문의사항 연락처: 서울 지법	제1사법보좌관	법원주사 유
직통전화: 02- -3632		
팩 스: 02- -0272	e-mail :	

chapter 07
채권자 파산신청 하기

채권자 파산신청의 대상은 채무자가 변제능력이 부족하여 변제기가 도래한 채무를 계속적으로 변제할 수 없는 지급불능의 상황에 있을 때다. 이 같은 파산신청은 채무자 자신뿐 아니라 채권자도 신청할 수가 있는데 채권자가 신청하는 이유는 채무자를 신원증명사항에 기재시켜서 각종 금융거래 및 취직 등의 불이익을 주기 위함이다.

그리고 주식회사의 이사의 경우는 퇴임의 사유가 된다. 공무원, 변호사, 부동산중개업자, 의사, 약사, 건축사 등이 될 수가 없다. 파산의 신청 이유로 채무자의 지급불능에 대한 자세한 진술을 해야 하고 지급불능 소명자료로 재산명시조서 등을 제출하는데 정확한 채무자의 변제자력이 없음을 채권자가 증명해야 하는 부분이 어려운 부분이다.

채무자 변제자력이 없음과 지급불능에 대해서 설명하려면 채무자의 현재 소득과 재산 상황으로는 지금 가지고 있는 채무를 죽을 때까지 못 갚을 것이라는 내용을 증빙할 수 있는 자료가 필요하다. 예를 들자면 소득 증빙자료, 재산 증빙자료, 채무 증빙자료 등을 제출해야 한다. 그래서 재산명시 신청도 하나의 소득과 재산 증빙자료가 되지만 이것만으로는 보정명령이 나올 가능성이 크다. 더 많은 자료의 제출이 요구된다.

채권자 파산신청도 채무자가 파산신청 할 때와 동일한 비용이 들어간다. 다음은 미디어에 나온 채권자 파산신청 관련 내용이다.

1. 코**는 채권자인 **물산이 서울중앙지법에 채무자 코**에 대한 파산절차 개시신청을 했으나 지난 3월 회생절차 개시 결정을 받게 되면서 파산신청이 기각됐다고 14일 공시했다.
2. 코**의 파산과 관련 창업주주 측이 제기한 도덕적 책임에 대해 '일일이 대응하지 않겠다'는 입장을 밝혔다.

30일 오후 *** 측 관계자는 '***가 코**의 파산과 관련해 도덕적 책임을 묻는 창업주주 ㈜지** 측의 주장에 일일이 대응하지 않을 것'이라고 밝혔다. 관계자는 '***는 현재 코**의 파산과 관련, 경찰 조사를 마쳤다. 곧 조사 결과가 나올 것'이라며 '결과가 나온 후 일각에서 주장하는 문제에 대해 언급할 수 있을 것 같다'고 했다. 관계자는 '창업주주 측이 이미 파산선고가 난 코**와 관련해 파산 시나리오, 도덕적 책임 등에 대한 문제를 일부 언론을 통해 제기하고 있다'며 '***는 이에 일일이 대응하지 않을 것이며, 진흙탕 싸움을 하려 하지 않는다'고 밝혔다. 이어 '경찰 조사가 나올 때까지는 이 일과 관련한 입장 발표는 추가로 하지 않을 것'이라고 했다.

앞서 코**의 창업주주 ㈜지**는 일부 매체를 통해 ***에게 도덕적 책임을 묻겠다는 입장을 발표했다. 또한 ***가 코**가 재정난을 겪으면서 새 회사를 만든다는 계획을 짰으며, 대표이사 김 모 씨가 회사자금 횡령 후 해외로 도피한 후 대주주와 회사를 살리기 위한 노력은 하지 않았다고 주장했다.

한편 ***가 소속됐던 코**는 지난 6월 파산했다. 파산에 앞서 코**는 지난해 12월 대표이사 김 씨가 회사자금을 횡령, 도주해 경영난을 겪었다고 밝혔다. 또한 그간 출연료, 계약금을 지급받지 못했던 소속 *** 약 40여 명이 소속사 대표 김 모 씨를 상대로 전속계약 내용증명을 보내고 계약을 해지했다.

이후 지난 1월 24일 코**는 경영의 어려움, 부채로 인해 폐업을 결정했다고 밝혔다. 이와 함께 코** 업무대행을 하던 이사 유 모 씨가 김**, 김** 외 코** 관계자를 배임혐의로 고소했다.

이런 가운데 코** 대주주 겸 채권자 A사가 파산신청을 했고, 지난 6월 서울중앙지법 파산**부(황** 부장판사)는 코**에 대한 파산을 선고했다.

[전산양식 A5603]

파산신청서

인지
30,000원

신 청 인 (채권자)
성 명 : 조   (주민등록번호 :   7)
주 소 : 서울시
송달장소 : 상 동   송달영수인 : 상 동
연락처 : 휴대전화(01   3), 집 전화(없음), e-mail(l   2@hanmail.net)

채 무 자
성 명 : 정   (주민등록번호 6   14)
주 소 : 서울시 강북구
등록기준지 : 서울시 강북구

신 청 취 지
1. 채무자 정 에 대하여 파산을 선고한다.

신 청 이 유
1. 신청인은 채무자에 대해 첨부서류1 판결문과 같은 금   원의 채권이 있습니다.
2. 그런데 첨부서류2 "재산관계명시조서" 결과 채무자의 현재 자산, 수입의 상황에서는 채무를 지급할 수 없는 상태에 있습니다.
3. 따라서 채무자를 파산자로 만들기 위하여 이 건을 신청합니다.

첨 부 서 류
1. 채무자에 대한 채권 소명자료(공정증서) 1통
2. 재산명시조서
3. 채무자의 주민등록초본 1부

휴대전화를 통한 정보수신 신청서
위 사건에 관한 파산선고결정 정보를 예납의무자가 납부한 송달료 잔액 범위 내에서 휴대전화를 통하여 알려주실 것을 신청합니다.
■ 휴대전화 번호 : 01
신청인 채권자 조   (날인 또는 서명)
※ 파산선고결정이 있으면 신속하게 위 휴대전화로 문자메시지가 발송됩니다.
※ 문자메시지 서비스 이용금액은 메시지 1건당 17원씩 납부된 송달료에서 지급됩니다(송달료가 부족하면 문자메시지가 발송되지 않습니다). 추후 서비스 대상 정보, 이용금액 등이 변동될 수 있습니다.

2012.
신청인 조

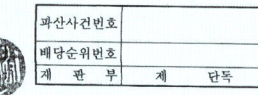

파산사건번호	
배당순위번호	
재 판 부	제 단독

서울중앙지방법원 귀중

신청인1

서울중앙지방법원

결   정

사   건   2012하단9■■■ 파산선고

신 청 인   조■■ (-   7)
(채 권 자)   주소 서울

채 무 자   정■■ (0-   14)
            주소 서울 강북구 ■■ ■ ■■■

위 사건에 관하여 다음과 같이 채무자 심문을 시행한다.

다   음

1. 심문일시 : 2013. 6. 21. 16:00
2. 심문장소 : 서울법원종합청사 4별관 6호법정

등 본 입 니 다.
2013. 5. 20.
법원주사 최

2013. 5. 20.

판사 이

서울중앙지방법원

보정명령

사　　건　　2012하단9▇▇▇ 파산선고

신 청 인　　조 ▇ ▇

채 무 자　　정 ▇ ▇

신청인은 이 명령을 송달받은 날로부터 10일 이내에 아래 사항을 보정하시기 바랍니다.

- 아래 -

신청인이 제출한 2012. 9. 17.자 파산신청서 기재와 그 첨부자료만으로는 채무자가 지급불능 상태에 있다는 파산원인 사실을 인정하기에 충분치 않습니다. 따라서 신청인은 채무자에게 파산원인 사실이 있다는 점을 보다 구체적으로 밝히고 그에 관한 소명자료를 첨부하시기 바랍니다.

2013. 1. 29.

판사　이

2012.06.11. 시행된 동산·채권 담보제도를 아시는가? 잘 모르시면 지금 대법원 인터넷등기소 사이트에 접속해보기 바란다. 다음은 대법원 인터넷등기소 사이트에 있는 동산·채권에 대한 등기부등본 열람·발급할 수 있는 홈페이지 전면 사진이다.

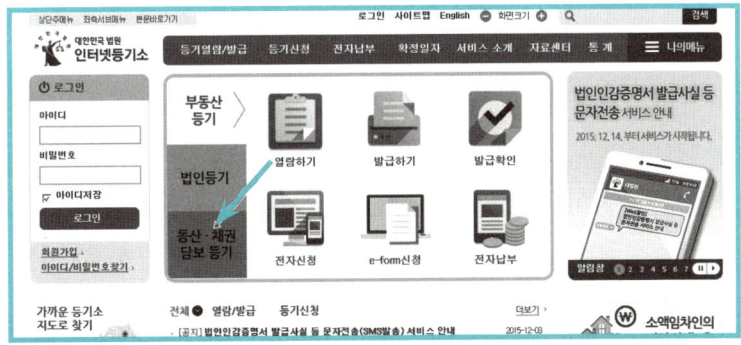

대법원 인터넷등기소

지금까지 일반 동산이나 채권의 경우 공시가 되지 않아 선의의 제3자가 피해를 보는 일이 많았다. 기업이 재고자산 등 동산을 담보로 제공할 때 '질권'을 설정하였으나 이는 담보권자에게 점유를 이전해야 하는 불편 때문에 잘 이용이 되지 않았다. 점유개정의 방법은 허용되지 않고 담보물을 인도받아서 점유하고 있어야 한다.(민법 제331조, 제332조) 그래서 나온 제도가 '동산양도담보공증' 제도다. 양도목적물의 소유권을 점유개정의 방법으로 채권자에게 양도하고 채권자는 이를 채무자로부터 양수하는 방법으로 하는 담보제도를 이용한다.

채무자가 변제하지 않으면 공정증서에 기하여 담보목적물을 압류하고 강제경매를 실시하는 방법으로 채권을 보전한다.(대법원 1999.09.07.선고 98다47283 판결)

그러나 이 또한 이중양도 등이 발생하기도 하여 권리자 보호에 다툼이 생기기도 한다. 그리고 매출채권양도의 경우도 민법상의 통지 또는 승낙을 대항 요건으로 하고 있어서 불특정 장래의 다수채권을 일괄하여 양도하거나 채권의 유동화를 위한 공시 방법으로 부적당했다. 그래서 이 같은 문제점들의 공시 및 거래의 안전을 도모하기 위하여 동산·채권 담보등기제도를 시행하게 된 것이다. 원칙적으로는 동산과 채권은 등기할 방법이 없지만, 이제는 동산과 채권에 대하여도 담보등기를 할 수 있도록 하게 한 법이다.

이 같은 동산·채권 담보등기제도는 종래 동산이나 채권이 공시방법의 불완전성으로 인하여 담보로 널리 활용되지 못하는 한계를 극복하고자 창설된 것이다. 동산·채권 담보등기제도는 거래의 안전을 도모하면서도 자산유동화의 활성화를 통하여 특히 스타트업 기업이나 벤처기업, 중소기업, 자영업자의 자금조달에 유용한 제도다. 대법원인터넷 등기소에 접속하면 부동산 및 법인 등기부등본을 열람, 발급하듯이 동산·채권에 대한 등기부등본도 열람, 발급을 할 수 있음을 알 수 있다.

가장 큰 특징으로는 이때까지의 부동산등기부등본은 물건에 관한 물적 편성이었던 것과는 달리 동산채권 담보등기는 인적 편성으로 되어 있다. 즉, 그 사람이 어떤 채권과 동산에 대하여 의무를 지고 있느냐를 보여준다. 개인사업자나 법인만이 그 대상자가 된다. 시행취지가 담보제공 여력이 부족한 중소기업 대상으로 동산담보 제공을 통한 원활한 자금 지원을 목적으로 시행하게 되었다.

대부분 유형자산의 경우 다음과 같은 동산을 취급한다.
① 식별번호, 제품명, 모델명, 제조사, 제조 연월의 확인이 가능할 것
② 경상적(기업의 통상적인 경영 활동)인 생산활동에 사용하기 위하여 구입하거나, 사용 중인 물건일 것

③ 여러 개의 동산이 일체적으로 사용되어 독립성이 결여된 물건이 아닐 것
④ 동산 자체의 동력으로 이동할 수 있는 물건이 아닐 것
⑤ 담보제공자가 법인 또는 상업등기법에 따라 상호등기를 한 개인사업자로서 채무자와 동일인일 것

재고자산의 경우는 다음과 같다.
① 원재료일 것(재공품 및 반제품 제외)
② 같은 보관장소 내에서 같은 종류의 동산으로 특정할 수 있을 것
③ 동산 자체의 동력으로 이동할 수 있는 물건이 아닐 것
④ 담보제공자가 법인 또는 상업등기법에 따라 상호등기를 한 개인사업자로서 채무자와 동일인일 것

동산·채권 담보등기에 관련한 서류로는 '동산담보등기사항 전부증명서'와 '채권담보등기사항 전부증명서'라는 것이 일반 부동산등기부등본과 같은 역할을 한다. 기존에 은행 등에서는 부동산과 예금 또는 자가사업장에 설치된 기계만을 공장저당에 의해 담보로 인정했다.

그러나 이제는 임차사업장에 설치된 혹은 설치 예정인 기계, 공장 내에 보유하고 있는 원재료와 같은 재고자산, 구매기업이 실체를 확인한 매출채권(전자방식 채권 외)이 주담보로 해서 대

대법원 인터넷등기소 '등기부등본' 열람

출이 가능해진 것이다.

  부동산을 담보로 대출받으면 대법원 등기소 사이트에서 '등기부등본'이라는 것을 발급받을 수가 있다. 등기부등본을 보면 이 부동산의 소유주가 누구고, 어느 금융기관에 얼마가 설정되어 있는지 등을 한눈에 알아볼 수가 있다.

  동산이나 채권담보의 경우도 이처럼 '등기사항증명서'가 발급된다. 동산과 채권을 담보로 대출할 경우 이를 담보취득하며 등기하게 되고, 새로운 법 개정에 따라 담보권 설정 시마다 새로운 등기부가 생성된다. 이를 위해서는 '상호등기'가 되어 있어야 가능하므로, 법인이나 개인사업자의 상업등기법에 따라 상호, 영업의 종류, 영업소, 상호사용자의 성명·주소·주민등록번호를 등기하는 상호등기 절차를 꼭 거쳐야 한다.

　동산담보권은 담보약정에 따라서 동산, 여러 개의 동산 또는 장래에 취득할 동산 등을 목적으로 등기한 담보권이다. 이 제도의 가장 큰 특징은 다른 어떤 채권자보다 자기 채권을 우선변제를 받는다는 것이다.

등기필정보 및 등기완료통지서

접수번호: 7(대리인: 법무사 김

권 리 자:
(법인)등록번호:)-1******
주   소:
담보권설정자: 주식회사
(법인)등록번호: 110111-3
등기고유번호: [동산]2013-0003[등기일련번호: 000001
접 수 일 시: 2013년 월 16일 15시 22분   접 수 번 호: 76
등 기 목 적: 근담보권설정
등기원인및일자: 2013년 월 16일 설정계약

부착기준선

2013년 월 22일
서울중앙지방법원 등기국
등기관

※ 등기필정보 사용방법 및 주의사항

○ 보안스티커 안에는 다음 번 등기신청시에 필요한 일련번호와 50개의 비밀번호가 기재되어있습니다.
○ 등기신청시 보안스티커를 떼어내고 일련번호와 비밀번호 1개를 임의로 선택하여 해당 순번과 함께 신청서에 기재하던 종래의 등기필증을 첨부한 것과 동일한 효력이 있으며, 등기필정보 및 등기완료통지서면 자체를 첨부하는 것이 아님에 유의하시기 바랍니다.
○ 따라서 등기신청시 등기필정보 및 등기완료통지서면을 거래상대방이나 대리인에게 줄 필요가 없고, 대리인에게 위임한 경우에는 일련번호와 비밀번호 50개 중 1개와 해당 순번만 알려주시면 됩니다.
○ 만일 등기필정보의 비밀번호 등을 다른 사람이 안 경우에는 종래의 등기필증을 분실한 것과 마찬가지의 위험이 발생하므로 관리에 철저를 기하시기 바랍니다.

☞ 등기필정보 및 등기완료통지서는 분실시 재발급되지 않으므로 보관에 각별히 유의하시기 바랍니다.

근담보권설정계약서(동산)

채 권 자 겸
근 담 보 권 자

채 무 자 겸
근담보권설정자   주식회사 ○

채 권 최 고 액   금삼억원정

위 당사자간에 다음과 같이 근담보권설정계약을 체결한다.

제 1 조   근담보권설정자는 채무자가 위 금액 범위 안에서 채권자에 대하여 기왕현재 부담하고 또는 장래 부담하게 될 단독 혹은 연대채무나 보증인으로서 기명날인한 차용금증서 각서 지급증서 등의 채무와 발행배서 보증 인수한 모든 어음채무 및 수표금상의 채무 또는 상거래로 인하여 생긴 모든 채무를 담보코자 끝에 쓴 동산에 순위 제 1 번의 근담보권을 설정한다.

제 2 조   장래 거래함에 있어 채권자 사정에 따라 대여를 중지 또는 한도액을 축소할 지라도 채무자는 이의 제기치 않겠다.

제 3 조   채무자가 약정한 이행의무를 한번이라도 지체하였을 때 또는 다른 채권자로부터 가압류, 압류, 경매를 당하든가 파산선고를 당하였을 때는 기한의 이익을 잃고 즉시 채무금 전액을 완제하여야 한다.

제 4 조   저당물건의 형태가 변경된 물건과 부가 종속된 물건도 이 근담보권에 효력이 미친다.

제 5 조   보증인은 채무자 및 근담보권설정자와 연대하여 이 계약의 책임을 짐은 물론 담보물건의 하자 그 외의 사유로 인하여 근담보권의 일부 또는 전부가 무효로 될 때에도 연대보증 책임을 진다.

제 6 조   이 근담보권에 관한 소송은 채권자 주소지를 관할하는 법원으로 한다.

위 계약을 확실히 하기 위하여 이 증서를 작성하고 다음에 기명날인한다.

2013 년   월 16 일

채 권 자 겸
근저당권자

채 무 자
겸
근저당권설정자   주식회사 ○○○○ (110111-   33)
                 대표이사 ○○○
                 서울특별시

동 산 표 시

별지기재와 같음

담보목적물에 관한 사항

일련번호	동산의 종류		보관장소/특성		유의적 기재사항
1	집합동산	1기	서울특별시 구 동 10 호 창고	1센터 15	TSC-148, 용기 2,500개

동산담보 등기사항개요증명서
(등기기록 미개설)

[법 인 정 보]

상호/명칭	법인등록번호	본점/주사무소
주식회사	110111-3	서울특별시 서초구

― 이 하 여 백 ―

열 람 용

[참고사항]
가. 이 증명서는 동산 또는 채권의 존재를 증명하지 않습니다.
나. 하나의 담보약정에 따른 등기사항 중 개요사항만을 표시합니다.
 구체적인 등기사항에 관한 것은 등기사항전부증명서나 등기사항일부증명서를 발급받아 확인할 수 있습니다.
다. 법인 또는 상호등기를 한 사람에 대하여 등기기록이 개설되어 있지 아니한 경우에는 그 내용을 표시합니다.

* 본 등기사항증명서는 열람용이므로 출력하신 등기사항증명서는 법적인 효력이 없습니다.
* 증명서는 컬러 또는 흑백으로 출력 가능함.
열람일시 : 2016년01월05일 10시07분39초

동산담보 등기사항전부증명서(말소사항 포함) [제출용]

등기고유번호 2013-001   등기원인번호 000001

【 담 보 권 설 정 자 】 (담보권설정자에 관한 사항)

표시번호	상호 / 명칭	법인등록번호	본점 / 주사무소	등기원인 및 등기일자
1	주식회사 !	011-0055	경기도	동산·채권의 담보등기 등에 관한 규칙 제43조 제1항 규정에 의해 본 등기기록 폐쇄 2015년7월9일

【 담 보 권 】 (담보권에 관한 사항)

순위번호	등 기 목 적	접 수	등 기 원 인	담보권자 및 기타사항
1	근담보권설정	2013년11월25일 14시53분 제67호	2013년11월25일 설정계약	채권최고액 금55,000,000원 존속기간 2015년 12월 31일까지 채무자 - 주식회사 ㅡ 경기도 ㅡ 근담보권자 ㅡ 서울특별시 ㅡ
2	1번근담보권설정등기말소	2015년7월9일 11시08분 제13호	2015년7월8일 해지	

등기고유번호 2013-001   등기일련번호 000001

【 담 보 목 적 물 】 (담보목적물에 관한 사항)

일련번호	동산의 종류	보관장소 / 특성	기타사항
1	금형동산	경기도 ㅡ	

— 이 하 여 백 —

수수료 ,000원 영수함   관할등기소   지원   등기소 발행등기소 법원행정처 등기정보중앙관리소

[참 고 사 항]
가. 이 증명서는 동산 또는 채권의 존재를 증명하지 않습니다.
나. 동산을 보관장소에 따라 특정하는 경우에는 같은 보관장소에 있는 같은 종류의 물건 전체가 담보목적물임을 나타냅니다.

이 증명서는 등기기록의 내용과 틀림없음을 증명합니다.
서기 2016년 1월 5일
법원행정처 등기정보중앙관리소   전산운영책임관

다음은 대법원 인터넷등기소에서 동산·채권 담보를 열람하는 화면이다.

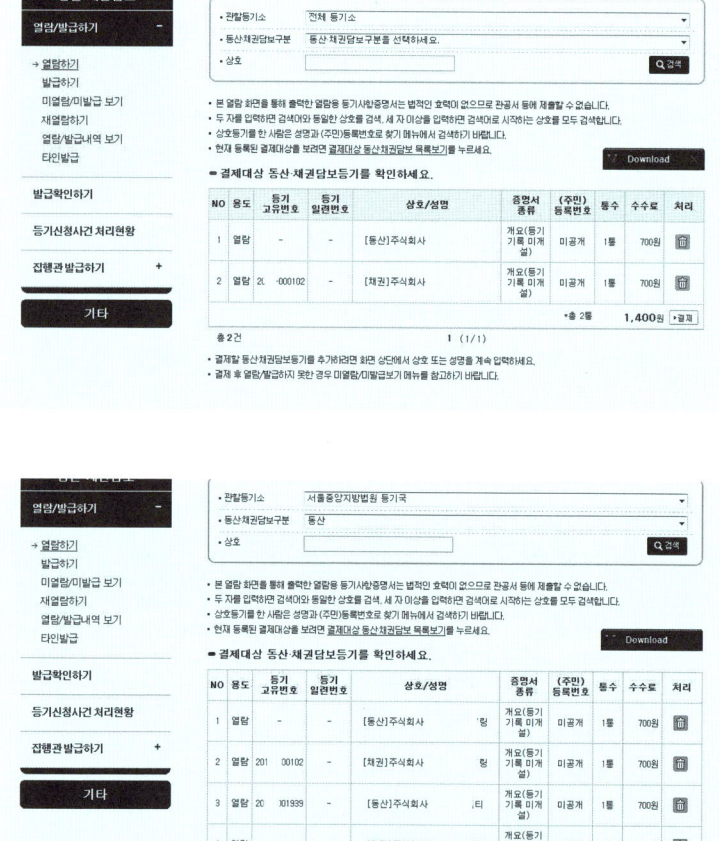

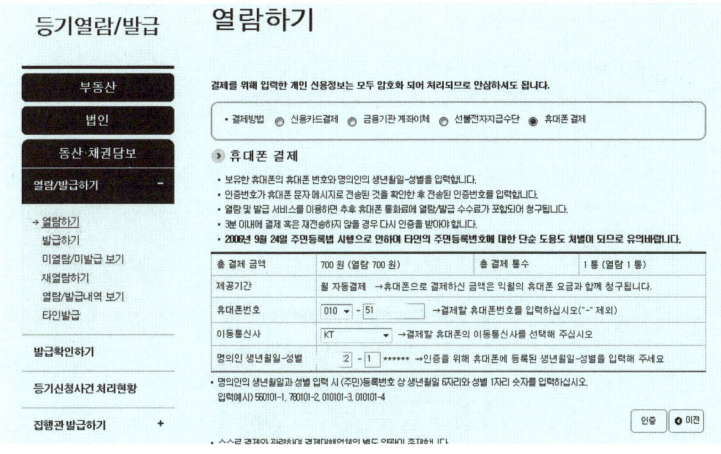

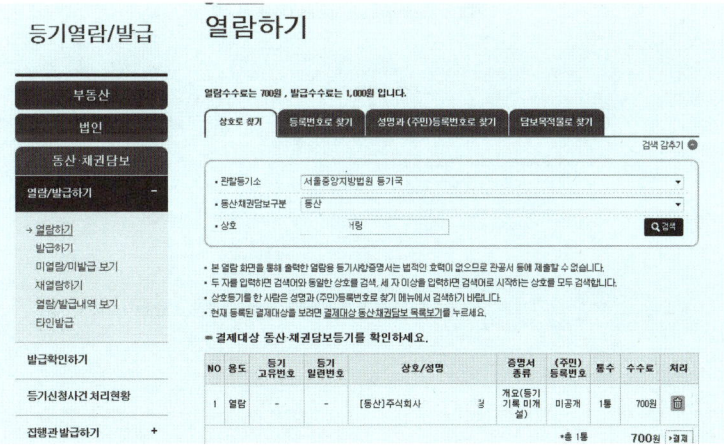

PART 03 기업채권관리 339

등기필정보 및 등기완료통지서

접수번호 : 48   대리인 : 법무사 김

```
권  리  자 :
(법인)등록번호 :       -1******
주      소 : 서울특별시
담보권설정자 : 주식회사
(법인)등록번호 : 120111-054
등기고유번호 : [채권]2012-000891       등기일련번호 : 000002
접 수 일 시 : 2013년 05월  일 17시 24분   접 수 번 호 : 48
등 기 목 적 : 근담보권설정
등기원인및일자 : 2013년 04월  일 설정계약
```

부작기준선 □

2013년 월 03일
인천지방법원 등기과
등기관

※ 등기필정보 사용방법 및 주의사항

- 보안스티커 안에는 다음 번 등기신청시에 필요한 일련번호와 50개의 비밀번호가 기재되어있습니다.
- 등기신청시 보안스티커를 떼어내고 일련번호와 비밀번호 1개를 임의로 선택하여 해당 순번과 함께 신청서에 기재하면 종전의 등기필증을 첨부한 것과 동일한 효력이 있으며, 등기필정보 및 등기완료 통지서면 자체를 첨부하는 것이 아님에 유의하시기 바랍니다.
- 따라서 등기신청시 등기필정보 및 등기완료 통지서면을 거래상대방이나 대리인에게 줄 필요가 없고, 대리인에게 위임한 경우에는 일련번호와 비밀번호 50개 중 1개와 해당 순번만 알려주시면 됩니다.
- 만일 등기필정보의 비밀번호 등을 다른 사람이 안 경우에는 종전의 등기필증을 분실한 것과 마찬가지로 위험이 발생하므로 관리에 원칙을 기하시기 바랍니다.

☞ 등기필정보 및 등기완료통지서는 <u>분실시 재발급되지 않으므로</u> 보관에 각별히 유의하시기 바랍니다.

채권근담보권설정계약서

채 권 자 겸
근 담 보 권 자

채 무 자 겸
근담보권설정자   주식회사

채 권 최 고 액   금 200,000,000원

위 당사자간에 다음과 같이 근담보권설정계약을 체결한다.

제 1 조 (근담보권의 설정) 근담보권설정자는 채무자가 위 금액 범위 안에서 채권자에 대하여 기왕현재 부담하고 또는 장래 부담하게 될 단독 혹은 연대채무나 보증인으로서 기명날인한 차용금증서 각서 지급증서 등의 채무와 발행배서 보증 인수한 모든 어음채무 및 수표금상의 채무 또는 상거래로 인하여 생긴 모든 채무를 담보하기 위하여 "동산·채권등의 담보에 관한 법률"에 따라 끝에 쓴 담보채권에 근저당권을 설정한다.

제 2 조 (담보등기와 존속기간) ① 설정자와 채권자는 본 계약 체결 후 지체없이 "동산·채권등의 담보에 관한 법률"에 따라 담보등기를 하기로 하며, 담보권의 존속기간은 2014년 12월 31일까지로 한다.
② 설정자는 채권자로부터 담보권의 존속기간 만료 전에 존속기간의 갱신을 위한 연장등기를 요청받은 경우 이의 없이 승낙하기로 하고, 연장등기시 담보권의 존속기간은 연장등기일로부터   년으로 한다.

제 3 조 (기한이익의 상실) 채무자가 약정한 이행의무를 한번이라도 지체하였을 때 또는 다른 채권자로부터 가압류 압류경매를 당하든가 파산선고를 당하였을 때는 기한의 이익을 잃고 즉시 채무금 전액을 완제하여야 한다.

제 4 조 (연대보증) 보증인은 채무자 및 근담보권설정자와 연대하여 이 계약의 책임을 짐은 물론 담보물건의 하자 그 외의 사유로 인하여 근담보권의 일부 또는 전부가 무효로 될 때에도 연대보증 책임을 진다.

제 5 조 (관할) 이 근담보권에 관한 소송은 채권자 주소지를 관할하는 법원으로 한다.

위 계약을 확실히 하기 위하여 이 증서를 작성하고 다음에 기명날인한다.

2013 년   월 30 일

채 권 자 겸
근 담 보 권 자   서울특별시
                              아파트)

채 무 자   주식회사
              인천
              대표이사
              주식회사
근담보권설정자 인천광
              대표이사

담보권의 표시

별지기재와 같음

일련번호	채권의 종류	담보목적물에 관한 사항		유익적 기재사항
		채권의 발생원인 및 발생연월일	목적채권의 채권자 및 채무자	
1	임대차보증금반환채권	경기도 ○○시 ○○뉴 ○전 대차계약에 따른 임차보증금 1억원 2011년 03월 28일	목적채권의 채권자 주식회○ 인천광역시 ○○ 산○ 목적채권의 채무자 에쓰- 주식회사 서울특별시 영등포구	
2	임대차보증금반환채권	경기도 ○○ 송 ○○ 유소 임○계약에 따른 임자보증금 1억 ○원 2011년 03월 28일	목적채권의 채권자 주식회사 인천광역시 ○○ 산○ 목적채권의 채무자 에쓰- 주식회사 서울특별시 영등포구 ○동	

채권담보 등기사항개요증명서
(등기기록 미개설)

【 법 인 정 보 】		
상호 / 명칭	법인등록번호	본점 / 주사무소
주식회사	110111-34	서울특별시 서초구

-- 이 하 여 백 --

[참 고 사 항]
가. 이 증명서는 동산 또는 채권의 존재등을 증명하지 않습니다.
나. 하나의 담보약정에 따른 등기사항 중 개요사항만을 표시합니다.
　　구체적인 등기사항에 관한 것은 등기사항전부증명서나 등기사항일부증명서를 발급받아 확인할 수 있습니다.
다. 법인 또는 상호등기를 한 사람에 대하여 등기기록이 개설되어 있지 아니한 경우에는 그 내용을 표시합니다.

* 본 등기사항증명서는 열람용이므로 출력하신 등기사항증명서는 법적인 효력이 없습니다.
* 증명서는 컬러 또는 흑백으로 출력 가능함.

열람일시 : 2016년01월05일 10시10분08초

1/1